CRIMINAL PSYCHOLOGY

李娟娟，京師心智 編著

刑具虐待、肢解屍體、食用愛人……
讓時代……
史上最惡名昭彰的 29 位連環殺手！

樂律

犯罪心理分析

極致性「惡」
隱藏在和善外表下的殺心

【傑佛瑞・丹墨】肢解了 17 名男子，希望他們永遠陪伴自己

【約瑟夫・保羅・富蘭克林】膚色不正確，就不應該存活於世

【貝莉・根納斯】跟她在一起的男人、孩子，全部離奇失蹤

【羅伯特・皮克頓】妓女是社會敗類，只配搗碎做成豬食

他們是天生的劊子手，對暴力和殺戮充滿無限渴望，
彷彿基因裡流淌著「邪惡」，驅使這些人走上不歸路……

目錄

目錄

目錄

前言

為了將別人留在身邊，他會殺死對方並與屍體為伴；

為了懷念逝去的母親，他殺掉與母親年紀相仿的女性並做成了人皮大衣；

帶給人們快樂的小丑手中卻攢著滴血的屠刀；

一個有著天才智商的巨人為何成了女大學生殺手？

名校的教授為何會歸隱山林，並用炸彈向社會宣戰？

本書聚焦於罪犯中一個最令人毛骨悚然的群體——連環殺手，透過對連環殺手成長經歷、犯罪過程的梳理，挖掘其扭曲、陰暗的內心世界，為讀者呈現「連環殺手是如何煉成的」。透過對連環殺手的心理分析，我們認為以下幾點值得注意：

很多連環殺手都有一個悲慘的、令人不忍直視的童年。他們忍受著來自父親或者母親的虐待，家庭生活中充斥著爭吵和暴力，或者父母本身就罪行累累、放蕩不羈。正是這種混亂的成長環境造成了連環殺手內心的扭曲和精神的變態，為他們日後的暴行播下了罪惡的種子。艾德蒙·肯培（Edmund Kemper）就是一個典型的例子，他從幼年到成年，一直承受著母親的精神虐待，而他的罪行就是對母親的反抗和報復。這個智商高達 136、身高兩公尺多的天才巨人從殺死祖父母開始，進而把屠刀指向了年輕的女孩，這些不過是他殺死母親的預演。當他鼓足了勇氣的時候，終於走進了母親的臥室，實施終極的報復。

連環殺手並不一定是我們想像中那樣面目猙獰、衣衫襤褸，混跡於社會的底層，甚至居無定所，四處流浪。他們當中的一部分人有著正當

前言

的職業，完整的家庭，甚至在旁人看來為人友善、風趣幽默、樂於助人。可是，當我們揭開他們的面具，看到的卻是一副魔鬼的面孔。例如小丑蓋西（John Wayne Gacy），他有自己成功的事業，還扮演小丑，參加慈善活動。如果不是罪行曝光，誰會想到一個這樣的成功人士會奪走幾十條無辜的生命。

　　有一種現象令人費解，連環殺手常常擁有大量粉絲，尤其受到女粉絲的追捧，甚至有人自願與身陷囹圄的連環殺手結婚。或許是連環殺手身上映照出了每個人內心的陰暗面，他們散發著的危險和死亡的氣息令人們興奮不已，欲罷不能。總之，對連環殺手內心世界的透視，將為我們呈現一道另類的風景，也將觸發人們對於人性、對於家庭、對於社會的深深思索。

第一章

邪教組織的控制者 —— 查爾斯·曼森

FBI 犯罪心理專家認為，像曼森這樣的以報復為目的進行殺人活動的凶手，一般都是比較容易衝動和性情暴躁的，這點從曼森在接受審判時企圖襲擊法官就可以看出。因為凶手在殺人時是基於報復的心理，所以並不會對被害人感到內疚，很快就會進行下一次的殺人行動。

2014 年，查爾斯・曼森（Charles Milles Manson）這個已經 80 歲的殺人魔和一名年僅 25 歲的美女阿弗頓・伯頓（Afton Burton）結婚了。曼森因謀殺罪被逮捕入獄後，獲得了一大批瘋狂的粉絲，這些粉絲每天都會寫信給曼森，尤其以女粉絲居多，與曼森結婚的伯頓就是他的瘋狂女粉絲之一。伯頓從 19 歲時就開始崇拜曼森，開始只是和曼森保持通信，為了能拉近與心上人之間的距離，伯頓便搬到科克倫監獄附近居住，與曼森保持聯繫的同時，還時不時地探監。伯頓和曼森很快就墜入了愛河，想要結婚。最終，美國加州刑事局同意兩人結婚。在伯頓的父親得知女兒要嫁給殺人魔曼森的消息後，聲稱這簡直就是一場噩夢，並且表示自己絕對不會參加這場婚禮。

與許多殺人魔一樣，曼森的童年生活過得十分痛苦。曼森出生的時候，他的母親凱薩琳・馬道克斯（Kathleen Maddox）還只是一名年僅 16 歲的未婚少女。還是孩子的凱薩琳必須得擔負起照顧嬰兒的職責，可是凱薩琳顯然並不知道母親這個身分的職責所在。也就是說，嬰兒期的曼森並沒有獲得周到的照顧，而這恰恰是連環殺手所共有的特徵之一。不久後，凱薩琳和一個名叫威廉・曼森（William Manson）的工人結婚了。這段婚姻並沒有給曼森提供一種安穩的童年生活，凱薩琳顯然依舊沒能履行一個母親應承擔的責任。

在曼森的回憶中，他的母親不僅是個不負責任的母親，同時還是一個酒鬼，甚至為了一桶啤酒，把曼森送給了一名沒有子女的酒吧女服務員。對於每個人來說，母親在幼年時期都扮演著相當重要的角色，據 FBI 行為科學部的研究，連環殺手與其母親之間的關係一般都不好，甚至可以說很糟糕。

後來，曼森便被舅舅接走，並和舅舅、舅媽生活了一段時間。在這

期間，曼森的母親一直在服刑，刑滿釋放後，母親就接走了曼森，並且在一處廢棄的旅館內安身。在曼森的記憶中，這段時間是他與母親最親密的時候，曼森也十分享受母親偶爾給予的擁抱。可是好景不長，凱薩琳很快就意識到曼森是個累贅，並想為曼森找到一個合適的收養人家，但並未成功。最終，曼森被強行安置到印第安那州特雷霍特的吉寶特男校（Gibault School for Boys）學習、生活，曼森十分不喜歡那裡，並成功逃脫。曼森找到母親，表示希望能和母親一起生活，但卻遭到了凱薩琳的拒絕。

這時，曼森就開始依靠自己討生活，他選擇了盜竊。曼森成功盜竊了一家食品雜貨店，獲得了一筆錢，他便拿這筆錢為自己租房。曼森在盜竊腳踏車的時候失手了，隨後便被送到了印第安納波利斯少年中心（Indiana Boys School）。因沒有監護人，曼森便被安置到「少年之家」（Boys Town）。那裡的生活對於曼森來說是難以忍受的，很快曼森就逃了出來，開始搶劫營生。但不久他又被抓住，並被送到印第安納波利斯少年中心。曼森和幾個同伴經過努力，再一次成功逃出來。後來，曼森表示，自己之所以接二連三地從少年中心逃出來，是因為在那裡遭受了性虐待。

獲得「自由」的曼森便開始和另外兩個未成年人一起進行偷竊。他們成功偷了一輛汽車，並開著這輛車對沿途的加油站下手。後來，曼森等人因為觸犯了聯邦法律而被送到華盛頓的國家少年培訓學校（National Training School for Boys）。在這裡，曼森一待就是 4 年。

在這所學校，曼森參加過幾次測試，包括智商和人格測試。測試的結果顯示，曼森雖然是個文盲，但是智商卻很高，並且具有反社會傾向。許多連環殺手的人格特徵都是變態或反社會的。在一次假釋聽證會

快要開始的時候，曼森卻在雞姦一名男孩，還差點殺死了他。從此之後，曼森就變成了被重點關注的危險人物。但很快，曼森就開始洗心革面，不僅不再做出違法行為，甚至還養成了良好的生活習慣，他成為學校的一名模範。良好的表現讓曼森獲得了假釋。

後來，曼森認識了一名醫院女工作人員羅莎莉（Rosalie Willis），兩個人相處得十分愉快。為了維持生計，曼森除了打一些零工之外，依舊進行偷竊。當曼森開著自己偷來的車載著懷孕的羅莎莉前往洛杉磯時，被控告觸犯了聯邦法律。曼森在接受了精神評估後，被判處 5 年緩刑。不久之後，曼森便又被拘捕了，並判處了 3 年監禁。在曼森服刑期間，羅莎莉生下了他們的孩子，並和曼森的母親一起探望曼森。後來，探望曼森的人就只剩下他的母親了，曼森從母親那裡得知，羅莎莉有了新歡。在距離假釋聽證會不到半個月的時候，曼森突然偷了一輛車，逃走了。這樣一來，假釋是不可能了，曼森還被判處了 5 年監禁。

1958 年，曼森在獲得假釋後，便徹底斬斷了與羅莎莉的關係，並且和一名 16 歲的妓女勾搭上了。隨後，曼森因為種種違法犯罪行為而屢次被逮捕入獄。曼森本人也聲稱，他已經把監獄當成了自己的家。在監獄中，曼森和一名因搶劫銀行被捕入獄的犯人學習彈奏吉他。

在曼森重新獲得自由後，便前往舊金山，在那裡結識了一位在加利福尼亞大學當圖書管理員的女性，並且很快開始了同居生活。

1960、1970 年代的舊金山是嬉皮士的天下，在那裡許多年輕人都是嬉皮士，每天在舊金山的街頭流浪，用這種行為來反對民族主義和越南戰爭，強烈譴責美國中產階級的價值觀，不屑於接受美國傳統的宗教文化。這些自稱嬉皮士的年輕人會瘋狂地追求精神上的自由，輕蔑物質追求，甚至還選擇吸食毒品的方式來追求所謂的精神解放。在許多美國人

的眼中，嬉皮士不過是小孩子的小打小鬧而已，是一種不成熟的表現。

但曼森卻改變了美國人對嬉皮士的看法。曼森不僅成了這裡的嬉皮士，甚至還爬上了領袖的位置，贏得了許多年輕的追隨者，尤其是年輕女性。後來，曼森便和幾個他的追隨者一起在美國開始流浪，他們搭乘的交通工具便是被改造過的校巴，他們自認為這輛被改造過的校巴頗具嬉皮士風格。在旅行的過程中，曼森家族——這個以曼森為首的殺人組織已經初具規模。

曼森之所以能建立曼森家族，除了音樂和演講這兩個法寶以外，曼森還十分擅長利用毒品和性作為控制追隨者的手段。曼森在進行演講的時候，會讓組織成員們吸食迷幻劑，然後便開始發表自己的洗腦言論，在迷幻劑的作用下，這些成員自然很容易被曼森說服，甚至變成曼森的瘋狂追隨者。曼森十分喜愛年輕漂亮的女子，凡是加入這個團體中的年輕女性，都必須和曼森發生性關係。

曼森不僅非常喜歡披頭四的音樂，還進行音樂創作。曼森出版發行了一張十分著名的音樂專輯——《白色專輯》。在這張專輯中，有幾首比較著名的歌曲，例如〈革命〉、〈小豬們〉和〈黑鳥〉等等。曼森宣稱自己就是耶穌轉世，而曼森喜歡的組織成員則是先知。曼森認為，〈革命〉這首歌曲代表著革命時代的到來；〈小豬們〉這首歌曲則象徵著被顛覆的統治階級；〈黑鳥〉則象徵著崛起的黑人。

曼森的音樂才華得到了丹尼斯·威爾森（Dennis Wilson）的賞識，這個人不僅出錢讓曼森做音樂，甚至還把曼森介紹給了他在娛樂圈的熟人。曼森和他的組織成員還搬進了威爾森的家中居住。

後來曼森家族被迫搬出威爾森的家後，就找到了一處廢棄的農場作為基地。這個時候，沒有了經濟來源的曼森只好尋找新的謀生方式。曼

森命令家族成員在這裡工作，甚至還要求一名成員和年近 80 歲的農場主發生性關係，從而獲得免費在農場居住的權利。

曼森想要策劃暴動，但這需要金錢，於是他就派家族成員向一名毒販子索要金錢，但卻遭到了毒販子的拒絕。不久之後，這名毒販子便被發現死於好萊塢的家中，是被人開槍射殺的。緊接著，曼森就把目標轉移到了一位熟人身上，並打發幾個家族成員向這位熟人索要金錢，在遭到拒絕後，曼森不僅綁架了這個人，還親手割下了對方的耳朵。後來這個人也被曼森家族的成員殺害，並且按照曼森的意思，在案發現場的牆壁上用死者的血寫下了「政治的豬」，旁邊還畫著一隻豹爪，象徵著黑豹。這兩起謀殺案都未在美國引起軒然大波，曼森及其家族成員也未曝光。但是很快，曼森就登上了臭名昭著的殺手榜單，並被認為是美國歷史上最瘋狂的超級殺人王，尤其是曼森家族這個邪教組織，令人頭皮發麻，因為這個邪教組織以殺人為主要目的。

1969 年 8 月 9 日晚上，一個名叫莎朗・蒂（Sharon Marie Tate）的女演員找來了幾個好朋友，在家中舉行一個小型的派對，蒂的丈夫是著名電影導演羅曼・波蘭斯基（Roman Polanski），當時波蘭斯基正在歐洲拍電影。誰也想不到，噩運就在這天晚上降臨了，蒂和她的朋友都慘死於家中，當時蒂已懷胎八個月半。

第二天早上，蒂家的保母溫妮像往常一樣來上班。溫妮立刻發現車道上停著一輛陌生的白色轎車。接著，溫妮像往常一樣從屋子的後門進去，當她走進廚房時，看到地上有一部被剪掉電線的電話。溫妮把電話撿起來放好後，向起居室走去，結果發現前門居然開著，然後溫妮就看到了大量鮮血，外面的草坪上好像躺著一具屍體。溫妮害怕得往回跑，結果卻發現白色轎車裡好像也有一具屍體。溫妮就趕緊找鄰居求助並且

撥打了報警電話。

　　警方在接到報警電話後，立刻趕到了案發現場。警方在白色轎車內發現了一位因中槍而身亡的青年，屍體浸泡在鮮血中。別墅前面的草地上也有兩具屍體。其中一具屍體是個 30 多歲的白種男性，屍體被凶手摧殘得面目全非，一共身中 51 刀，死得最慘。另外一具屍體是位女性，身中 28 刀而死。

　　當警察走進別墅時，看到了一名孕婦，這便是蒂，身中 16 刀，因流血過多而死亡。蒂的頸部還被一根從天花板橫梁上垂下來的繩子緊緊纏繞著，繩子的另一端則纏繞在另一具屍體的頸部，死者為男性，同樣浸泡在鮮血中。

　　緊接著，警察便對現場進行了勘察，並沒有發現財物被搶劫的跡象。讓警察印象最為深刻的便是凶手在牆上寫了一個「豬」字，經檢驗，這是用死者蒂的血寫成的。

　　遭殃的不止這一家，就在蒂等人遇害的當晚，距離這幢別墅幾十公里之外，一對夫婦也慘遭殺害，而被害男子則是加州一家大型連鎖超市的老闆。這兩名死者和遇害的蒂等人一樣，都是被亂刀刺死的。警方發現，被害男子的脖子處還被插上了一把餐刀。同樣的，凶手用被害人的鮮血在牆上寫下了三行字：「豬崽子們去死吧」、「起義」和「旋轉滑梯」。

　　這兩起凶殺案立刻引起了人們的廣泛關注，登上了所有報紙的頭版。一時間，人們變得恐慌起來，唯恐自己成為凶手的下一個目標。為此，警方不得不調動所有的警力，以求盡快把凶手緝拿歸案。但是經過了兩個多月的調查，案情依舊毫無進展，根本沒有嫌疑人的任何蹤跡。

　　這時，另一起謀殺案引起了警方的注意，警方認為這起謀殺案與蒂等人遇害有著密切的關聯。被害人是一名毒販子，警方在抓住了嫌疑犯

之後，透過審訊緝拿了一名叫蘇珊（Susan Atkins）的女孩。蘇珊是個嬉皮士，並且和許多嬉皮士過著群居的生活，他們居住在一處廢棄的農場裡。警方透過調查得知，這個嬉皮士的團體還有一個領袖，即曼森。最終，警方以偷車的罪名逮捕了所有人，包括曼森在內。

由於蘇珊是一起謀殺案的嫌疑人，所以便被轉移到了洛杉磯女子監獄中。與蘇珊住在一起的是個名叫羅妮（Ronnie Howard）的妓女。這兩個人相處得不錯，在一次閒聊中，蘇珊告訴羅妮，自己曾經參與了謀殺蒂等人的行動。後來，羅妮便把這一切告訴了監獄長。與此同時，警方還在案發現場發現了蘇珊丟失的刀，後經證實，這把刀就是蘇珊不小心遺失在蒂家中的。

除了蘇珊之外，曼森這個嬉皮士的領袖也受到了警方的格外重視，警方開始調查曼森。調查結果顯示，曼森及其所領導的曼森家族有著重大的嫌疑。關於曼森的殺人動機，警方認為曼森這麼做只是想挑起黑人的暴動，把這幾起謀殺案都栽贓到黑人的頭上。

在案發現場的牆壁上都寫著「豬」等具有侮辱性的文字，而且被害人都是白種人。據目擊者的證詞，在殺害蒂等人的當晚，曼森等人還殺害了一對夫婦，並把搶來的錢包扔在了一條黑人居住的街道上。曼森這麼做，就是想讓黑人撿起錢包，並使用錢包裡的信用卡，從而成功嫁禍給黑人。曼森還讓手下把另一個錢包藏在了一處黑人經常出沒的公共場所的女廁裡。曼森一方面想要把這些謀殺案嫁禍給黑人，另一方面還想利用這些謀殺案，讓黑人在被冤枉的憤怒之中，發起暴動。

緊接著，關於曼森等人的審判開始了，這場審判一共持續了9個多月，是當時美國歷史上耗費最多預算的訴訟案件。由於這起案件影響很大，大眾都相當關心這場審判，所以整個審訊過程都是面對鏡頭的，所

有美國人都可以在家收看有關審判的報導。

　　作為被告人之一的曼森，似乎並沒有把這當成是一個受審的過程，而是把法庭當成了自己作秀的舞臺。在第一次受審時，曼森在自己的額頭處弄了一個 X 形的疤痕，還聲稱「無力為自己進行辯護，因為已經將自己判出了世界之外」。另外 3 名嫌疑犯不僅效仿曼森，也在自己的額頭處弄了一個 X 形的疤痕，每次出庭前還會精心打扮一番。

　　最讓法官感到頭痛的還有曼森家族的其他成員，這些人也十分關心這場審判，每天都會在法院附近徘徊。為了讓這些人遠離法庭，檢察官不得不傳喚他們，讓他們做潛在的目擊證人，這樣，其他證人在法庭上作證的時候，就不會受到這些人的干擾。這些曼森家族的成員在得知曼森在受審時額頭上有個 X 形的疤痕後，也紛紛效仿，在自己的額頭處弄了個 X 形的疤痕。

　　曼森家族的成員還展開了對證人的報復，一名證人在自己的車裡遇到了火災，而這場火災極有可能就是曼森家族的成員所為。另外一名證人在法庭上證實，自己曾聽到過曼森家族成員討論蒂謀殺案。結果，這名證人在夏威夷時被人暗算，吃了一個被摻入了一定劑量迷幻劑的漢堡。這名證人很快被送進了一家戒毒中心，但卻陷入了半昏迷狀態。後來這名證人被送進醫院接受治療，在清醒後他表示願意出庭指證曼森及其家族成員。

　　在接受審判的過程中，曼森甚至還試圖跳過防護欄去襲擊法官，卻被法警及時制止。後來曼森便和另外幾名女被告一起離開了法庭，離開時還一起吟唱拉丁文歌曲。

　　在庭審結束後，便開始了最終辯護。這時出現了一個意外，一名律師在一次週末休假時消失了。這名律師的屍體在判決的當日被發現，已

經嚴重腐爛，很有可能是被曼森家族殺害的。最終，曼森等5人被判處死刑。可是在第二年，美國聯邦法院卻宣布廢除死刑，曼森等人便被改判終身監禁。儘管曼森被關進了監獄，但是他的影響並未消失，每天都能收到粉絲的來信。據說，曼森是迄今為止美國歷史上收到信件最多的囚犯。

雖然曼森被關進監獄的罪名是殺害了蒂等人，但實際上曼森的罪行遠不止這些。警方一直懷疑曼森及其家族成員還謀殺了更多人。有目擊證人說，他們曾經看到過一些年輕人穿過沙漠，到達過農場，但卻再也沒有出來過。曼森家族成員也在獄中談論過沙漠中殺人的經歷。

後來，有一個調查小組專門到曼森及其家族成員的窩點農場進行了搜查，這個調查小組的成員除了警察和警犬之外，還有兩名研究人員和一名金礦勘探者。其中金礦勘探者曾經是曼森在農場的鄰居，對農場和曼森的活動軌跡比較熟悉。結果警方透過警犬追蹤到了一些被害人的屍體，並對這些屍體進行了分析。此外，調查小組還發現了兩個不知名的墓地，研究人員告訴警方，這些墓地下面埋著一些東西，很有可能就是被害人的屍體。這就更加證實了，曼森及其家族成員一定殺害了更多的無辜者。

雖然曼森所謀殺的人的數量不是最多的，所採用的殺人手段也不是最殘忍的，也沒有出現吃人肉以及和屍體性交等令人難以接受的行為，但曼森卻是名氣最大的殺人魔。在美國，曼森已經成為殺人魔的代名詞。儘管如此，曼森依舊有很多追隨者，這些追隨者甚至還為曼森申請假釋，但都被當局拒絕了。後來，關於曼森的網站也漸漸出現了，例如一個名為「接近曼森」的網站，透過這些網站，人們可以了解曼森的獄中生活，曼森也會寫信給這些網站。

從 2000 年起，曼森就開始擁有居住單間的權利。監獄長這麼安排，是為了防止曼森傷害其他犯人。就連放風的時候，曼森也享有特殊待遇——戴著手銬和腳鐐。

【犯罪心理分析】

在 FBI 內部有一個部門，專門負責分析各種案件，對犯罪分子的心理和行為進行深入分析，即行為科學部。最初，FBI 行為科學部分析犯罪分子的心理和行為，只是為了能更好地審訊犯人或和罪犯進行談判。後來，FBI 便開始對連環殺手進行系統的分析，盡可能地掌握凶手的心理和行為規律。

曼森的殺人案件都帶著很強的報復色彩。被曼森殺害的人都是白種人，而且都是美國的中產階級，生活條件相對優越。在案發現場，還出現了具有侮辱性的文字，例如「豬」，在曼森及其家族成員的眼中，這些處於中產階級地位的人是可憎的，應該被殺死。

FBI 犯罪心理專家認為，像曼森這樣的以報復為目的進行殺人活動的凶手，一般都是容易衝動和性情暴躁的，這點從曼森在接受審判時企圖襲擊法官就可以看出。因為凶手在殺人時是基於報復的心理，所以並不會對被害人感到內疚，很快就會進行下一次的殺人行動。曼森等人在殺害蒂等人之後的當晚，就又殺害了一對夫婦，如果曼森意識到自己的這種行為是殘忍的，並且對被害人心存內疚的話，就不會在這麼短的時間內再次殺人。

在案發現場，警方還發現被害人的臉部受到了重創，甚至面目全非。所有被害人都是身中數刀而亡。FBI 犯罪心理專家認為，凶手一定和

被害人出現了衝突，凶手在盛怒之下，會集中攻擊被害人的臉部，會不受控制地拿起手邊的武器攻擊被害人，例如拿著刀不停地刺向被害人。FBI 犯罪心理專家認為，此種類型的凶手通常情況下不會在案發現場留下精液，也不會強姦被害人，因為凶手的全部精力都集中在毆打和殺害被害人的過程上了。這種攻擊直到凶手的憤怒消失後才會停止。在蒂遇害案件中，被害人可能已經被凶手一刀斃命了，但凶手並不會就此停手，而是繼續刺殺對方，直到怒火平息。

FBI 犯罪心理專家認為曼森之所以會走上殺人魔的道路，與他坎坷的早年經歷是分不開的。曼森對其生父一無所知，他的母親也是個不著調的盜竊犯，對曼森極其不負責。所以曼森很早就開始光顧監獄，先是在少年管教所接受改造，然後就因為盜竊等罪名在監獄中進進出出。曼森之所以能控制住一大批年輕人，讓這些年輕人唯自己馬首是瞻，是因為曼森很了解這些「壞孩子」的心理，用曼森自己的話說，他就是壞孩子的投射。

此外，曼森還具有做作型人格疾患（histrionic personality disorder, HPD）的特徵，例如在接受審訊時，以誇張的言行來吸引他人的注意，很容易情緒化。有一次，當家族成員把一名被害人抓到曼森面前時，曼森卻突然說自己是個罪人，然後就跑開了，實際上這不過是他的自欺欺人的表演行為。做作型人格疾患通常還伴隨著反社會型人格障礙症（antisocial personality disorder, ASPD）特徵，與當事人在其幼年時期沒有得到父親或母親應有的關愛和照顧有密切的關係，因此透過誇張的表演來吸引他人的注意。

第二章

殺戮式的挽留 —— 傑佛瑞·丹墨

FBI 的研究顯示，不少連環殺手都會利用毒品或酒精這些可以使人失去控制力的東西來作為犯罪輔助手段，雖然酒精具有鎮定的作用，但是卻會讓一個人對自己的行為失去控制，尤其是毒品這種能夠讓人進入極度興奮狀態的物質，更容易讓人失控。FBI 透過調查發現，大多數連環殺手都會在殺人前喝酒，有的甚至會喝比往常更多的酒。

　　1991 年的某天，崔西・愛德華（Tracy Edwards）遇到了一個相貌英俊的男子，愛德華對這名男子很有好感，便答應對方到他的家中喝酒，這名男子就是丹墨（Jeffrey Dahmer），是一個恐怖的殺人魔和食人魔。當然，這些都是愛德華後來才知道的。

　　丹墨把愛德華引誘到家中後，並沒有立刻對他下手，他可能很喜歡愛德華，於是就決定讓愛德華多活一會兒，陪陪自己。後來，到了《大法師》的播放時間，這是丹墨最喜歡的電影，丹墨便邀請愛德華到臥室一同觀看。當愛德華一走進臥室時，立刻聞到了一股難聞的味道，因為丹墨的臥室裡有一個塑膠桶，裡面則裝著一些還未被處理的人的斷臂殘肢。後來，愛德華便注意到了牆壁上的一些照片，那些都是被害人遇害時的照片，看起來十分恐怖。

　　就在愛德華驚魂未定之時，丹墨突然拿著一副手銬出現了，並在愛德華沒有反應過來時把他銬了起來。愛德華立刻劇烈地掙扎起來，沒有讓丹墨把自己的雙手都銬住。隨後，丹墨就拿出了一把刀，並刺向愛德華的胸口，幸好沒有刺穿心臟。愛德華一邊不停地躲避丹墨的攻擊，並且試圖逃出屋子，一邊不停地哀求丹墨，希望丹墨能放過他。但丹墨卻對他說：「我要把你的心臟挖出來，然後煮著吃了。不過我得先替你拍幾張裸照。」說著，丹墨便去尋找相機。在丹墨注意力轉移的瞬間，愛德華用力地撞向丹墨的頭部，丹墨被撞倒了，愛德華立刻站起來，給了丹墨幾腳後，自己也倒下了，然後朝著門口處爬去。

　　成功逃出魔窟的愛德華發現了路邊的警車，跑過去告訴警察自己差點被殺死。警察便立刻趕到丹墨的家中，要求丹墨交出手銬的鑰匙，丹墨十分配合地交給警察鑰匙。隨後，警察便到丹墨的臥室尋找凶器，警察看到了一把沾滿鮮血的刀。但是很快就有新的東西吸引了警察的注

意，那就是牆壁上的照片，這些照片上都是人的屍體碎片，例如：有的照片上顯示著一顆被浸泡在水池裡的人頭；有的照片上則是一具屍體從喉嚨到腹股溝整個拉開，就連骨盆都清晰地顯示著；有些照片則是被害人死亡之前的狀態，被丹墨捆綁起來，並且擺出一些令人難以入目的淫蕩姿勢。這兩名警察立刻逮捕了丹墨，雖然丹墨進行了劇烈的反抗，但最終還是被警察銬住了。

令警察恐懼和噁心的還在後面，警察在搜查中發現了被裝進塑膠桶中的殘缺屍體。當警察打開丹墨的冰箱時，本能地後退了一步，並罵道：「×的，這是一顆人頭！」其實冰箱裡一共有三顆人頭，還有一些零碎的人肉。警察還發現了一些被浸泡在瓶子裡的男性生殖器。丹墨的殺人案件在當地立刻引起了巨大的轟動。人們一方面對丹墨的殺人行為感到震驚，另一方面則對警方的疏忽大意感到憤怒，如果警方能夠履行好自己的職責，那麼也就不會有那麼多的人被丹墨害死。

1960 年，丹墨出生在威斯康辛州的密爾瓦基，他是父母的第二個孩子，或許是因為相貌出眾，所以得到了父母的格外關愛。但是丹墨的漂亮卻在同齡人中給他帶來了不小的麻煩，由於丹墨的相貌有些像女孩子，所以周圍的男孩總是對丹墨進行性騷擾。這段經歷對於丹墨來說影響非常深刻，導致了他性取向的錯亂，在他成年後，他無法進行正常的性行為，他所殺害的對象也都是男子。

在丹墨 8 歲時，他隨同父母搬到俄亥俄州的巴斯鎮居住。當所有的孩子一起玩耍嬉戲時，丹墨沒有參與進去，而是獨自一人在自家房屋後的樹林裡自得其樂。丹墨的童年和許多連環殺手一樣，都是孤獨的，沒有朋友。在一個人的成長歷程中，父母的角色很重要，夥伴的角色也同樣重要，如果一個小孩子沒有朋友，那麼他就只能終日生活在幻想中，

例如對殺戮和殘害的幻想。

不過由於此時丹墨的年齡還很小，不論從心智上還是從力量上而言，都不允許他把殺戮的幻想實踐在人的身上，但他卻可以向一些體格沒有自己大的小動物下手，例如狗、貓和麻雀等等。丹墨的父母很快發現了他這種奇怪的行為，不過並未引起重視，只認為這不過是小孩子的把戲而已。如果丹墨的父母充分重視丹墨的這種異常行為，並對其進行正確的疏導，那麼或許丹墨就不會走上殺人魔的道路。

很快，丹墨就像其他孩子一樣開始進入學校接受教育。在學校內，丹墨依舊沒有朋友。在其他孩子的眼中，丹墨就是個異類，面對異類，人們通常都會選擇遠離。孤獨的丹墨渴望能融入人際交往之中，他發現如果他選擇和他人一起喝酒的話，那麼對方就會輕易地接受他。丹墨很快就對酒精痴迷起來，幾乎每天都會把自己灌醉。丹墨還像以前一樣行為怪異，並沒有刻意隱藏，因為丹墨發現這樣可以引起他人的注意力。丹墨常常拿粉筆在教室的地板上畫出人體的形狀。起初丹墨的同學還會感到詫異，時間長了也就習慣了，並且覺得怪異的丹墨似乎腦子有問題。在學校期間，丹墨的成績還算不錯，就是有些偏科。

丹墨的家人有種族主義的傾向，但是表現得並不強烈，丹墨卻是個激進的種族主義者，他公開表示，總有一天他要殺掉世界上所有的黑人。後來，丹墨所選擇的殺人對象也都是非裔黑人和拉丁美洲人，沒有白種人，而且被害人均為男性，沒有婦女，也沒有兒童。

丹墨 18 歲時，開始了殺人。一個名叫史蒂芬‧希克斯（Steven Mark Hicks）的黑人搭乘了丹墨的車，丹墨邀請希克斯去他家中做客，並告訴希克斯，他的家人去親戚家了，希克斯同意了。到了丹墨家中，丹墨請希克斯喝了點酒，還邊喝邊聽音樂。後來，希克斯對丹墨說：「今天有點

晚了，改天再約，我該走了。」他的這句話讓丹墨有了殺人的念頭，因為這樣希克斯就可以永遠留下來陪他了。丹墨用啞鈴給了希克斯的腦袋一下，並掐住他的脖子，讓其窒息而死。

然後，丹墨就把屍體分割成若干塊，並放進了一個大塑膠袋中，藏在家中。但是隨著屍體的腐爛，令人作嘔的氣味開始散發出來。丹墨為了避免家人發現，就把屍體埋在了屋後的樹林中。後來丹墨發現那片樹林中經常有小孩子玩耍，為了避免屍體被發現，丹墨又重新把屍體挖出來，這時屍體已經腐爛、分解掉了，只剩下了骨頭，丹墨就把這些骨頭敲碎並撒在了樹林中。丹墨之所以在家附近處理屍體以及之後把屍體留在家中，都有這樣一種動機，即讓被害人以這樣的方式永遠留在自己的身邊，包括丹墨吃人肉，也存在同樣的動機。

在丹墨被捕後，他對第一次殺人的動機進行了回憶。丹墨認為如果當時希克斯選擇留下來陪他，他或許就不會殺死他。丹墨認為，他只會殺死那些想要離開他的人。丹墨覺得自己一直深陷孤獨之中，沒有人願意永遠和他在一起，就連平時他十分善待的流浪者也不願意陪他。

希克斯的死並沒有引起其他人的注意，如果不是後來丹墨的交代，希克斯就這樣悄然消失了。丹墨很快就從這起謀殺案中恢復了正常，像往常一樣繼續生活，並沒有殺人。但是讓丹墨痛苦的是他的父母居然離婚了，而且由於丹墨已經成年，父母不必要再對丹墨負責，丹墨的父母就要離開他了，他要開始獨自生活了。當丹墨父母離婚的時候，他們並未注意到丹墨的悲傷，而是在爭奪小兒子大衛的撫養權。最後，丹墨和父親留在了家中，母親帶著大衛離開了。丹墨選擇了離開家，一段時間後帶回來一個女朋友，並進入俄亥俄州立大學的哥倫布分校學習。但丹墨很快離開了學校，並選擇了參軍。後來，丹墨因為酗酒被迫離開軍

隊，只好和祖父母一起生活，丹墨想要找個女朋友結婚並組建一個家庭。但丹墨總是表現出一個令人難以接受的行為，例如在公共場合露陰和小便等，甚至還為此被拘留過，但卻屢教不改。

1987 年的一天，丹墨遇見了一個名叫史蒂芬・托米（Steven Walter Tuomi）的男性，兩人相談甚歡，便去一家汽車旅館喝酒聊天。那天晚上，丹墨和托米都喝了很多酒。喝到最後，丹墨就意識不清地昏睡過去了。等丹墨醒來後，發現躺在自己身邊的托米口吐鮮血並且已經沒有生命跡象了。常人遇到這種事的第一反應是報警，但丹墨卻把屍體裝進行李箱並帶回家。

把屍體帶回家後，丹墨並沒有像第一次殺人時那樣分解屍體，而是和屍體做愛，還當著屍體手淫。發洩完慾望後，丹墨便開始用刀肢解屍體。這次的意外事件讓丹墨再一次體會到了殺人的樂趣，不久後丹墨又殺了一個人，那是個 14 歲的男孩。後來，丹墨再次殺了一個人，那個人名叫理察・格雷羅（Richard Guerrero）。當時格雷羅正準備去找朋友玩，正好碰見了丹墨，丹墨便邀請他去家中玩，結果格雷羅一去不復返。

由於丹墨住在祖父母的家中，所以處理屍體只能在地下室進行。雖然丹墨的祖母不知道他為什麼總是在地下室待著，而且晚上時總是從地下室傳來敲敲打打的聲音，但是地下室難聞的氣味讓祖母再也忍受不了了。祖母希望丹墨能獨自出去住，這讓丹墨很傷心，認為祖母想要拋棄他。在祖母的要求下，丹墨只好到外面租房子住。不久之後，丹墨就因為猥褻被拘留。

從監獄中出來後，丹墨便到一家常去的同性戀酒吧買醉，並在那裡認識了一個名叫安東尼・希爾斯（Anthony Lee Sears）的男人。在聊天中，丹墨告訴希爾斯：「我經常來這家酒吧玩。如果你願意的話可以去我

家玩，我們可以盡情地喝酒和做愛，還可以拍點裸照。」希爾斯覺得這
是個不錯的建議，便和丹墨一起走了。

　　起初兩人只是做愛，希爾斯也沒覺得有什麼不對勁的。後來，丹墨
便端給了希爾斯一杯酒，酒中放了丹墨自製的安眠藥，等希爾斯睡著之
後，丹墨便開始動手了。丹墨把希爾斯肢解後，便把希爾斯的腦袋做成
紀念品留在身邊，丹墨把頭顱放到開水中煮了煮，然後把皮膚揭下來，
風乾之後，丹墨便把希爾斯的頭顱塗成了灰色。在這次作案後不久，丹
墨又因為猥褻男童被判刑，法庭判他禁止和 18 歲以下的未成年人接觸。

　　在一年以後，丹墨就經受不住誘惑，繼續殺人，他先後一共殺掉了
12 名男性。丹墨的作案手段十分殘忍，其中一名叫科內拉克（Konerak
Sinthasomphone）的年僅 14 歲的寮國裔男孩的遭遇最為悲慘，也是完全
可以避免的。當時丹墨把科內拉克迷暈之後，發現家中沒啤酒了，就出
去買酒。期間，科內拉克迷迷糊糊醒了過來，並盡力跑了出去，當時光
著身子的他肛門處還流著血。由於安眠藥的藥效還沒有過去，科內拉克
步伐虛浮，但還是找到了求救的對象。兩名女孩看到科內拉克後便報警
了。當時警察並未重視這件事情，只是象徵性地去丹墨的家中問話，雖
然警察在丹墨家中聞到了一股難聞的氣味，但整潔的房間讓警察打消了
對氣味的懷疑。而且丹墨這個白種人也表現得十分配合，丹墨還告訴警
察，科內拉克已經「19 歲」了，是他的情人，所以警察認為這不過是兩
個同性戀人之間鬧矛盾而已，所以並未引起重視，便離開了。

　　如果當時警察對丹墨的房間進行一番搜查，那麼就會發現剛剛被肢
解的屍體，科內拉克也就不會遇害。在警察離開後，丹墨便把昏迷過去
的科內拉克給肢解了，並且還把科內拉克的腦袋做成了紀念品。但是科
內拉克卻給那兩名女孩留下了深刻的印象，女孩回家後把這段經歷告訴

了母親，這位母親便打電話到警察局詢問情況，結果警察卻告訴她：「女士，那是個成年人，我們不能干涉對方的性取向。」後來，這兩名警察甚至還拿科內拉克肛門受傷和醉酒的樣子開玩笑。這兩名警察不僅是白種人，而且還是種族主義者。

　　雖然丹墨被捕時進行了激烈的反抗，但是卻對自己的罪行供認不諱，並且老實交代了藏屍地點。最終，警方找到了 16 個被害人的屍體，並以 16 起謀殺罪起訴丹墨，丹墨被判處了將近 1,000 年的監禁，他的餘生將在監獄中度過。但在 1994 年，丹墨卻在監獄中被人殺害了。當時丹墨和一名黑人正在打掃房間，兩人起了衝突，發生了激烈的爭吵，最後甚至動起手來，那個黑人抓住丹墨的腦袋向牆上用力地撞去，丹墨當場身亡。後來，這名黑人聲稱，他之所以殺掉丹墨是為了替天行道，上帝不允許丹墨這樣的殺人狂魔繼續活在世上。

【犯罪心理分析】

　　丹墨之所以能殺掉這麼多人，與當時的有色人種受歧視的大環境是分不開的。所以在丹墨殺人事件被曝光後，立刻發生了抗議美國政府縱容種族主義的民眾暴動。當時的美國政府在巨大的輿論壓力下，不得不加重對丹墨的懲罰，還把丹墨單獨關起來，不讓他與其他的犯人發生接觸。丹墨看起來根本不像一個殺人魔。雖然丹墨為人孤僻怪異，也因為露陰和猥褻兒童等罪名進過監獄，但丹墨與其他暴戾型的連環殺手比起來，還算是溫和的，最起碼他沒有和他人發生過衝突。

　　丹墨在殺人時經常會藉助一個道具，那就是酒，酒成為丹墨必不可少的殺人工具之一。丹墨首先利用酒和別人接觸，然後再邀請對方回

家，而且丹墨還具有酗酒的傾向。FBI 的研究顯示，不少連環殺手都會利用毒品或酒精這些可以使人失去控制力的東西來作為犯罪輔助手段，雖然酒精具有鎮定的作用，但是卻可以讓一個人對自己的行為失去控制，尤其是毒品這種能夠讓人進入極度興奮狀態的物質，更容易讓人失控。FBI 透過調查發現，大多數連環殺手都會在殺人前喝酒，有的甚至會喝比往常更多的酒。

　　除了酒精之外，在丹墨這位殺人魔和食人魔的身上，還有一個十分顯著的特徵，那就是無法排解的孤獨。不同於其他連環殺手，丹墨的家庭算是正常的，他的父母也十分喜愛他，雖然後來丹墨的父母離婚了，但那時丹墨已經成年。按理說，如果一個人成年了，他的父母選擇了離婚，對這個人來說，應該是可以理解的，他的生活也不會受到太大的影響。但是這對於丹墨來說卻是難以接受的，他認為父母是想拋棄自己。也就是說，丹墨算是個幸運的連環殺手，他的父母是負責的。

　　以往許多人都認為，連環殺手肯定出身於一個支離破碎的家庭，或者其父母有犯罪紀錄或患有精神疾病。但也有些連環殺手出身於一個正常的家庭，當然丹墨的家庭或許只是表面上看起來比較正常而已，就像平靜水面下波濤暗湧。丹墨的童年生活雖然不至於悲慘，但卻總是被孤獨所折磨，因為丹墨無法融入同儕團體之中，這種狀況一直持續到丹墨成年。在一個人成長的過程中，父母扮演著重要的角色，同時夥伴也是必不可少的。

　　有一個名叫茱蒂‧哈里斯（Judith Rich Harris）的美國人曾經寫過一本書，這本書在美國心理學界引起了巨大的轟動，書的名字是《教養的迷思》（*The Nurture Assumption*）。這本書一經出版就飽受詬病，有人甚至說作者是在為不負責任的父母開脫。實際上，哈里斯只是為了強調同伴

的作用。在這本書中，他寫到了一個真實的案例，那就是二戰時期被德國納粹黨關在集中營的猶太人兒童，這些兒童每天都生活在死亡的陰影中，沒有成年人的照顧，但他們依舊可以健康地成長，因為這些兒童之間建立了十分親密的連繫，也就是說他們可以從同伴那裡滿足心理需求，雖然他們一無所有，但他們至少擁有彼此。整體而言，夥伴對一個人的心理健康而言十分重要。顯然，丹墨就缺少了這一環，他無法和同齡人建立起親密的關係。丹墨之所以走上殺人的道路，就是為了阻止他人離開自己。

丹墨還有戀屍癖的傾向，他對屍體有著謎一樣的喜愛。丹墨表示，在他 14 歲的時候就有了殺人的念頭。丹墨還十分喜歡內臟的顏色，尤其是剛剛死亡的屍體所散發出來的熱氣，這甚至會讓丹墨產生性興奮，並且和屍體性交。

丹墨還喜歡吃人肉，並且認為透過這種方式，那些死去的人可以在他的身上獲得重生。當然丹墨不會把所有的屍體都吃掉，他只選擇自己喜愛的部分，甚至還變著方法把人肉弄得更加好吃。丹墨還嘗試著喝人血，但口味卻不怎麼樣，便放棄了。後來，丹墨開始喜歡上了把被害人折磨致死的方式，例如在被害人的頭顱上敲開一個洞，然後往裡面灌上一些鹽酸，眼看著被害人被疼痛折磨而死。

丹墨自己總是被一種幻想所折磨，他曾說過：「我總是有殺人和吃人的衝動，根本控制不住。對此，我也十分痛苦，而且不停地殺人，殺人的衝動就變得越來越強烈，直到最後變得無法收拾。」丹墨還相信魔鬼的存在，並認為魔鬼一直在影響著自己。

第三章

套在女人皮中的男人 —— 愛德華·西奧多·蓋恩

據 FBI 的研究，如果連環殺手的母親是霸道的，而且對孩子控制得十分嚴格，那麼孩子就無法實現性別認同（對自己性別的正確認知）。對於一個正常人來說，他在 3 歲左右時就可以辨識出自己的性別，並且知道自己的性別是穩定的，有了正確的性別認同之後，兒童就會喜歡和同性兒童一起玩耍，會自然而然地遵從內在的性別角色要求來控制自己的言行，讓自己的言行更加符合自己的性別。

1957 年 11 月 16 日，這天是星期六，一個名叫法蘭克的副警長像往年一樣去參加家鄉的獵鹿活動，這是法蘭克最喜歡的活動。那天的天氣不錯，鎮上幾乎所有人都參加了這個活動。活動結束後，法蘭克便去看望自己的母親，他的母親伯妮絲‧沃登（Bernice Worden）是一家五金行的女主人，鎮上的人會從這家店裡購買日常生活用品以及務農工具等。法蘭克發現五金行不僅沒有開門，而且還沒有開燈。頗感意外的法蘭克打開了店門，當他進入房間時，發現地上有一攤血，一直延伸到後門。深感不妙的法蘭克立刻報警了。

警察趕到後，立刻對案發現場進行了勘查。警察透過並不混亂的現場推斷出，這裡應該沒有發生過搏鬥。後來，警察發現收銀機不見了，於是就把這起案件定性為搶劫案。但法蘭克認為母親凶多吉少，應該已經被害。法蘭克還告訴警察，他覺得一個名叫愛德華‧西奧多‧蓋恩（Edward Theodore Gein）的男子很可疑。因為不久前，蓋恩曾到店裡詢問過防凍劑的價格，還再三詢問法蘭克是否去參加獵鹿活動。法蘭克認為，那天蓋恩的真實目的並不是買防凍劑，而是為了確認自己是否在獵鹿活動當天在店裡。

這下，蓋恩就成了最有嫌疑的人。於是警方便包圍了蓋恩居住的農場，並且從柴房進入到房間內。剛進入房間時，警察就覺得房梁上好像吊著一個東西。由於獵鹿活動剛結束，所以警察認為那可能是蓋恩獵獲的獵物，但實際上蓋恩當天並未參加狩獵活動。當警察打開手電筒時，卻發現吊著的是一具人的屍體，這具屍體明顯被人專門處理過，沒有頭部，從陰部切開一直到胸部，內臟被掏乾淨了，看起來就好像一件人皮衣服。這具屍體就是法蘭克的母親。

意識到不對頭後，警察們立刻對蓋恩家進行了地毯式的搜查。搜查

的結果不僅讓人震驚，更讓人噁心，甚至已經超越了人類心理承受的極限。蓋恩的房間十分雜亂，還伴隨著一股令人難以忍受的惡臭。當警方走進蓋恩的臥室後，看見了地獄般的恐怖景象：蓋恩把死人的頭骨作為裝飾品鑲嵌在床柱上。爐子上的平底鍋上正放著一顆新鮮的心臟，應該是被害人沃登夫人的。沃登夫人的頭顱則被裝在一個麻布口袋裡，不僅雙眼緊閉，而且耳窩處已經被穿上了鉤子。除了沃登夫人被肢解的屍體之外，還有許多被精心處理過的屍體，眼前的景象更像是另類的行為藝術。

警察發現了一個怪異的湯碗，這個湯碗是用一個頭蓋骨的上半部分製作而成。除此之外，警察還發現了許多用人皮製作的家具和裝飾物，例如燈罩、紙簍、座椅扶手等都是用人皮做的。當警察打開蓋恩的衣櫃時，發現了一件用人皮做的大衣，胸前還有一副女性的乳腺。後來蓋恩交代說，他經常在夜晚穿著這件人皮大衣散步，並且還把自己想像成一個女人。

當一名警察打開廚房門後，發現了一張人皮面具，並且認出這就是遇害的瑪麗·霍根（Mary Hogan）。瑪麗是一位中年婦女，蓋恩是在普蘭菲爾德酒吧認識她的。蓋恩之所以選擇向瑪麗下手，是因為瑪麗與蓋恩已經過世的母親長得十分相像，但兩人的性格卻南轅北轍。後來蓋恩就開槍打死了瑪麗，並且把瑪麗的屍體帶回了農場。蓋恩曾經告訴過一個人，他殺死了一個人並且把屍體吊在家中。但對方根本不相信，認為蓋恩在吹牛皮，因為在人們的眼中，蓋恩是個性格溫順的老實人，根本不可能有膽子殺人。

就在警察還沒有從震驚中回過神來時，蓋恩回家了。當蓋恩看到家中的警察後，居然對警察說，他根本不知道五金行的命案。警察也沒多

說，直接把蓋恩銬走了。經過一番審訊後，蓋恩交代了自己殺死瑪麗和沃登夫人的事實。但是警察對蓋恩的這些交代根本就不滿意，因為蓋恩的家中有許多人的屍體零件，而這些殘屍顯然不可能只是兩個被害人的。可是蓋恩卻說，他對於自己所做的這些事情都記不清楚了，因為他在做這些事情的時候，大多處於恍惚的精神狀態。警察相信了蓋恩的解釋，畢竟蓋恩的精神狀態確實顯得不正常。

相對於其他連環殺手，蓋恩所謀害的人數量很少，但是他所犯下的毀屍、食人和戀屍癖等罪行卻引起了記者們的興趣。蓋恩的案件經過報導後，立刻在美國引起了巨大的轟動，並且還激發了犯罪專家的興趣，這些專家紛紛對蓋恩展開研究。蓋恩所居住的小鎮也因此成為一個旅遊勝地，許多對蓋恩案件感興趣的人紛紛前來參觀蓋恩的家，但鎮上的人卻覺得蓋恩的家是個魔窟，便一把火燒掉了蓋恩的家。

在當地，蓋恩有個外號，叫「老好人艾德」（蓋恩的小名叫艾德）。在當地人的心目中，蓋恩雖然行為有些怪異，但是卻讓人很放心，有許多家長甚至把孩子交給蓋恩看管，鎮上的很多孩子也喜歡找蓋恩玩。蓋恩案件發生後，警察還特意去調查當地的孩子，詢問他們是否遭受過蓋恩的威脅，或是蓋恩向他們做過奇怪的事情，但都遭到了否認。不過有些家長卻說，他們曾聽孩子說過，在蓋恩的家中發現了一些奇怪的面具和萎縮的頭顱。不過當時家長並未重視，只認為這是小孩子的胡言亂語罷了，沒想到居然是真的。

蓋恩在殺害瑪麗和沃登夫人之前，一直把屍體作為自己作案的對象，總是想方設法去盜墓。至於蓋恩後來為什麼朝著活人下手，有兩種說法。其中一種說法認為死人已經無法滿足蓋恩，所以蓋恩才選擇朝活人下手。另一種說法認為，蓋恩從來沒有想過殺人，他想要的只是屍

體，但後來天氣變冷了，挖掘屍體變得困難起來了，所以便只好殺死活人。

那麼，蓋恩為什麼會變成這個樣子呢？這還得從蓋恩的幼年經歷說起，在蓋恩的人生中有一個人產生了決定性的作用，這個人便是蓋恩的母親奧古斯塔（Augusta Wilhelmine）。奧古斯塔是個狂熱的宗教信徒，對道德有著十分苛刻的要求，並且讓自己的孩子相信「女人就是魔鬼」，禁止孩子發生婚前性行為，如果一個女人值得你和她發生關係，那麼她也適合結婚。後來奧古斯塔甚至要求自己的孩子發誓，要終身保持處男的身分。對於母親的這些教誨，蓋恩一直牢記在心，直到臨死前還是一名處男。

父親這個角色在蓋恩的生命中被大大弱化了，因為奧古斯塔告訴蓋恩，他的父親喬治（George Philip Gein）是個無用的人，是個失敗的男人，無法為蓋恩創造美好的未來。但同時，父親對於蓋恩來說也是個恐怖的存在，因為喬治會打他。有一次，蓋恩在外面受到了其他孩子的欺負，跑回家向父親哭訴。父親不僅沒有安慰他，反而痛打了蓋恩一頓。從那以後，蓋恩再也不信任父親，並且把對父親的這份依賴統統轉嫁到母親的身上，對母親更加依賴。

奧古斯塔認為城市中的人都是不道德的，便把家搬到了一個小鎮上，為了保持孩子道德的純潔性，奧古斯塔把家安在了人煙稀少的一個農場之中。除此之外，奧古斯塔還不讓蓋恩和其他孩子玩耍。

蓋恩還有一個哥哥名叫亨利（Henry George Gein），亨利不僅比蓋恩大兩歲，而且更有主見，對母親的教育方式十分不滿，甚至與母親發生了激烈的爭吵。在亨利看來，蓋恩對母親的那份過分依賴之情也是不正常的。亨利的這種反抗應該算得上是一種正常的表現，但卻給蓋恩帶來了不小的苦惱。在蓋恩的心中，母親是不可侵犯的存在，而亨利則是疼

愛他的哥哥。但是這兩個人卻發生了爭執，蓋恩都不知道自己到底應該支持誰。

後來，蓋恩一家人所居住的農場附近的沼澤發生了一場大火，蓋恩和亨利都參與了救火，但亨利卻意外死亡了。警方透過調查後認為，亨利的死不是一個意外，蓋恩應該負有責任。因為蓋恩在報警時告訴警察，他在撲滅大火後找不到亨利了。但當警察趕到後卻發現蓋恩就停留在亨利的屍體旁。經過一番深入調查後，警察排除了蓋恩的嫌疑。蓋恩雖然獲得了無罪釋放，但卻遭到了鎮上人們的懷疑，人們認為亨利就是被蓋恩殺死的，因為亨利觸犯了奧古斯塔的權威。

1940 年，蓋恩的父親喬治死了。奧古斯塔告訴蓋恩，喬治是死於他的軟弱，他死後一定會下地獄。實際上，喬治是因為肺炎死的。隨著年齡的增長，蓋恩開始工作貼補家用。蓋恩還做過保母，他對於這份工作十分滿意，在蓋恩的心中，小孩子比較容易溝通。

1945 年奧古斯塔死亡，讓蓋恩徹底陷入了痛苦和孤獨之中。在母親死後，蓋恩便把母親的臥室和起居室都用木板封存起來，保持著母親生前的模樣。在警察因為沃登夫人的死調查蓋恩的家時，就發現了這個被木板釘起來的房間。警察本以為能從這裡發現更多屍體，但當警察把木板去掉後，卻被眼前一塵不染的景象震驚了，因為眼前的屋子和蓋恩的房間比起來真是雲泥之別。

奧古斯塔是個控制欲很強的母親，而且非常霸道，強制要求孩子像她一樣生活。所以當奧古斯塔去世後，蓋恩首先感覺到的是解脫，因為再也不會有人管他了。但是蓋恩很快就變得無所適從了，因為他從小被母親禁止接觸外人，所以在人際交往方面顯得十分笨拙。不過蓋恩不久就找到了感情的寄託，那就是讀書。

因為母親的關係，蓋恩從小就不善於和他人交往，在學校也是個孤獨的存在。當母親發現蓋恩或亨利有新的朋友時，就會對他們進行嚴厲的懲罰。於是蓋恩就開始從讀書中尋找安慰，但蓋恩只對兩類書籍有興趣，即人體解剖和德國納粹的人體試驗。在母親去世後，蓋恩又喜歡上了一類書籍，即盜墓方面的。

　　有了理論指導後，蓋恩就想付諸實際行動了。但是在試驗開始之前，他還得去尋找一些材料，也就是屍體。於是蓋恩開始了盜墓，尋找令自己滿意的屍體。蓋恩選擇的第一塊墓地就是母親奧古斯塔的，蓋恩把母親的屍體從墓穴中挖出來，並放在了家中。之後，蓋恩開始在各處尋找目標，但是他只對一些特定的墓地下手，死者是中年婦女，而且得是新鮮的屍體。蓋恩交代過，他曾經在墓地旁邊手淫過，但卻不會和屍體發生性關係，因為蓋恩覺得那些屍體很臭。

　　蓋恩為了能找到新鮮的屍體，還養成了看報紙的習慣，因為報紙上有時會刊登訃告，透過訃告蓋恩就可以得知哪裡有新鮮的屍體。據說有一次，蓋恩還邀請了一位鄰居一同前去，但那位鄰居智能不足，所以蓋恩的這種行為一直沒有被發現，直到沃登夫人案件之後，蓋恩的種種行跡才被揭露。

【犯罪心理分析】

◇

　　蓋恩為什麼對中年女性的屍體如此著迷？他為什麼要做一件人皮大衣以及人皮面具？對於蓋恩這些匪夷所思的行為，FBI犯罪心理專家給出了兩種說法。

　　第一種說法是蓋恩自己想變成一個女性。蓋恩曾經想做變性手術，

但因為價格昂貴，再加上風險大，所以蓋恩便只能用「真材實料」來把自己偽裝成一位女性。據 FBI 的研究，如果連環殺手的母親是霸道的，而且對孩子控制得十分嚴格，那麼孩子就無法實現性別認同（對自己性別的正確認知）。對於一個正常人來說，他在 3 歲左右時就可以辨識出自己的性別，並且知道自己的性別是穩定的，有了正確的性別認同之後，兒童就會喜歡和同性兒童一起玩耍，會自然而然地遵從內在的性別角色要求來控制自己的言行，讓自己的言行更加符合自己的性別。蓋恩是個男性，但是在他的人生歷程中，女性在他心目中占據著至高無上的地位，所以他會對自己的男性角色感到厭惡和憤怒。所以當蓋恩穿上人皮大衣後，就會覺得自己變成了一名女性，從而獲得一種心理滿足。

在蓋恩被捕以後，警察很快就取得了他的信任，他誠實地交代了自己的所作所為，並且告訴警方那些人皮製品的各種用法。蓋恩極力否認他曾與屍體性交。他穿上了人皮大衣，好像自己真的變成了一名女性。蓋恩表示，每當月圓之夜時，他就會穿上人皮大衣，戴上人皮面具，然後敲著人皮鼓。對於這種行為，蓋恩認為是放縱的。

第二種說法是蓋恩在用這種方式懷念母親。每當蓋恩穿上人皮大衣後，就會覺得母親好像回到了自己的身邊，他可以繼續依賴母親，他的這種做法實際上就是為自己複製了一個母親。當然，這種想法在常人看來是難以接受的。在審訊過程中，蓋恩雖然已經年過半百了，但是卻表現得像個孩子，尤其是他對母親的依賴，讓警方更加覺得蓋恩的心智是不成熟的。蓋恩表示，他之所以會殺掉瑪麗和沃登夫人，是因為這兩個人和母親長得很相像。但是蓋恩也表示，雖然她們很像母親，但在他的心目中，母親是最特別的，沒有人能取代。每當警方提到蓋恩的母親時，蓋恩就會表現得很傷心，有時甚至會哭泣。

最終蓋恩被送進了精神病院，並在那裡度過了餘生。在精神病院，蓋恩被評為模範病人，他不僅很喜歡醫院安排給自己的手工勞動，而且每次都能超額完成。當醫生發現蓋恩對無線電報十分有興趣後，就向醫院申請，讓蓋恩用自己的勞動所得購買了一臺無線電報機。最終蓋恩死於癌症，在死前，蓋恩表示如果他能出院，一定會去環遊世界。蓋恩死後被安葬在自己母親墓地的後面，這樣他就可以永遠和母親在一起了。

對於蓋恩的種種恐怖和怪異的行為，專家們在研究的過程中分成了兩派。一部分專家認為，蓋恩並不是性虐待狂，而是個性掠奪者（sexual predator，俗稱色狼）。蓋恩的殺人行為並不是殺人欲望引起的，也就是說他並不是為了殺人而殺人，或許這也是他相對其他連環殺手殺人數量少的原因所在。有不少連環殺手殺人時是為了尋求力量和控制權，但蓋恩顯然並不是這樣。蓋恩殺人和盜屍實際上就是在尋找不同的零件，然後用這些零件拼湊出一個母親來，再把自己套進去，他就會變成奧古斯塔。

在蓋恩的心目中，母親奧古斯塔是至高無上的存在，擁有絕對的權力。所以蓋恩想要變成女人，想要變成奧古斯塔。在蓋恩的犯罪行為中，奧古斯塔負有不可推卸的責任，如果她改變對蓋恩的教育方式，那麼或許蓋恩的人生就會變得不一樣。據說，奧古斯塔一直想要個女孩，因為她已經有一個兒子了，但是蓋恩仍然是個男孩。

不論怎麼說，奧古斯塔都是蓋恩生命中的唯一，是他的依賴，也是他的信仰，甚至在蓋恩的心目中，奧古斯塔就是永生的。所以蓋恩才會不停地拼湊出一個奧古斯塔，甚至想變成奧古斯塔。

另一部分專家則認為，蓋恩是憎恨奧古斯塔的，這份憎恨就連蓋恩自己也沒有發現。蓋恩之所以選擇中年婦女以及和母親相貌相似的瑪麗

和沃登夫人下手，就是源於對母親的憎恨。因為殺人和肢解屍體都是充滿憎恨的行為。

美國聯邦調查局的著名犯罪心理學家約翰‧道格拉斯（John Douglas）在得知蓋恩的案件後，也進行了一番研究，最終他得出了這樣的結論：「蓋恩的案子主要涉及了兩起謀殺，從這兩個謀殺場景中我注意到，雖然凶手把屍體移走了，但並未做出任何善後的行動，例如擦乾淨地板上的血跡，或是在殺人後藏起來。在沃登夫人的被害現場，有許多血跡，這說明被害人已經當場死亡，但警方卻並未發現屍體，那麼凶手為什麼移走屍體？通常的解釋是，移走屍體可以避免警方的追查。但這種解釋顯然不適用於蓋恩的案件。如果凶手移走屍體是有其他原因，那麼凶手很有可能是一個精神病患者。」最終蓋恩被診斷為慢性精神障礙。後來蓋恩便成為許多影視劇的原型人物，例如希區考克的《驚魂記》、湯瑪斯‧哈里斯的《沉默的羔羊》等電影中的恐怖殺手的形象都取材於蓋恩。但不同的是，這些電影中的連環殺手一般是非常凶狠的形象，攻擊性很強。但蓋恩在現實生活中卻是一個溫和的老實人。

雖然奧古斯塔應該為蓋恩的犯罪行為負責，但這也不能全怪在奧古斯塔的身上。蓋恩的哥哥亨利雖然也接受了一樣的教育，但他卻可以及時地意識到蓋恩對母親的依賴不對，並且反抗母親的霸道。《道德情操論》和《國富論》的作者亞當斯密也是個對母親十分依賴的人，他父親在他出生前就不幸去世了，從此之後，對亞當斯密的教養重擔就完全落到了母親瑪格麗特的身上。亞當斯密的性格和蓋恩也比較相似，都不善於人際交往，活在自己的世界中，甚至還有憂鬱症的傾向。在母親去世後，亞當斯密陷入了巨大的痛苦中而無法自拔，他的健康狀況也開始惡化，6 年後便去世了。

第四章

殺人魔小丑 —— 約翰·韋恩·蓋西

　　FBI 把連環殺手分為三類，即有組織、無組織和混合型。有組織的殺手通常都是比較聰明的，而且很擅長騙人，能輕易地把被害人騙到目的地。在處理屍體的時候，有組織的殺手都會表現得十分謹慎小心，他們會把屍體處理得毫無蹤跡可尋，這樣就可以躲避警察的調查。但有組織的殺手總是自作聰明，認為警察根本抓不到他們。

1978 年的 12 月 11 日，一個名叫羅伯特·皮斯特（Robert Jerome Piest）的 15 歲少年在一家藥局工作時，偶然得知一個名叫約翰·韋恩·蓋西（John Wayne Gacy）的中年男子要僱傭青少年，於是就向蓋西表示，他需要一份工作，蓋西答應僱傭他。羅伯特很高興，就告訴了母親，在離開家時還對母親說，他很快就會回來。但之後，羅伯特卻失蹤了。羅伯特失蹤後，他的父母立刻向當地警察局報警，他們對警察說，羅伯特的失蹤一定和一個名叫蓋西的承包商有關，羅伯特失蹤前曾和這個人商討過工作的事情。

警察找到蓋西調查，但蓋西卻說他根本沒有見過這個名叫羅伯特的少年。當警察要求他去警察局做筆錄時，蓋西謊稱自己的叔叔過世了，他只能晚點去警察局。第二天凌晨，蓋西滿身泥巴來到警察局，對警察說他遇上了車禍，但依舊堅決否認自己與羅伯特的失蹤有關，還表示自己從未承諾給羅伯特務作。

警察當然沒有相信蓋西的鬼話，開始對蓋西展開調查。透過調查，警察發現蓋西曾在芝加哥有過案底，還在愛荷華州因為強姦青少年被判刑。這些調查結果都說明蓋西有重大嫌疑，於是警方便拿著搜查令對蓋西的房屋進行了搜查。透過搜查警方發現了許多可疑的物品：一枚中學生的戒指、不同的駕照、手銬、關於男同性戀的書籍、一件與蓋西身材不符的衣服、羅伯特務作的藥局的收據。第二天，警方就收到了一條更加可疑的消息，一年前在芝加哥的一條河流中發現了兩具屍體，其中一個人曾是蓋西的雇員。

後來，警方又接到了一通報警電話，打電話的是個年輕男子，這名男子告訴警方，蓋西曾經用大麻引誘他，讓他上車。當他上車後就被蓋西迷暈了，隨後被帶入蓋西的家中，並且在那裡遭遇了虐待和強暴。警

察還從蓋西的前妻那裡了解到另一起年輕男子的失蹤案。同時，警方確認蓋西家中的那枚戒指的主人也消失了，而且蓋西的一名員工還開著失蹤者的車。警察從這名員工那裡了解到，這輛車是蓋西賣給他的，蓋西還告訴他說，車的主人急需一筆錢去加利福尼亞州。

警方還在蓋西的車內發現了一小撮人類的毛髮，當警察帶著警犬去確認羅伯特是否真的乘坐過蓋西的汽車時，警犬做出了臥倒的示警動作。這說明羅伯特一定曾出現在蓋西的車內，甚至可能是蓋西用此車運過羅伯特的屍體。

當蓋西得知警察對自己展開了詳細的、全方位的調查後，就為自己找了律師，控告警察騷擾他，對他的生活造成了惡劣的影響。面對警察的跟蹤，蓋西還謾罵警方，說警察都是白痴。為了擺脫嫌疑，蓋西故意表現得滿不在乎，不僅把自己外出時的目的地告訴警察，還表現得和平常一樣。

但是當蓋西得知警方掌握的證據越來越多時，就開始慌張起來，並且和律師談論案件的進程，也表現出了一些瘋狂的舉動，例如酗酒和對人大喊大叫等。在警察正式逮捕蓋西之前，蓋西還為自己租的車加油，並且給了加油工一袋大麻。加油工把這袋大麻交給了警方，並且告訴警察，蓋西對他說：「我的末日就要來了，這些人會殺死我。」

蓋西離開加油站後，就開車去了一個朋友家，警察在跟蹤的過程中，發現蓋西的手中拿著一串念珠，並且一邊開車一邊禱告。到了朋友家後，蓋西抱著朋友痛哭，還親口承認自己殺了 30 個人。蓋西的種種反常行為引起了警方的警惕，為了避免蓋西在走投無路時選擇自殺，警方便以非法藏匿和分發大麻的罪名將其逮捕。

蓋西被捕以後，警方開始對蓋西的住所展開搜查。警方在蓋西住所

的地板上找到了一個暗門，並且透過這個暗門發現了一個密室，在密室中有幾具殘缺的屍體。面對這些證據，蓋西只好承認自己殺人的事實。蓋西告訴警察他一共殺害了 25 個年輕人，這些被害人都是他用工作和金錢的方式引誘來的，他有時也會採用暴力的方式綁架被害人。

當蓋西把被害人弄到住所後，就會把被害人銬上或綁住，為了防止被害人尖叫，蓋西會用布料堵住被害人的嘴巴或是用繩子勒住，被害人就是被繩子勒死的。蓋西通常每次只會殺掉一個人，但偶爾也會同時殺害兩個人，並且美其名曰「雙捕」。

在被害人死後，蓋西就開始想辦法處理屍體。蓋西的拋屍地點是家裡的下水道。在蓋西被捕之前，蓋西曾邀請兩名跟蹤他的警察去家中喝咖啡。其中一名警察便趁著上廁所的機會，觀察蓋西的房屋，希望能找到一些可疑的蛛絲馬跡。但是警察卻什麼也沒發現，可他覺得下水道的味道很怪異，就好像屍體的味道一樣。後來的發現證明這個警察的直覺是對的。為了加速屍體的分解，蓋西會定時倒些生石灰。

後來蓋西殺的人越來越多，下水道的空間都被填滿了。蓋西就開始尋找新的拋屍地點，他選擇了河流。羅伯特被害後，蓋西就把他的屍體拋在了一條河流中。當蓋西處理完屍體後，就去赴約，途中發生了一起輕微的交通事故，然後他就出現在了警察局中。

蓋西是從 30 歲時開始殺人的，在許多人的眼中他是個殘忍的連環殺手，但實際上他在幼年時期，也是一名受害者。蓋西是家中的第二個孩子，他與母親和姐妹之間的關係很好，但卻無法與父親相處，因為他的父親有酗酒的毛病，醉酒時總是對妻兒拳腳相加。

蓋西為了贏得父親的讚賞也做過許多努力，但卻收效甚微。在蓋西犯錯時，例如拆卸父親組裝起來的引擎和在商店偷玩具車，總會遭到父

親的鞭打。父親還常說蓋西不像男孩，是個噁心的娘娘腔，長大後就會成為同性戀。在蓋西9歲時，曾經被一個承包商猥褻，但因為害怕父親的責怪而選擇了隱瞞。

　　蓋西的身材肥胖，而且有輕微的心臟病，所以無法參與學校的體育運動。雖然蓋西的朋友不多，而且還時不時地被同學嘲笑，但他卻很熱情，喜歡幫助老師和鄰居們做些小事。在蓋西讀四年級時，他的身體健康出現了問題，經常會間歇性昏厥，還患上了盲腸炎。因為總是請假住院，蓋西的成績開始下滑。對於這點，蓋西的父親認為他是在故意裝病。

　　隨著年齡的增長，蓋西與父親之間的關係變得越來越糟糕。蓋西的父親在喝醉酒時，就會拿兒子出氣。面對父親這種無理取鬧的責罵或毆打，蓋西選擇了沉默，從未反抗過。對於這段糟糕的父子關係，蓋西的母親也曾試圖努力緩和，但失敗了，就像她無法勸丈夫成功戒酒一樣。

　　蓋西18歲時開始參與政治，並且獲得了一份工作，即為一個民主黨候選人擔任助理。父親對蓋西的這份工作十分不滿，大罵蓋西是懦夫。在蓋西擔任民主黨候選人助理時，父親為蓋西買了一輛車，但是汽車卻在父親的名下，蓋西還得每月向父親還款。在還款期間，只要蓋西出現忤逆父親的言行，那麼車鑰匙就會被收回。後來蓋西為自己配了一把車鑰匙，父親知道後十分生氣，然後把汽車的分電器蓋直接拆掉了。在蓋西的回憶中，這是段令人噁心的經歷。

　　後來蓋西被安排到停屍間工作，這段經歷給蓋西帶來了很大的影響。蓋西一直住在防腐室後的一間小屋中。一天晚上，蓋西獨自待在停屍間，並且爬到了一個年輕男性死者的身旁，他忍不住擁抱和撫摸了這具冷冰冰的屍體。

　　3 個月後蓋西回到了芝加哥，並且進入一所商學院就讀，畢業後他開始在一家鞋業公司當業務員，後來便晉升為部門經理。期間，蓋西加入了青年商會，並漸漸成為商會的骨幹。在一次商會舉辦的酒會上，蓋西被一名男同事灌醉，然後到男同事家中休息，中間兩人發生了性關係，這是蓋西第一次同性戀經歷。在這裡，蓋西和一個名叫瑪麗蓮・邁爾斯（Marlynn Myers）的同事結婚了，瑪麗蓮的父親是幾家肯德基的老闆，後來蓋西便和妻子搬到岳父家中居住。蓋西和瑪麗蓮生下了一個兒子和一個女兒。初為人父的蓋西十分快樂，並且認為這段經歷在他的人生中是完美的。不久，蓋西的父親前來看他，並對蓋西說：「兒子，是我看錯你了。」這是一種難得的讚賞。

　　此時蓋西的生活表面上看起來是光鮮亮麗的，但實際上卻是陰暗的，對於妻子他有著難以啟齒的祕密。蓋西捲入到色情和毒品中，還在地下室開了一家俱樂部，邀請在速食店工作的人參加，並且伺機向年輕男子下手，灌醉對方並且與對方發生性關係，當遭到對方的拒絕時，蓋西會以開玩笑為由糊弄過去。

　　1967 年 8 月，蓋西認識了一個名叫唐納德・福爾西斯（Donald Voorhees）的少年。唐納德只有 15 歲，是速食店員工的兒子。在蓋西成功把唐納德引誘到家中後，就開始讓唐納德觀看色情電影並且給他灌酒，最後蓋西對唐納德下手了。幾個月後，又有幾個青少年遭到了蓋西的毒手。蓋西總是想盡辦法讓這些青少年放棄報案。蓋西會告訴一些青少年，他這麼做是為了科學研究，目的是為了保護同性戀的利益，事後還會給這些青少年一些報償。蓋西甚至還拿妻子作為誘餌，引誘一名青年和妻子睡覺，然後再勒索對方，逼迫對方和自己發生性關係。

　　後來，唐納德把自己受過性侵害的經歷告訴了父親，他的父親立刻

報警，警方逮捕了蓋西。對此，蓋西選擇了否認。為了阻止唐納德到法庭上作證，蓋西便以 300 美元為誘餌，讓一個 18 歲的男孩羅素‧施洛德（Russell Schroeder）攻擊唐納德。被狂揍了一頓的唐納德立刻報警，施洛德在被捕後交代是蓋西讓他毆打唐納德的。

1968 年 9 月 3 日，蓋西接受了愛荷華州立大學精神病醫院的精神病評估。最終的評估結果顯示，蓋西具有反社會人格，而且難以治癒，會反覆和社會產生衝突，但蓋西卻有行為能力接受法庭的審判。

最終蓋西承認自己曾與唐納德發生了性關係，但那都是在唐納德主動的情況下。儘管如此，蓋西還是被判為雞姦罪，並且判處 10 年監禁。當天，蓋西的妻子還提出了離婚。從此之後，蓋西再也沒有見過瑪麗蓮和那雙兒女。

蓋西在獲得假釋的機會後，想要重新做人，並且到芝加哥和母親一起生活。但不久之後，蓋西就被一個十幾歲的男孩指控了。這名男孩告訴警方，蓋西曾引誘他到車上，並且試圖強迫他與之發生性關係。但是這名男孩並未出庭作證，所以蓋西便繼續自由的生活。後來蓋西恢復了正式公民身分，他的犯罪紀錄也因此被封存起來，直到羅伯特失蹤案發生後，警方才對蓋西的犯罪經歷進行了詳細的調查。

在母親的幫助下，蓋西有了自己的房子，後來這間房子便成為他的犯罪場所。不久之後，蓋西認識了一個帶著兩個年幼女兒的女子，並且和對方結了婚。在婚禮舉行前的一個月，蓋西再次被請到了警察局，因為一個年輕男子指控蓋西偽裝成警務人員，把他騙到車裡與之發生性關係。但是警察覺得這個指控具有敲詐蓋西的動機，便駁回了。

婚後，蓋西成立了一家建築公司，主要經營設計、裝修和保養等業務。起初這家公司主要負責小型的維修工程，後來隨著業務範圍的擴

大，開始進行室內設計和安裝等工作。

有一次，蓋西和一名青年雇員出差。當晚，兩個人同住在一個酒店房間裡，蓋西強暴了這個青年。在回到芝加哥後，青年專程到蓋西的家中毆打蓋西，為自己出氣，但卻被蓋西的岳母阻攔。後來蓋西對妻子解釋說，他拖欠了這個青年的薪水，所以才招來了對方的毆打。

除去這些犯罪前科，蓋西是個很熱情的人，會為員工提供免費的服務，還因為樂於助人而廣受好評。蓋西還在一次活動中和當時的第一夫人羅莎琳・卡特合影，並得到了羅莎琳・卡特的簽名。

後來，蓋西還加入了一個名為「快活小丑」的俱樂部，這是一個慈善性質的俱樂部，俱樂部成員需要定期打扮成小丑並參加籌款活動或為住院的兒童帶來快樂。蓋西在成為這個俱樂部的成員後，就創造出了自己獨特的小丑風格，服裝和小丑造型都是他自己設計的。

1975 年的母親節，蓋西向妻子交代了自己雙性戀的性取向，並且表示自己再也不會和妻子做愛。從那以後，蓋西每天晚上都會離開家，並且和十幾歲的男孩鬼混，蓋西的妻子只好提出離婚。

蓋西的第一次殺人可以說是個意外，但正是這個意外讓蓋西變成了一個殺人魔。第一個被蓋西殺害的年輕人只有 15 歲，他的名字叫蒂莫西・麥科伊（Timothy Jack McCoy）。蓋西是在長途巴士站認識麥科伊的，並且帶著麥科伊在芝加哥遊玩了一番。晚上，蓋西把麥科伊帶到了家中並與他發生了性關係。第二天早上，蓋西迷迷糊糊醒來後發現麥科伊拿著一把刀站在他的床邊。蓋西立刻緊張得跳起來，麥科伊手中的刀便不小心劃傷了蓋西。受傷的蓋西立刻表現出了巨大的攻擊性，蓋西不僅利用身體優勢把刀從麥科伊手中搶過來，還將麥科伊的頭部撞向牆壁。莫名其妙被攻擊的麥科伊本能地進行反擊，這時蓋西便拿著刀捅向

麥科伊，直至麥科伊死亡。後來蓋西才發現這是一個誤會，麥科伊當時做好了早餐，便順手拿著刀去叫他起床。在意識到這是個誤會後，蓋西並沒有悔恨，而是想辦法處理屍體。蓋西把麥科伊的屍體藏在了地板下，並且在上面澆築了一層水泥。

對於第一次殺人的經歷，蓋西被捕後這樣描述當時的感受：「雖然殺掉麥科伊的過程讓我覺得筋疲力盡，但也興奮到了極點。那時我才意識到，原來殺人能給我帶來巨大的快感。」

第二位被害人是一個身分不明的少年，他是被蓋西勒死的。在處理屍體之前，蓋西先將這名少年的屍體放置在壁櫥裡，但蓋西很快就遇到了麻煩，屍體口鼻中流出的液體弄髒了他的地毯，為了避免類似情況的出現，後來蓋西都會用布條或被害人的內褲塞住對方的嘴。最終這名被害人的屍體被埋在了蓋西房屋的後院中。

與此同時，蓋西的事業也開始蒸蒸日上，他經常要簽訂大量的合約。但蓋西每天都生活在殺人的誘惑中，因為他的雇員大都是年輕男性，有些還是正在上學的少年。由於此時蓋西還沒有與妻子離婚，缺少獨立的殺人場所，所以蓋西會抑制這種殺人的衝動。儘管如此，蓋西還是會伺機殺人，例如利用妻子外出的機會。有一次，蓋西就利用了妻子看望姐姐的機會殺掉了一名少年並把屍體藏在了車庫的水泥地下。儘管這名少年的父母報警了，但卻不了了之。在與妻子離婚後，獨自擁有房屋的蓋西便大開殺戒。蓋西僅僅用了 3 個月的時間，就殺害了 8 名年輕男性。這些屍體有的被埋在地板下，有的被埋在洗衣間地下。

當然蓋西也不是每次都能得手，如果遇到一些比較強壯的青年，蓋西就沒有那麼容易得手了。曾經有個名叫大衛‧克拉姆（David Cram）的 18 歲青年在與蓋西同居後，被蓋西灌醉，然後銬上雙手，蓋西對大衛

說，他要強暴他。大衛聽到後就給了蓋西一腳。不久之後大衛就搬出了蓋西的家，並辭掉了工作，徹底退出了蓋西的生活。

在羅伯特遇害案曝光後，蓋西的這些殺人行為也陸續被揭露。最終蓋西承認了這些殺人行為，並且還為警察指出了藏屍地點。但蓋西並不想被判死刑，就開始接受各種心理測試，力圖讓精神病專家認為自己是個解離性身分疾患和妄想型思覺失調症患者。蓋西這麼做就是為了證明自己無法接受審判。但最後，蓋西還是被判處死刑。

在執行死刑的當天下午，蓋西獲得了在監獄內與家人聚餐的機會。晚上，蓋西接受了一名天主教神父的禱告，然後被執行了注射死刑。據說蓋西的臨終遺言是「親親我的屁股」，這是一種很無禮的表現。就在死前，蓋西也沒有對自己的罪行表示悔恨。蓋西死後，他的大腦被送到了海倫・莫里森（Helen Morrison）博士那裡，莫里森博士是專門研究暴力反社會人格的。透過檢查，莫里森博士並未發現蓋西的大腦與正常人有什麼不同。

【犯罪心理分析】

蓋西屬於有組織的殺手。FBI把連環殺手分為三類，即有組織、無組織和混合型。有組織的殺手通常都是比較聰明的，而且很擅長騙人，能輕易地把被害人騙到目的地。在處理屍體的時候，有組織的殺手都會表現得十分謹慎小心，他們會把屍體處理得毫無蹤跡可尋，這樣就可以躲避警察的調查。但有組織的殺手總是自作聰明，認為警察根本抓不到他們。

在外界看來，有組織的殺手通常是成功的，他們有一份屬於自己的事業，甚至還能組成家庭。蓋西雖然因為雞姦罪在監獄中服刑，但在出獄後不久他就有了自己的公司，並且做得還不錯。雖然蓋西曾經離過婚，但他很快又有了一位妻子。雖然蓋西與第二任妻子也離婚了，但這是蓋西自己主動提出的。

在蓋西被捕後，他接受了一名 FBI 犯罪心理專家的訪問。在這次訪問中，蓋西不僅沒有對殺人行為感到悔恨，還說那些被害人都是無用的同性戀。當被反問道他自己也是同性戀時，蓋西則辯解道，他的工作很忙，根本沒有時間和女人在一起，所以只好找男人做愛。

對於自己被捕，蓋西認為這純屬一個意外，因為蓋西總是找那些與自己關係不大的人下手，這樣就可以躲避警方的調查。在被蓋西殺害的人當中，有些人在死後根本沒有人為他報警，但有些人卻不是，例如有的少年被害後，他的父母會報警，警察也會調查蓋西，但這差不多就是例行公務，警察根本不會懷疑蓋西。在羅伯特遇害的案件中，如果蓋西不撒謊，承認自己曾與羅伯特見過面並且僱傭過羅伯特的話，那麼警察可能就不會懷疑蓋西與失蹤的羅伯特有什麼瓜葛。但正是蓋西的謊言引起了警察的疑心，並順藤摸瓜調查出了多起殺人案。

蓋西在被執行死刑之前，成了監獄中的明星，不僅有很多人專門來探監，他還經常接受採訪。蓋西在獄中還進行了繪畫創作，在他死後，他的許多繪畫作品都被拍賣，其中最著名的便是蓋西的小丑自畫像。有人認為蓋西利用繪畫作品獲得了豐厚的報酬，但蓋西卻說，他的繪畫作品並不是用來營利的，而是給人們帶來快樂。與此同時，蓋西一直堅持自己是無罪的。

第五章

夜間撒旦 —— 理察·雷瓦·拉米雷斯

通常情況下，有組織殺手在殺人之前都會進行一番策劃，殺人後也會精心處理案發現場，最要命的是有組織殺手具有很強的反偵查能力。拉米雷斯在殺人後就竊聽了警方的電臺。無組織殺手和有組織殺手比起來，雖然作案頭腦不怎麼精明，而且也沒什麼反偵查的能力，但因為作案風格出其不意，這種不可捉摸性也會給警方破案帶來困難。

　　洛杉磯是個跨地域連續作案的絕佳選擇，因為凶手可以利用這裡發達的高速交通網絡。1984～1985 年的美國洛杉磯和舊金山的夜晚被一種恐怖的氛圍所籠罩，這都源於一個瘋狂的連環殺手 ── 理察・雷瓦・拉米雷斯（Richard Ramirez）。在拉米雷斯的陰影下，當地有不少居民都會邀請親友來家中居住，藉以壯膽。拉米雷斯不僅瘋狂，而且作案方式和對象都讓警方毫無頭緒。被拉米雷斯殺死的被害人有男有女，年齡有幾歲幼童，也有 80 多歲的老人，總之拉米雷斯的「獵殺」範圍很廣。在殺人方式的選擇上，拉米雷斯不僅嘗試過藉助工具，而且工具從手槍到冷兵器不等，有時候凶器僅僅是一根木棍。除了工具之外，拉米雷斯還嘗試用雙手解決掉人的性命，例如扼死或直接赤手空拳將對方打死。不過，拉米雷斯有個特別的習慣，即在被害人的身上或犯罪現場留下有著撒旦象徵意義的倒置五角星。後來拉米雷斯在出庭受審時，就在手掌中畫了一個五角星的圖形並且向眾人展示。

　　1985 年 3 月 17 日晚上 11 點左右，洛杉磯顯得十分安靜，一名 22 歲的女孩瑪莉亞（Maria Hernandez）下班後匆匆忙忙往家裡趕。當瑪莉亞把車停好，走出車庫時，迎頭碰到了一個穿著黑袍、戴著藍色海軍帽的男人，這個男人立刻用手中的槍控制住了瑪莉亞。這時，瑪莉亞才看到了這個拿槍指著她額頭的神祕男子的眼睛，那種冰冷的目光讓瑪莉亞十分恐懼，為了能活命，瑪莉亞壓低聲音向男子哀求，希望男子能大發慈悲。瑪莉亞為了避免激怒男子，盡量把目光轉移到其他地方，不與男子產生眼神交流。

　　當瑪莉亞覺得男子有所鬆懈後，立刻逃走，就在這時男子突然開槍了。瑪莉亞隨著槍響倒在地上，但並未被擊中。瑪莉亞趕緊爬起來繼續逃命，男子便朝著瑪莉亞逃跑的方向連開數槍，幸運的是瑪莉亞沒有被

擊中。但瑪莉亞心中明白，如果男子繼續攻擊她，她一定會死，但這名男子卻突然轉身離開了。

　　儘管此時瑪莉亞已經嚇得雙腿發軟，但她依舊以最快的速度跑回了家中。當瑪莉亞打開房門後，還沒來得及鬆口氣，就差點被眼前的景象嚇了個半死，廚房裡到處都是血，還有一具屍體。瑪莉亞的室友黛爾（Dayle Yoshie Okazaki）死在了廚房中，屍體被倒立在一個裝滿鮮血的洗臉盆中。

　　瑪莉亞趕緊跑出來，並且撥打了報警電話。警察趕到後，在附近搜到了瑪莉亞描述中的海軍帽，但這頂海軍帽是被害人黛爾的，而且是黛爾的生日禮物。凶手在殺害黛爾後，便在車庫遇到了瑪莉亞。瑪莉亞是個幸運兒，因為她是第一個從拉米雷斯手下生還的被害人。

　　黛爾的被害以及瑪莉亞的遭遇在當地立刻成為爆炸性的新聞，當地居民都十分害怕自己會成為凶手的下一個目標，警方也在積極破案。一個多星期以後，當地又出現了一起凶殺案，被害人是一對 60 多歲的老夫妻。當經驗豐富的警察趕到現場之後，立刻被血腥的場面震驚了，有些警察甚至忍不住嘔吐起來。這對老夫妻都是中槍身亡的，男主人被擊中頭部而斃命，女主人則是腹部連中數槍。死者流了許多血，家中到處都是鮮血，整個樓層也被血腥味所籠罩。

　　雖然警方在全力追捕凶手，但凶手似乎根本無所忌憚，在接下來的 3 個月內，凶手接二連三地犯下罪案。在這些案件中，警方找到了幾個共同點，比如案發時間都是凌晨，被害人都是被槍擊身亡的。不久之後，又出現了命案，這次被害人並不是中槍身亡的。死者是兩個 80 多歲的老婦人，是被凶手用錘子砸死的，其中一名死者的頭部已經被砸得面目全非。

面對多起凶殺案，警察覺得很有可能是同一個人所為，但是卻無法確定嫌疑人。FBI 行為科學部還特地到案發現場做調查。FBI 發現凶手在殺人時男女不限。不過面對男性，凶手一般會用槍打死對方或選擇勒死。但女性被害人就比較慘，不僅會被強姦，還會被肢解，有些女性被害人甚至被凶手挖出了眼睛。這個凶手雖然殺死了不少人，也放過了不少人。在倖存目擊者的證詞中，凶手顯然對撒旦十分崇拜，有時凶手在強姦被害人時會強迫對方說「我愛撒旦」。面對種種跡象，FBI 犯罪心理專家給出了一個「從未見過此種類型的凶手」的結論。

這個結論顯然不能成為放過凶手的藉口，警方耗費鉅資建立了一個電腦輔助辨識系統。這個新系統可以幫助警察把案發現場的指紋和以往的犯罪紀錄進行匹配。很快，警方就鎖定了一個名叫拉米雷斯的嫌疑人，並且發出了通緝令。

後來拉米雷斯終於被警方逮捕了，但這個過程看起來更像是一次意外。1985 年 8 月 30 日，拉米雷斯看上了一輛車，並想辦法進入車內，在拉米雷斯得意地發動汽車時，卻突然被一名強壯的男子掐住了脖子。這名男子便是這輛車的主人皮諾（Faustino Pinon），當時他正在底盤下修車，當意識到車子發動以後，就立刻鑽出來。被掐住脖子的拉米雷斯很難受，便威脅道：「我有槍。」但皮諾卻說：「就算這樣也不能開走我的車。」為了擺脫皮諾的鉗制，拉米雷斯便開動汽車，汽車先是撞到了籬笆上，然後又栽進了車庫中。皮諾趁機打開車門，把拉米雷斯拉到了大街上。

這時，拉米雷斯自知不是皮諾的對手，就逃走了。當拉米雷斯遇到一個開車的婦人後，就威脅對方交出鑰匙，但不想這位婦女的丈夫就在附近。男子在聽到妻子的喊叫聲後，立刻趕來，並用手中的鐵棍攻擊拉

米雷斯。拉米雷斯見狀拔腿就跑，男子拿著鐵棍在後面追趕，隨後又有幾名男子一同追趕拉米雷斯。當拉米雷斯跑不動之後，只好做垂死掙扎，其結果就是寡不敵眾。如果不是警察及時趕到，或許拉米雷斯已經被群毆致死。當警察趕到現場後，拉米雷斯已經被毆打得神志不清了，不過他還記得向警察尋求保護，當然也承認了自己便是被通緝的連環殺手。

被捕後，拉米雷斯也深知自己罪大惡極，便請律師讓自己免於死刑，但最後他依舊被判處死刑。在接受死刑宣判的時候，拉米雷斯倡狂地叫囂道：「死亡對我來說根本不算什麼，別想用死刑嚇唬我，反正誰都會死，我們在迪士尼樂園見。」

雖然拉米雷斯被判處死刑，但他卻是因為肝功能衰竭而死的。拉米雷斯在等待死刑執行的 24 年內過得十分風光，他不僅獲得了大量的粉絲，還在獄中和一個女子結婚。拉米雷斯的哥哥和妹妹，包括他只有 10 歲的姪女都參加了這場婚禮。

拉米雷斯的妻子德琳·里奧（Doreen Lioy）曾經是他的粉絲之一。里奧是從報紙上看到了有關拉米雷斯的消息，後來聲稱在她看到拉米雷斯的照片後就深深地愛上了他。從那時起，里奧就開始向拉米雷斯寄情書，期間里奧還遭遇了競爭對手的威脅。其實除了里奧之外，拉米雷斯還受到其他許多女粉絲的追求。拉米雷斯之所以選中里奧，是因為里奧是個處女。其實里奧還是個智商高達 120 並且擁有雙學士學位的高智商女性。

這段婚姻對拉米雷斯來說還是一種保護，因為他的律師又有了一個新的藉口，即不能讓里奧成為寡婦。這樣一來，拉米雷斯的死刑便一直拖延下去，直到他死。

連環殺手受到追捧是個很奇怪的現象。在連環殺手被捕之後，他們立刻就成了媒體關注的焦點。媒體之所以願意大肆報導連環殺手的新聞，只不過是為了迎合大眾的口味。人們為什麼會對連環殺手這麼關注，而忽略了那些被害人？有人認為，這是因為連環殺手激起了人們的好奇心。因為連環殺手表面上看起來和普通人並沒有什麼不一樣，但他們卻能做出讓普通人難以接受的殘忍行為。不過也有人指出，人們對連環殺手的崇拜是基於一種斯德哥爾摩症候群的心理，這些連環殺手就好像是人類中的終結者一樣。

除了這些瘋狂的粉絲之外，犯罪心理專家們也十分關注拉米雷斯的情況，畢竟這是個少見的難以捉摸的凶手，如果不是藉助電腦技術，或許拉米雷斯依舊逍遙法外。這樣一來，拉米雷斯的童年經歷就開始備受人們的關注。

拉米雷斯是拉丁裔美國人，他的父母從墨西哥移民而來，據說他的父親還曾是墨西哥警察。在父親的眼中，拉米雷斯是個讓人放心的孩子，不像其他男孩那麼淘氣。但是在拉米雷斯的心中，父親卻是個動輒大罵的恐怖存在。拉米雷斯的母親是位虔誠的天主教徒，每天都會虔誠地進行禱告，還會按時去教堂做禮拜。

在拉米雷斯的同學心中，他是個靦腆、害羞的男孩，而且很和善。據拉米雷斯的青春期的女友回憶，拉米雷斯不僅沒有什麼攻擊性，甚至可以說是個很溫柔的情人。

在許多鄰居的眼中，拉米雷斯也和殘忍的殺手不沾邊，反而是個陽光的大男孩。但這只是拉米雷斯在白天時的形象，到了夜晚他就會化身為惡魔。後來拉米雷斯自己也承認，他很喜歡黑夜，並認為在黑夜殺人是種很刺激的體驗。拉米雷斯在少年時期便染上了毒癮，還因為搶劫和

盜竊屢次進警察局。

作為來自墨西哥的移民，拉米雷斯受到過美國人的歧視。在當時的美國社會，種族歧視十分嚴重，黑人和移民等人群在美國都屬於弱勢族群。在這種不公平的環境下長大的拉米雷斯對社會存在一種牴觸和仇恨的心理，後來這種心理漸漸扭曲為對撒旦惡魔的崇拜。在美國社會，撒旦這個象徵惡魔的宗教形象是被人們所厭惡的。因為美國的主流文化和信仰不允許撒旦這樣的惡魔存在，有些青少年在叛逆時期也會出現崇拜撒旦的現象。

拉米雷斯對撒旦的崇拜漸漸發展到了變態的地步，他不僅在法庭上高喊「撒旦萬歲」，還在接受審訊時大放厥詞：「你們根本不了解我，你們沒有心思也沒有能力這樣做。你們的認知根本無法理解我，我已經站在了神聖和邪惡的邊緣外。你們眼中所謂的文明社會實際上都是由偽善和道德的教條組成的。你們不僅撒謊和懦弱，而且也同樣滿懷仇恨，就好像地球上的蠕蟲一樣，讓我覺得噁心無比。世界上所有的政府在殺人時都會打著國家或上帝的名義。每個人都有屬於自己的行為標準，我就是要報復，因為我們每個人的心中都隱藏著魔鬼。」後來拉米雷斯還成了無政府主義者的偶像人物。

這種扭曲的仇恨漸漸發酵，最終被拉米雷斯的堂兄麥克（Miguel "Mike" Valles）給激發出來，讓拉米雷斯成了一個殺人魔。對於拉米雷斯來說，麥克就是自己的偶像。麥克曾經參加過越南戰爭，回到美國後很快就染上了毒癮，還拉著拉米雷斯一起吸毒，他會向拉米雷斯描繪殘酷的戰爭場面，甚至讓拉米雷斯看他在越南拍攝的色情照片。這對拉米雷斯來說很刺激，所以他總是去找麥克，也喜歡和麥克待在一起。

有一次，麥克的妻子正好撞見兩人吸毒，就開始發牢騷。剛剛進入

毒品所帶來的興奮狀態中的麥克突然變得異常憤怒，就給了妻子一槍。當時拉米雷斯也在場，他不僅目睹了一個活生生的人在自己面前突然死去的景象，就連鮮血都濺到了拉米雷斯的臉上。當時，麥克就要求拉米雷斯對這件事情保密。後來麥克雖然被逮捕了，審判結果很快出來了，麥克是無罪的，理由是麥克的精神狀態錯亂。在這件事情上，拉米雷斯保持了沉默。這倒不是因為恐懼，而是基於對麥克的承諾。

後來拉米雷斯還曾經回到過案發現場，他同母親一起去收拾麥克的東西。在拉米雷斯的回憶中，當時他覺得空氣中還散發著的血腥味讓他覺得非常興奮。

除了麥克之外，拉米雷斯的哥哥也開始把他引入歧途。在凶殺案發生後不久，拉米雷斯就開始偷東西，還在一位哥哥的指導下練習偷盜，在偷盜上越來越順風順水。很快，拉米雷斯又找到了一個吸毒的夥伴，是他的另外一個哥哥。先前，拉米雷斯只和麥克嘗試過大麻這種成癮性較弱的毒品。現在，拉米雷斯開始嘗試搖頭丸、迷幻蘑菇、天使塵等一些讓人更興奮且成癮性更強的毒品。後來，拉米雷斯便對古柯鹼上癮了，並開始用注射這種能讓人感覺更加強烈的方式吸食毒品。

除了毒品之外，恐怖、血腥的電影和重金屬音樂也成了拉米雷斯的所愛。後來在拉米雷斯作案時，他總會在殺人後播放自己喜愛的音樂，還會邊吃東西邊在周圍塗上撒旦的標誌。這是因為拉米雷斯自認為是「撒旦的門徒」。在拉米雷斯 18 歲時，他讀了一本書 —— 安東・拉維（Anton Szandor LaVey）的《撒旦聖經》，從那以後，撒旦便成了拉米雷斯的偶像。後來，拉米雷斯還專程到舊金山去拜師，在那裡正式成了撒旦的門徒，在舉行儀式的時候，拉米雷斯甚至感覺到了來自撒旦的觸摸。

與此同時，拉米雷斯也切斷了與家人的聯繫，他的生活開始變得越來越糟糕，甚至到了撿垃圾為生的地步。有一次，他的姐姐在洛杉磯汽車站附近的廉價旅館找到了他，當時的拉米雷斯還沉溺在古柯鹼帶來的快感中。

　　拉米雷斯的第一次殺人和激情犯罪比較相似，所謂激情犯罪，就是指一個人在某種外界因素的影響下，因為心理失衡和情緒失控而產生的犯罪行為。那天晚上，拉米雷斯像往常一樣入室盜竊，他的目的只是為了偷點值錢的東西。但是拉米雷斯卻沒找到什麼值錢的物品，為此他很憤怒，便一氣之下殺死了主人 —— 一個 79 歲的老婦。拉米雷斯在姦屍後便心滿意足地離開了。此後，拉米雷斯沉寂了一段時間。但他還是控制不住殺人的衝動，便開始不停地殺人，而且越來越頻繁。拉米雷斯還殺過兩名華裔美國人，其中一名被害人是 30 歲的女子，她叫余彩蓮（Tsai-Lian "Veronica" Yu），在深夜遇到了拉米雷斯，身中數槍而亡。還有一個名叫梁美姍（Mei Leung）的女孩也遭到了拉米雷斯的毒手，當時她只有 9 歲。

【犯罪心理分析】

◇

　　拉米雷斯是個很特別的連環殺手，因為他同時具有有組織殺手和無組織殺手的特點。FBI 在對連環殺手的心理進行分析時，都會根據連環殺手行兇的案發現場以及作案手段等把連環殺手劃分到某個殺手類型之中。

　　通常情況下，有組織殺手在殺人之前都會進行一番策劃，殺人後也會精心處理案發現場，最要命的是有組織殺手具有很強的反偵查能力。

拉米雷斯在殺人後就竊聽了警方的電臺。無組織殺手和有組織殺手比起來，雖然作案頭腦不怎麼精明，而且也沒什麼反偵查的能力，但因為作案風格出其不意，這種不可捉摸性也會給警方破案帶來困難。拉米雷斯就具有無組織殺手的特點，例如作案之前不會進行詳細的策劃，隨便找人下手。在殺人時也不會費心隱藏自己的真面目，根據倖存者的目擊證詞，拉米雷斯在殺人時總是以黑衣、黑帽、黑襪、黑鞋的形象出現。此外，拉米雷斯在殺人時也總是表現得隨心所欲，例如倖存者瑪莉亞就是因為他的這種隨心所欲而與死亡擦肩而過。總之，拉米雷斯是個同時具有有組織和無組織殺手特徵的連環殺手，FBI稱之為「混合型殺手」。正是這種混合的特質，給破案帶來了不小的麻煩。

拉米雷斯和許多連環殺手一樣，都痴迷於暴力和性。面對拉米雷斯的瘋狂殺人行為，許多人都開始尋找原因。值得一提的是，拉米雷斯幼年時大腦曾經受過傷，並且患有癲癇。此外，拉米雷斯十來歲左右就開始吸食毒品，毒品對於他大腦的發育產生了十分嚴重的破壞作用。青春期對於一個人來說十分重要，除了身體的發育之外，大腦的發育也不可忽視。在人的大腦中有一個被稱為前額葉皮層的部位，主要的功能就是控制情緒和抑制衝動。這個前額葉皮層的發展關鍵期就是青春期，一直到人十八九歲或二十歲左右時才能發育成熟。

除了大腦的異常外，拉米雷斯的人生經歷也是促成他殺人的因素之一。除了暴力的父親外，拉米雷斯在七八歲時曾經目睹過哥哥被鄰居猥褻。至於拉米雷斯是否曾被鄰居猥褻，不論是他本人還是哥哥都記不清了。

還有一種說法直接追究到了拉米雷斯的基因上。拉米雷斯的父母曾經居住在墨西哥，遭受過原子能輻射。雖然後來移居美國，而拉米雷斯

也是在美國孕育並成長起來的，但他的母親卻在懷孕期間在一家化學工廠工作了很長時間。專家認為，拉米雷斯的基因在核輻射和化學毒素的影響下變得具有暴力傾向。對於這種解釋很少有人能接受，不少人還認為這種觀點是對拉美移民的種族歧視。

雖然這種說法無法站住腳，但確實存在一種具有暴力傾向的基因，被稱為「戰士基因」。這種基因雖然具有家族遺傳性，但總會在男性身上展現出來。擁有戰士基因的男性的大腦與正常人不同，其杏仁核等腦部組織都會受到這種基因的影響。而且擁有戰士基因的男性更容易走上犯罪的道路。當然，我們也不能迷信基因，畢竟基因不能決定一切。

此外，拉米雷斯的母親在懷孕期間身體十分虛弱，有不少人勸她放棄這個孩子，因為她的身體條件實在不適合孕育生命，更何況之前她還生過兩個有缺陷的孩子。

第六章

雙面 BTK 殺手 —— 丹尼斯·雷德

在 FBI 看來，想要確定一個殺人凶手為連環殺手時，有最重要的兩個特徵，即至少有三個人被害和被害人基本上都是陌生人。連環殺手之所以會不停地殺人，很大一個原因就是他們對殺人上癮，一段時間不殺人就會難受。

1974 年 1 月 15 日，這雖然是個寒冷的天氣，但剛剛放學的 15 歲的查理‧奧特羅卻十分興奮，他快樂地向新家走去。查理一家人剛剛搬到一個環境安靜的地方居住。

當查理興奮地推開家門後，突然覺得好像有什麼不對勁，於是就喊了一聲：「有人在家嗎？我回來了！」沒有人回答查理，就連狗叫聲也沒有。查理立刻被這種寂靜嚇壞了，他覺得這種安靜是如此的詭異。於是查理就跑向父母的臥室，他看到了一幕恐怖的景象，這種景象令他畢生難忘。

查理看到了父母的屍體，其中他父親的手腕和腳腕都被捆綁起來，臉部朝著地面趴在角落裡，母親也以類似的姿勢被捆綁起來，並且躺在床上，嘴裡被一些東西堵著。查理愣了一會兒後，尖叫著跑了出去。聞聲而來的鄰居一邊安慰查理，一邊用查理家的電話報警，卻發現電話線已經被切斷了。

當警察趕到查理家中後，還發現了另外兩名被害人，即查理的妹妹約瑟芬和弟弟約瑟夫。約瑟芬的屍體是在樓下的地下室內發現的，她的脖子被人用繩子勒住，然後吊在了水管上，她的身上只穿著一件 T 恤衫和短襪，下身則赤裸著，嘴裡也被塞進了東西。警方還在地下室內發現了精液，但約瑟芬並未被凶手性侵，可能是凶手在對著約瑟芬自慰時留下的。約瑟夫只有 9 歲，屍體在自己的臥室，他和父親一樣，不僅臉朝地面趴在角落裡，手腕和腳腕也被捆住了，只是他的頭部被套在一個袋子裡。

警方經過簡單的搜查後發現約瑟芬的手錶不見了，而且女主人的錢包也被打開了，裡面裝著的東西都被倒了出來。最讓警方感到意外的是，他們並未在現場發現搶劫和打鬥的跡象，而且凶手也沒有選擇破門

而入。除此之外，警察還發現勒死和綁著被害人的繩子都是從百葉窗上剪下來的，而被害人家中並沒有這樣的繩子，這說明那個凶手一定帶著百葉窗繩和刀子，甚至有可能還攜帶著一把手槍。

　　警方十分重視這起慘案的調查，但過去了很長時間都一無所獲。就在警察覺得這起案件可能會成為懸案的時候，他們接到了一個名叫堂·格林治爾的男人的報警電話，對方聲稱自己收到了「奧特羅謀殺案」凶手的一封信。格林治爾是《威奇托鷹報》的編輯，他先接到了一通匿名電話，對方告訴格林治爾他就是凶手，並且讓格林治爾去公共圖書館裡找一本機械工程學的教科書。格林治爾帶著好奇心去了公共圖書館，並找到了凶手所說的那本書，在書中發現了一封信。這封信描述了「奧特羅謀殺案」中許多不為人所知的細節，凶手還在信中表示：「我無法停止自己殺人的行為，魔鬼會繼續為所欲為，它對我的傷害和這個社會對我的傷害一樣，不過我是個能解救自己的人。現在，我每天都在夢想著一些人正在被我折磨。」這說明，凶手還在尋找下一個目標，會有更多的人成為被害人。

　　這封信中提到了一些只有警察和凶手才知道的案情細節，例如凶手提到他在殺害年僅 11 歲的約瑟芬時，先用繩子把約瑟芬的脖子勒住，然後吊到水管上，看著面前垂死掙扎的小女孩，凶手便開始自慰。警察立刻相信這是凶手寄來的，但是單憑這封信警察還是無法鎖定嫌疑人。在之後的 1974 年到 1978 年間，凶手又犯下了 3 起命案，被害人與奧特羅謀殺案中的被害人一樣，都是被捆綁住，致命傷都在頸部，都是被凶手勒死的。警方還在其中一個案發現場發現了精液，但被害人並未被強姦。

　　1978 年 1 月 31 日，凶手突發奇想地打算給一名被害人寫首詩，於是

就又寄了一封信給《威奇托鷹報》，但並沒有立刻引起重視，因為這封信被寄到了《威奇托鷹報》的廣告部。凶手在家等了十多天都毫無音訊，為了引起公眾的注意，凶手又往一家電臺寄了一封信，他在這封信中描述了自己殺人時的興奮感：「我已經殺了 7 個人，將來還會殺更多的人。」凶手還希望警方和媒體能給自己起個外號：「既然如此，我覺得你們可以替我取個外號，比如 BTK 絞殺手、詩人扼頸魔等。」在信件的署名處凶手寫下了「BTK」幾個字母，BTK 是 Bind、Torture 和 Kill 的縮寫，意思是「捆綁、折磨、殺戮」。如凶手所願，他從此之後便有了 BTK 殺手的名頭。

BTK 殺手每次在殺人之前都會選好一個既定目標，然後再潛伏到目標住所附近，在進入目標人物住所之前，BTK 殺手都會提前把電話線給切斷。1979 年的某天，BTK 殺手選擇了一個名叫安娜（Anna Williams）的老太太作為目標，但這位老太太卻成功逃脫了 BTK 殺手的毒手。那天，BTK 殺手按照原定計畫潛伏到安娜的家中，但安娜遲遲都沒回家。長時間的等待讓 BTK 殺手漸漸失去了耐心，最後氣憤地離開了。

這一年，當地的媒體收到了 BTK 殺手的最後一封信。BTK 殺手在信中提到了自己的殺人動機：「我的大腦中居住著一個惡魔，這個惡魔會替我選擇被害人。我每次殺人時也不知道被害人的身分，只有在讀了報紙後才能知道。或許警察可以幫我阻止腦中的惡魔，但我自己卻無法阻止。」

這封信看起來好像是 BTK 殺手在懺悔一樣，從此之後 BTK 殺手就好像人間蒸發了，再也沒出現在公眾的視野中，直到 2005 年被捕。但 BTK 殺手所帶來的恐怖陰影卻籠罩在當地許多年，當地人每天回家的第一件事情就是檢查電話線，如果電話線被切斷，那麼就說明自己已經被

BTK 殺手瞄上了，於是就會跑出去。許多女性每天下班之後，都會盡快趕回家中，然後把門窗都鎖好。BTK 殺手把這裡的夜晚變成了一座寂靜的鬼城，夜晚時分基本上沒有人敢出來散步。

為了防止命案再次出現，警方也開始宣傳安全防範意識，警告當地的居民一定不要幫陌生人開門。對於當地人來說，安全防衛系統成了必需品。但隨著時間的推移，警方漸漸放鬆了警惕，因為 BTK 殺手再也沒有作案，也沒有人知道他是否還活著，警方甚至懷疑 BTK 殺手或許是因為其他罪行被關進了監獄。

對於當地警方來說，BTK 殺手對他們而言不僅是陰影，更是恥辱，BTK 殺手成了他們辦事不力的象徵，讓他們抬不起頭來。為了能把 BTK 殺手追捕歸案，當局不僅出動了大量的警力，還讓聯邦調查局也介入破案。1983 年，美國警方發出了一道追緝令，還成立了一個破案小組，專門針對 BTK 殺手。這個破案小組在美國的許多城市搜集嫌疑人的血液和 DNA 樣本，但結果都是一無所獲。

BTK 殺手在沉默了 30 年之後，突然向《威奇托鷹報》報社寄了一封郵件。在郵件中，他自稱是警方通緝的 BTK 殺手，為了證明自己的身分，他還寄了四張照片，其中三張是被害人屍體的照片，另外一張照片則是被害人的汽車牌照。在隨後的幾個月內，當地媒體和警方又收到了幾封自稱是 BTK 殺手的信件，而這些信件都被送到美國聯邦調查局進行核實，核實的結果是這些信件都是真實的。

在一封信中，BTK 殺手還提到了自己的情況，他說自己是 1939 年出生的，在 1960 年代時曾經在軍隊服役。BTK 殺手還說自己從小就十分喜愛火車，甚至到了痴迷的地步，不惜把家搬到鐵軌附近。BTK 殺手的信件中還提供了更多線索，例如他的第一份工作是電子機械師；他有

個名叫蘇珊的表親搬到了密蘇里州居住；他和一個名叫彼得拉的女人很熟，彼得拉有個妹妹叫蒂娜。警方認為 BTK 殺手寄信的目的就是挑釁，但實際上 BTK 殺手只是為了成名。

BTK 殺手還十分喜愛文學，曾經寫過不少詩歌，在 1970 年代，他的兩首詩還被發表了，其中一首名為〈南西之死〉的詩歌中所描述的南西就是他的被害人之一。警方根據 BTK 殺手的詩歌風格鎖定了一位教授，但這位教授已經在幾年前去世了，這條線索便斷了。

不久後，警方又找到了一條線索。這條線索是美國一家廣播公司提供的。這家公司旗下的一家電視臺也收到了 BTK 殺手的來信，這封信更像是 BTK 殺手的自傳錄，不僅有章節還有小標題，他還替這封信取了一個名字，即 BTK 殺手的故事。在信件的結尾處，BTK 殺手寫道：「這樣的事情還會發生嗎？」有人分析，BTK 殺手想為自己寫一本自傳，而自傳的結局就是他被警方抓住。

根據 BTK 殺手的種種作為，警方開始意識到，BTK 殺手是個渴望成名的人，不管這個名到底是好還是壞。了解到 BTK 殺手的這一願望後，一名警察便在媒體上公開表示自己願意和 BTK 殺手交流，這麼做的理由就是希望 BTK 殺手能在成名的誘惑下漸漸浮出水面。

從 2004 年開始，BTK 殺手雖然沒有作案，但卻總是和警察保持著聯絡。在頻繁的聯絡中，BTK 殺手開始漏洞百出，讓警方掌握了許多有價值的線索。有一次，BTK 殺手居然問警方：「警察能不能透過電腦軟碟追蹤到使用者的具體情況和位址？」如果警方回答不能，那麼今後 BTK 殺手就要透過電腦軟碟來和警方溝通了。在這個問題上，警方選擇了撒謊，告訴 BTK 殺手，他們無法根據電腦軟碟進行追蹤。讓警察意外的是 BTK 殺手居然相信了，不久之後一家電視臺就接到了 BTK 殺手寄來

的信封，信封中有一個軟碟。透過這個軟碟，警方順藤摸瓜找到了一個名叫丹尼斯·雷德（Dennis Lynn Rader）的嫌疑人。再加上調查小組所搜集的嫌疑人 DNA 樣本的工作已經完成，最終在電腦的幫助下，警方發現 DNA 的樣本和雷德很相似。在抓捕雷德的過程中，雷德的女兒也出了不少力。

在雷德被逮捕之前的半個月，他的女兒突然向某新聞網提供了一條爆炸性的消息，她懷疑自己的父親就是那個被警方追捕了 30 年的 BTK 殺手。警方還對雷德的女兒進行了 DNA 檢測，結果顯示她的 DNA 和多起凶殺案現場所留下的 DNA 樣本十分相似。2005 年 2 月 26 日，警方潛伏在了雷德的住所附近，並在不遠處的公路上將雷德逮捕。

雷德被捕之後，警察局在第一時間召開了記者招待會，公開宣布 BTK 殺手已經被逮捕了。這對於警察局來說可謂是一雪前恥之舉，但真正導致雷德被捕的原因還在於他自己。如果雷德不選擇和警方密切溝通，從此之後銷聲匿跡，那麼或許 BTK 殺手就成了永遠的謎。

接下來等待雷德的便是審判了。不久之後，年近 60 的雷德身著米色西裝、打深色領帶、戴著眼鏡出現在了法庭上。在法庭上雷德告訴法官他放棄選擇陪審團的權利，還冷靜地承認了自己是 BTK 殺手的身分。從此之後，BTK 就成了變態狂的代名詞。

從此，雷德在公眾的心中就變成了一個變態殺人狂，但在這之前他卻是個普通的中產階級，有著幸福美滿的家庭。雷德出生於一個正常的普通家庭，在念大學時突然跑去參軍，在美國空軍做了一名機械師，一做就是 4 年。在服役期間，雷德先後到過希臘、土耳其、韓國和日本等國家。退役之後，雷德回到了家鄉，並進入大學讀書。為了能拿到學士學位，雷德用了 10 年的時間。

　　用 10 年來拿一個學士學位，對於大多數人來說時間都太長了一點，但對於雷德來說，這段時間是豐富多彩的，他除了上學之外，還得工作、結婚和生子，對了，還有殺人。

　　1971 年，雷德結婚了，妻子是德裔美國人，兩人育有一對兒女。夫妻二人的感情也十分融洽，大多數時間都形影不離地待在一起。雷德還十分喜歡去教堂，並且和一個牧師的關係不錯，總會為教堂帶些義大利醬和沙拉。

　　1974 年，雷德在一家家庭保全公司找了一份工作，主要負責替客戶家中安裝監控系統。雷德在這裡工作了十多年，自從雷德成為這家公司的員工後，這家公司的業績就開始蒸蒸日上。因為當時的雷德不僅安裝監控系統，還殺人。在 BTK 殺手的陰影下，恐慌的人們自然會花錢替家裡安裝監控系統，而且監控系統還成為當時家家戶戶必不可少的東西。

　　在離開這家家庭保全公司之後，雷德找了一份人口普查的工作，並成了外勤業務主管。在周圍人的眼中，雷德是個熱心腸，不僅積極參與社區的教堂事務，還義務擔任了童子軍的隊長，會耐心地教孩子們打繩扣。

　　一年後，雷德又到動物監管中心工作。在當地人的眼中，雷德不僅很熱情，而且能嚴於律己。所以在雷德被捕之後，周圍人都不相信他居然就是那個臭名昭著的 BTK 殺手。

　　在審訊中，雷德回憶了自己第一次殺人的經歷，他說當時他切斷了奧特羅家的電話線，向奧特羅夫婦討要食物，這也就解釋了為什麼警察沒有發現破門而入和打鬥的跡象。當雷德意識到奧特羅夫婦似乎試圖記住自己的外貌時就起了殺心。在殺害奧特羅夫婦後，又順便殺死了他們的一雙兒女。雷德還說自己在殺人之前一般都會制定多個方案，主要分

為三個步驟，即「釣魚」、「獵捕」和「殺死」。在正式開始行動時，雷德就會選擇其中一個方案執行，如果失敗了，就會換下一個方案。雷德還交代了一個公事包，這個包裡面裝著繩索和其他作案工具，每次殺人時雷德都會帶著這個公事包。

最終，雷德被判處了 10 個終身監禁。在 1994 年，堪薩斯州就恢復了死刑。雷德之所以沒有被判處死刑，是因為法庭認為雷德犯下的殺人案件都是 1994 年之前的，所以他只需要對 1994 年之前的殺人案負責就可以了。

【犯罪心理分析】

在雷德這個 BTK 殺手的身上，有一個顯著的特徵，即截然相反的兩面性，殘忍殺手和和善中產階級這兩種形象很難被人做聯想。或許正是因為這種偽裝，才讓警方無法追蹤到雷德，畢竟在警察的心目中，雷德絕對是一個合法公民，而且也沒有作案動機。

大多數連環殺手通常都是流浪漢，沒有穩定的工作、穩定的人際關係，而且都是單身。但這些特徵顯然都無法在雷德身上找到，因為雷德不僅有穩定的工作和家庭，還有著不錯的社交能力。

在 FBI 看來，想要確定一個殺人凶手為連環殺手時，有最重要的兩個特徵，即至少有三個人被害和被害人基本上都是陌生人。連環殺手之所以會不停地殺人，很大一個原因就是他們對殺人上癮，一段時間不殺人就會難受。連環殺手在殺人之後，會獲得一種心理上的滿足感，這種滿足會讓他們回歸到正常生活之中。但不久，這種滿足感就會漸漸消失，連環殺手就會變得焦慮起來，會幻想殺人，最終付諸行動。這種殺

人的行為一般會在被捕後才會結束。因為對於絕大多數的連環殺手來說，殺人以及殺人的幻想就是獲得快樂或者是排遣痛苦的方式。

顯然雷德並未中招，雷德在一段時間內頻繁作案，但之後卻銷聲匿跡，長達 30 年都沒有殺人。而且雷德還能一直戴著和善的面具和妻子生活在一起，他的妻子也從未發現過雷德的反常行為。

雖然雷德在長達 30 年的時間內都沒有殺人，但他還是耐不住寂寞選擇和警方聯絡，這麼做便可以讓 BTK 殺手重新出現在公眾的視線中。對於雷德的這種反常行為，警方認為雷德是希望 BTK 殺手可以顯得更真實一些，或者雷德希望自己被抓捕。一個專門研究犯罪心理學的教授認為，如果雷德不盡快被抓捕的話，或許會繼續殺人。

不論雷德到底是出於什麼動機重新出現在公眾和警方的視線中，警方都決定公布雷德的信件。這樣不僅可以刺激知情者的記憶，還能誘發雷德更大的反應。

作為一個專門研究連環殺手的犯罪心理學副教授，史蒂芬・艾格對雷德十分感興趣，他認為雷德屬於雙面連環殺手。在妻子兒女面前，雙面連環殺手會表現得十分正常。但當雙面連環殺手想要殺人時，就會尋找自己的獵物，此時他們就會以殘忍的屠殺者形象出現。

雖然雷德的這種雙面行為就像解離性人格一樣讓人難以理解，但一位連環殺手小說的作者的一個比喻卻可以解釋：「這些殺手的心理就和在死亡集中營中工作的醫生一樣，工作時冷酷無情，但回到家就會變成正常人，可以和自己的孩子玩耍嬉戲，可以和朋友家人談笑風生。」

在 FBI 所劃分的連環殺手類型中，雷德顯然屬於有組織殺手。通常情況下，有組織殺手在殺人之前都會制定一個計畫，在這個計畫中，有組織殺手不僅會設計殺人的過程，就連逃跑路線也會制定好。此種類型

的連環殺手雖然會殺陌生人，但在選擇目標時，卻十分小心，所以基本上不會失手。

　　對於警方來說，有組織殺手是種危險的存在，而且很難被抓捕，因為他們不僅有很強的社交能力，還具有一定的反偵查能力。在案發現場，有組織殺手通常不會留下什麼有價值的線索，還會帶走自己的作案工具。此外，有組織殺手還具有很強的自制能力。

第七章

吹牛皮的殺人王 —— 亨利·李·盧卡斯

一個心理變態的人想要恢復正常，人際關係對他來說十分重要，如果他能融入社會中，那麼他就會擺脫變態的心理，變成正常人，可是這很難。絕大多數的精神疾病患者終其一生都無法擺脫變態的心理。當然也有少數患者隨著年齡的增長而漸漸學會融入社會，他的精神狀態也會隨之恢復正常。

1982 年 10 月，美國德州警方接到報案，這是一起失蹤案，失蹤者是一名寡婦。不久之後，這名寡婦便被找到了，她的屍體被遺棄在公路旁邊的灌木叢中。根據目擊證人的證詞，這名寡婦應該隨身帶著一個手提袋，但在發現屍體的現場並未找到。警察覺得手提袋一定在凶手那裡，這顯然是一起凶殺案。

為了尋找線索，警方決定從過往的車輛查起。巡警在排查一個白種男人的汽車時，在他的車後座上發現了一個可疑的手提袋，這個手提袋與被害人的十分相似。接下來，這位男子便接受了警方的例行檢查。嫌疑人的名字叫亨利・李・盧卡斯（Henry Lee Lucas），身材高大而且強壯，如果忽略掉左眼殘疾的缺陷，他的長相還算英俊。警方在盧卡斯的汽車後車廂裡發現了具有危險性的工具，除此之外，警方並未發現更加可疑的跡象，但最終警方還是選擇扣留了盧卡斯，罪名便是攜帶危險武器。

警察在對盧卡斯進行了一番調查後，發現盧卡斯與寡婦遇害案沒有關係。首先是那個可疑的手提袋，雖然與被害寡婦的很相似，但並不是被害人的。其次盧卡斯有不在場的證明，盧卡斯有一張加油站的收據，這說明在寡婦被害時，盧卡斯正在 320 多公里之外的公路上，根本沒有作案的機會。這兩項證明並沒有幫助盧卡斯離開令他討厭的警察局，因為警察認定他不是好人，原因是車上的那把工具。

如果盧卡斯能耐住性子，那麼不久之後警察就不得不讓他恢復自由。但讓警察震驚的是，盧卡斯居然主動交代了自己 20 多年的殺人經歷，告訴警察他從 15 歲起就開始殺人，一共殺了 360 ～ 600 人，被害人主要是美國人，他在去歐洲和日本遊玩的時候，也殺了不少人。盧卡斯還供出了自己的作案同夥奧蒂斯・荼勒（Ottis Toole）。至此，盧卡斯刷

新了連環殺手殺人的最高數量，到目前為止，還沒有人能超過他。

　　警方當然不相信盧卡斯能殺掉這麼多人而依然逍遙法外，就對盧卡斯進行了調查。雖然調查的結果顯示被害人遠不像盧卡斯信口開河說的那麼多，但至少有 150 人遭到了盧卡斯的毒手。當然盧卡斯也可能並不是在吹牛皮，畢竟他的殺人事業是跨國、跨洲型的。

　　不久之後，那個名叫荼勒的人也被捕了，此人和盧卡斯一個德性，對自己的殺人行為揚揚得意，不僅炫耀式地向警方敘述他們的殺人經歷，而且每天都令警察耳目一新，同時掌握大量的作案細節。

　　根據盧卡斯的供述，警方發現盧卡斯所言真真假假。盧卡斯說自己曾在國外殺人，但警察並未發現盧卡斯有出國的紀錄。盧卡斯說自己曾在維吉尼亞殺害了一名女性教師，但根據警方的調查，那名女子依然活著。這名女子也說自己從未見過盧卡斯。盧卡斯還說在 1979 年時，他在德州的公路上殺掉了許多搭車女子，但警方的調查結果卻是 1979 年盧卡斯根本不在德州。

　　除此之外，盧卡斯還供述了許多真實的謀殺案件，他所說的被害人的姓名、職業、遇害地點、遇害時的穿著以及致命傷都是正確的。但警察卻覺得這並不能說明盧卡斯沒有說謊，畢竟這些謀殺案都被刊登在報紙上，盧卡斯完全可以透過看報掌握這些資訊。不過盧卡斯為了讓警察注意聽他講話，還會時不時地透露出一些並未公開的案件細節。

　　有一次盧卡斯告訴警察，荼勒曾經殺死了一個名叫亞當·沃許（Adam Walsh）的 6 歲兒童。在警方的調查檔案中，亞當·沃許確實已經失蹤了很長時間。警察隨即對荼勒進行了審訊，荼勒承認後馬上又矢口否認。警方只好反過來詢問盧卡斯，盧卡斯說荼勒曾經親口告訴他，他的確殺死了亞當·沃許。當警察要求盧卡斯透露一些重要的案件細節

時，盧克斯卻以記不清為由搪塞過去。不久之後，盧卡斯又告訴警察，亞當・沃許不是茶勒殺死的，那是茶勒在吹牛。

在幫助警方尋找被害人屍體時，盧卡斯表現得十分配合。但是警察卻只找到了 6 起謀殺案的被害人屍體。根據盧卡斯的供詞，應該還有更多的被害人。可是盧卡斯卻告訴警察，他只記得自己殺死了好幾百人，但具體細節都記不清了。當然，盧卡斯所說的情況的確存在。但警察卻認為，有些謀殺案實際上根本不存在，只是盧卡斯幻想的，也就是說盧卡斯的精神狀況不太正常。

警方還發現盧卡斯是個耐性很差的人，每當他覺得監禁生活很枯燥時，就會找到警察，爆料一些重磅案件細節。但當警察準備對他進行詳細的審訊時，他卻告訴警察：「我現在很疲憊，什麼也不想說了。等我再生的時候，會告訴你們更多的事情。」警方很快就被盧卡斯的這種把戲弄得無可奈何，並認為盧卡斯這麼做就是避免自己被警察遺忘，他對自己的殺人罪行很驕傲，每過一段時間都會把警察找來，重新體驗一回驕傲感。

1996 年，盧卡斯的老朋友茶勒死了。盧卡斯便交代了亞當・沃許的遇害事實，不僅確認茶勒的確是凶手，而且還說出了亞當・沃許的屍體被藏在了哪裡，最終他還描繪了藏屍地點給他帶來的感受，在盧卡斯看來很噁心。很快，警察就真的找到了亞當・沃許的屍體。

在審訊中，盧卡斯還回憶了他第一次殺人時的經歷。盧卡斯聲稱自己從 13 歲時就開始殺人。那時，他想要強姦一個 17 歲的少女，但卻遭到了少女的激烈反抗。混亂之中，盧卡斯掐住了少女的脖子，等盧卡斯恢復平靜後發現，少女已經沒有了生命跡象。在盧卡斯的心中，性和殺人是一樣的。如果被害人不抵抗，順從他，那麼他就不會強迫，也不會

殺死對方。就像盧卡斯說的那樣：「只要能做愛就行。」最後，盧卡斯說他把少女的屍體拋在了河邊的樹林裡。在敘述第一次殺人經歷時，盧卡斯顯得揚揚得意。

為了確定盧卡斯所言屬實，警方到盧卡斯幼年生活的地方進行了調查，結果說明盧卡斯在撒謊，當地根本沒有發生過少女遇害案件。或許，盧卡斯並未說謊，他故意說錯了時間和地點。或許，在盧卡斯的幻想中，這起少女謀殺案件是真實存在的，畢竟盧卡斯有思覺失調症，這導致他分不清現實和幻想。

盧卡斯被診斷為思覺失調症是因為他殺掉了自己的母親維奧拉，後來在法庭上，盧卡斯的律師展示了盧卡斯悲慘的童年經歷。最終法官採納了精神病專家的意見，隨後盧卡斯以思覺失調症患者的身分進入精神病院接受調查。

盧卡斯之所以會殺掉自己的母親，是因為他從小就飽受母親的折磨。1936 年，盧卡斯出生於維吉尼亞一個十分貧困的地方。盧卡斯的父親是個酒鬼，曾在一次醉酒中跌在鐵軌上，並被輾斷了雙腿，喪失了勞動能力。盧卡斯的母親不僅是個酒鬼，還吸毒，她的經濟收入來源於皮肉生意。雖然在盧卡斯的記憶中父親是個一事無成的人，但最起碼不像母親那樣咒罵和毆打他。

對於維奧拉來說，盧卡斯就是她的出氣筒，只要她覺得不順心，盧卡斯就得遭殃，盧卡斯殘疾的左眼就是母親的傑作。在盧卡斯 12 歲時，他的頭部受到了重創，始作俑者便是母親。或許正是這次受傷，讓盧卡斯變得冷血起來，也造成了他的思覺失調症。

盧卡斯從小就是個沒有同情心的人，這或許與長期受虐待是分不開的。在幼年時期，被盧卡斯殘害的對象大多是一些力量不如他的小動

物，例如鴿子、小老鼠和貓狗等。抓住小動物後，盧卡斯都會把牠們折磨死。在看到因為受折磨而痛苦不已的小動物時，盧卡斯不僅不同情，反而覺得非常有趣。

母親長期的毆打和責罵已經成為盧卡斯生活中的一部分，他已經習以為常。最讓盧卡斯忍受不了的是母親對他的精神折磨，母親總是喜歡把盧卡斯打扮成一個小女生的樣子，還讓盧卡斯穿著裙子去上學。盧卡斯為此總會遭到同學們的嘲笑，他不僅無法得到母親的關愛，就連從同齡人那裡獲得心理慰藉的權利也被母親剝奪了，他身為男孩的尊嚴完全被踐踏。這或許也是盧卡斯成為雙性戀的根源所在。

對於一個正常男子來說，性衝動是在所難免的，但重要的是可以控制住。盧卡斯顯然沒有這種能力，在他的認知裡，只要有性衝動了，就必須得找人解決，根本沒有必要控制。這種不正常的性觀念也和母親有著很深的淵源，他母親的接客地點總是選擇在家中，不會覺得盧卡斯不適合看到這些，甚至還經常當著盧卡斯的面做愛。有一次，維奧拉在和一個客人做愛後，居然開槍打中了對方，鮮血甚至都濺到了盧卡斯的臉上。這種場景給盧卡斯留下了十分深刻的印象，並讓盧卡斯把性和鮮血連繫起來，在之後的人生中，殺人與做愛便成了盧卡斯的最愛。

在盧卡斯 13 歲時，他那無用的父親死了。那是個寒冷的冬天，地上還有不少積雪，盧卡斯的父親像往常一樣喝得酩酊大醉，然後在雪地裡睡著了。當人們發現他的時候，他已經變成了冰冷的、僵硬的屍體。

在盧卡斯 23 歲時，他的人生迎來了一個關鍵的轉折，如果不是母親，或許他可以因此走上正常人的道路。盧卡斯認識了一個名叫史黛拉的女孩，兩人的感情很不錯，並且很快訂婚。就在這個時候，惡魔般的母親又出現了，她反對盧卡斯結婚，說自己不喜歡史黛拉。問題並不

在史黛拉身上，在維奧拉心中，兒子盧卡斯就是自己的玩具，是自己私有的，不能與人分享。但是維奧拉卻忽略了，盧卡斯是一個人，而且已經長大，不可能永遠像小時候那樣接受她的控制。面對維奧拉的百般刁難，史黛拉決定離開盧卡斯，她不想自己以後的婚姻生活被維奧拉攪得雞犬不寧。

史黛拉的離開徹底激怒了盧卡斯，盛怒下的盧卡斯失去了理智，和母親發生了激烈的爭吵，後來他忍不住掐住了母親的脖子，順手拿起餐桌上的菜刀，向母親砍去。維奧拉最終身中數刀而亡。看著倒在血泊中的母親，盧卡斯不僅沒有恢復理智，而且還瘋狂地強姦了母親的屍體。

母親的死直接導致盧卡斯被捕，公訴人想盡辦法讓盧卡斯被判處死刑，但礙於盧卡斯的精神狀態不正常，最終法官讓盧卡斯到精神病院接受治療。如果不出意外，盧卡斯就要在精神病院內度過餘生了，人們也漸漸忘記了這個殺人犯。10 年後，精神病院的醫生們相信盧卡斯已經恢復正常了，便決定讓盧卡斯恢復自由，就這樣，獲得假釋的盧卡斯回到了社會中。

離開精神病院後不久，盧卡斯便開始尋找「獵物」。他總是在美國各州的公路上尋找目標，在選擇「獵物」時，盧卡斯向來是來者不拒，年齡跨度有 70 歲之大。但盧卡斯只會向孤身一人的路人下手，而且都是女性，這樣的人比較容易被制服。每當盧卡斯發現拋錨的車後，就會停下車，然後假裝要提供幫助的模樣。在接近這些孤立無援的女性時，盧卡斯就會拿出刀子猛烈地刺向對方，在確定對方死亡後，盧卡斯就會強姦對方的屍體。這種作案過程與殺死母親時如出一轍。

1976 年，盧卡斯認識了荼勒，這是一個有著異裝癖的瘋子。荼勒比盧卡斯小 11 歲，在認識後就決定結伴而行，兩人不僅合作殺人，還是一對戀人，因為盧卡斯是雙性戀，而荼勒則是個同性戀。在殺人時，盧卡

斯喜歡虐待，等人死後，盧卡斯便會和屍體做愛。茶勒也有著相同的愛好，同時還喜歡吃人肉。盧卡斯在茶勒的慫恿下，也嘗過人肉的味道，但覺得那滋味並沒有茶勒形容的那樣美妙。

盧卡斯和茶勒的這種恐怖關係一共維持了兩年左右，後來因為茶勒的姪女弗莉達・鮑威爾（Frieda Powell）而破裂。鮑威爾認識盧卡斯的時候才 11 歲，盧卡斯告訴警方，他和茶勒在殺人時都不會避開鮑威爾。不過盧卡斯並沒有說鮑威爾到底有沒有參與他們的殺人活動，警方也無法確認，因為盧卡斯被捕時，鮑威爾已經死了。

盧卡斯對鮑威爾的熱情讓茶勒很不爽，這激起了茶勒的嫉妒和憤怒，所以在盧卡斯和鮑威爾同居後，茶勒憤然離開了他。對於茶勒的態度，盧卡斯很不解，畢竟在他心中茶勒是他的男性情人，而鮑威爾則是他的女性情人，而且他還在鮑威爾的身上看到了前未婚妻史黛拉的身影。

鮑威爾與盧卡斯的關係並未持續很長時間，不久之後鮑威爾就死了，是被人謀害的，屍體被肢解後放在了枕頭套裡，然後被丟在了荒野之中，兇手很可能就是盧卡斯本人。這或許說明，因為母親的原因，盧卡斯對女性是憎恨的，雖然母親已經死了，但他對母親的憎恨並未消失，就如同他所說的那樣：「沒有哪個孩子像我一樣有著那樣的童年，從小我就恨透了母親，這份恨意根本無從發洩。」警方認為，盧卡斯在殺害每個女性的同時，實際上都是在把母親重新殺死了一次。令人難以理解的是，在盧卡斯和茶勒相處的兩年中，他們都沒有殺掉對方，茶勒也沒想嘗嘗盧卡斯的味道。

在盧卡斯被捕之後，他先是被判處了死刑，後來因為被診斷為妄想型思覺失調症，死刑便被減為 6 個終身監禁。1998 年，德克薩斯州法院

重新判處了盧卡斯死刑。雖然後來美國總統簽發了他的緩刑令，但最終他還是被處死了。

【犯罪心理分析】

◇

與許多連環殺手一樣，盧卡斯的童年同樣充滿了暴力。盧卡斯與母親之間的關係十分糟糕，他的母親根本不會關心他，所以盧卡斯也無法從母親那裡學習愛的能力。在一個人的成長過程中，幼年時期母親的關愛十分重要，人們不僅享受這份關愛，也會從這份關愛中學到愛的能力，即關愛他人的能力，這種能力可以幫助人們建立良好的人際關係。顯然，這種在人際交往中必不可少的愛的能力在盧卡斯很小的時候就被母親剝奪了。

如果說幼年時期，母親的角色必不可少，那麼當一個人進入青春期後，母親的重要性就會漸漸消退，同齡人開始占據重要的地位。對於許多青少年來說，朋友比父母還要重要。雖然這種認知顯得很幼稚，但卻可以說明同伴對同齡人的重要性。可是在母親的影響和控制下，盧卡斯沒能被同齡人接納。在盧卡斯的人生中，有一個頗為引人注意的轉折，即和他訂婚的史黛拉。雖然當時盧卡斯已經20多歲了，但他依然可以從史黛拉的身上尋找到心理上的滿足感，或者學到愛的能力和建立良好的人際關係。但顯然，這個關鍵的轉折被母親打斷了。

在盧卡斯的案件被公開後，人們開始探尋他的殺人動機，結論卻是他想殺人，這或許也是所有連環殺手的殺人動機。盧卡斯曾提到過「死亡之手」，說他的許多殺人行為都是在死亡之手的指導下完成的。這是典型的思覺失調的表現，此種類型的連環殺手的心理狀態與正常人不同，

他們在選擇殺人目標時，會盡量避開警方的調查，但會出現食人或戀屍癖等許多異常的行為。

不少犯罪心理專家認為，連環殺手之間也存在著競爭，不希望別的連環殺手蓋過自己的風頭。有些連環殺手還十分關注同類的動向，例如泰德・邦迪（Ted Bundy）這個有組織殺手就是許多連環殺手的偶像，不少警方所抓獲的連環殺手的家中都有大量關於邦迪的資料。邦迪不僅有很強的反偵查能力，還能進行犯罪心理側寫，他還是連環殺手中唯一的博士。

據說一名警察在調查「綠河殺手」（即蓋瑞・利奇威）時曾經接到了邦迪的來信，在信中，邦迪自信滿滿地告訴警方，他可以描繪出一個連環殺手真實的內心世界。邦迪這麼做的原因自然不是想幫警察抓住綠河殺手，而是想重新引起警察的注意或者是公眾的關注。這種心理在盧卡斯及其同夥茶勒的身上也可以看到。殺人是一種十分嚴重的罪行，這是所有人都有的常識，盧卡斯和茶勒自然也知道，但即便如此，他們還是向警方炫耀自己的殺人經歷，甚至在殺人數量上大做文章。

不少連環殺手都有在精神病院接受治療的經歷，他們往往在第一次殺人後因為精神問題而被送進精神病院，然後會恢復理智，但在恢復社會生活不久之後就會變成連環殺手。這就引出了一個問題，那些已經犯下殺人案的精神疾病患者是否能被治好？盧卡斯接受了 10 年的治療，在精神病院內表現得很正常，但卻在離開精神病院後走上了瘋狂連環殺手的道路。有的連環殺手接受了更長時間的治療，但效果依舊不明顯。甚至可以說，精神疾病比癌症更難治癒。

一個心理變態的人想要恢復正常，人際關係對他來說十分重要，如果他能融入社會中，那麼他就會擺脫變態的心理，變成正常人，可是這

很難。絕大多數的精神疾病患者終其一生都無法擺脫變態的心理。當然也有少數患者隨著年齡的增長而漸漸學會融入社會，他的精神狀態也會隨之恢復正常。

第七章
吹牛皮的殺人王 —— 亨利·李·盧卡斯

第八章

天才變殺手——希歐多爾·凱辛斯基

凱辛斯基這樣一個數學天才最後成了一個炸彈殺手，除了價值觀的驅使外，還有一個很重要的原因，那就是凱辛斯基無法建立穩定的人際關係。由於智商很高，凱辛斯基從小就開始跳級，在他周圍，都是一些年紀比他大的同學，他無法和別人互動，從而對社會人際交往沒了興趣，陷入了孤獨之中。

「聯邦調查局就是個笑話」，這樣的狂妄之言如果從其他人口中說出，或許會帶著些輕蔑的意味，但如果是希歐多爾·凱辛斯基（Theodore John "Ted" Kaczynski）說出的，那麼就顯得合情合理了。凱辛斯基是公認的天才，是個智商高達 167 的數學家，同時也是被美國聯邦調查局追蹤了 17 年的「大學航空炸彈怪客」。

凱辛斯基的父母是波蘭移民，他出生於美國芝加哥，從小就顯得比普通孩子要聰明。在凱辛斯基小學五年級時，參加了智商測試，並且一舉拿下全校最高分——167 分。之後，凱辛斯基就開始了跳級。在學業上，凱辛斯基的智商完全可以應付。但他的 EQ 顯然與 IQ 不匹配，他的同學都比他年長，他在融入的過程中很不自在，就好像與同學們之間存在著一條無法逾越的代溝。時間長了，凱辛斯基便不再努力處理人際關係，開始變得獨來獨往起來。

凱辛斯基的智商優勢在高中時代徹底顯現出來，他不僅提前兩年畢業，而且還被哈佛大學的數學系破格錄取，那一年他才 16 歲。4 年後，凱辛斯基以全優的成績從哈佛大學畢業，並且進入密西根州立大學繼續攻讀碩士、博士學位。

凱辛斯基在開始攻讀博士學位後不久，就被導師喬治・皮拉尼安（George Piranian）發現了他的數學天賦。皮拉尼安把一道數學難題交給這位數學天才，這是一道困擾了他十多年的數學題。凱辛斯基只用了幾個月的時間就解決了這道數學難題。

很快，凱辛斯基的畢業論文就完成了。在老教授們看了凱辛斯基的論文後，都得出了一個結論：「看不懂！」其中一位老教授還感嘆道：「全國上下，能讀懂並欣賞這篇論文的人，恐怕只有 10 到 12 個人吧。」

這個時候的凱辛斯基可謂是光芒萬丈，周圍的人都十分看好他的學術前途。凱辛斯基在獲得博士學位後，就接受了導師皮拉尼安的邀請，留校工作。1967 年，凱辛斯基接到了加州大學柏克萊分校的聘書，此時凱辛斯基才 25 歲。對於許多人來說，這都是一份不錯的工作。但凱辛斯基只工作了不到兩年就辭職了。

後來，凱辛斯基自稱，在他 20 歲時就已經完成了對自我世界觀的塑造，那個時候他還是哈佛大學的學生。凱辛斯基認為建立在科技基礎上的工業文明社會會使人類漸漸失去自由，因為人類會對機器越來越依賴。

1971 年，無業遊民凱辛斯基回到家鄉與父母居住在一起。不久之後，凱辛斯基就在蒙大拿州的林肯鎮買下了一塊地，這裡遠離人群，十分偏僻，這恰恰也是凱辛斯基看好這裡的原因。凱辛斯基在這裡自己動手搭建了一個木頭房子。從此之後，凱辛斯基就過起了原始人的生活。

在這棟木屋內，沒有電燈、電話和自來水，凱辛斯基晚上想看書，還得點蠟燭；在取暖和做飯時，都得自己動手砍柴；食物也都是自己種的菜或捕獵的動物。

這種原始的生活對於普通人來說，是難以接受的，畢竟我們已經習慣了在工業文明所營造的人類社會中生存。但這對凱辛斯基來說，不僅很容易就接受了，他還覺得原始的生活是與世隔絕的幸福。凱辛斯基從11歲時就開始嚮往這種生活，那時他讀過一本和史前人類有關的書。

凱辛斯基之所以變成了「大學航空炸彈怪客」，是因為工業文明打破了他的寧靜生活。凱辛斯基後來回憶道：「我對政治一點興趣也沒有，如果不是有人在這裡砍樹鋪路，我會在這裡住一輩子。但是在我隱居了11年後，旅遊的人經常出現在我的生活中，打破了我的寧靜生活，這讓我十分失望，於是就決定報復社會。」

凱辛斯基決定用炸彈的方式來報復社會，但這需要經費，於是凱辛斯基就打起了零工，但這樣賺取的小錢遠遠不夠，後來他又得到了父母的資助。對於許多人來說，工業文明是進步的，但凱辛斯基卻覺得這是一種倒退，人們應該回歸到原始生活之中，所以他決定用炸彈來喚醒人們擺脫工業文明。他還替自己報復社會的行為取了一個「炸彈運動」的名字。

1978年5月25日，美國西北大學發生了一起郵包炸彈事件。美國菸酒槍械藥品管理局在接到學校的報案後，立刻趕到案發現場，在經過一番鑑定後得出一個結論，這枚炸彈是私人製作的（其實就是凱辛斯基的作品）。後來警方也介入調查之中，但並未找到嫌疑人，這起案件也就不了了之了。

1979年5月9日，西北大學又發生了一起郵包炸彈事件，被害人是

一個名叫約翰‧哈里斯（John Harris）的土木工程系研究生。由於這是一枚威力不大的袖珍炸彈，所以哈里斯並沒有什麼大礙，只是雙手被燒傷和臉部被熏黑罷了。

與此同時，FBI 也接到了報警電話，並且很快趕往機場，一架從芝加哥飛往華盛頓特區的客機，在起飛 15 分鐘後，行李艙突然發生了爆炸，飛機只好迫降。經過一番檢查後，FBI 特務找到了一個郵包炸彈。這枚郵包炸彈由於密封不嚴，裝著炸藥的鋼管內部根本無法產生巨大的壓力，所引起的爆炸威力也很有限。雖然這起炸彈事件並未造成嚴重的後果，但依舊引起了 FBI 特務的重視，可是 FBI 特務並未調查出什麼有價值的線索，就連嫌疑人都沒有確定，為此聯邦調查局還專門成立了一個專案組。美國政府也十分重視這起爆炸案件，給出了 100 萬美金的懸賞。這起案件自然是凱辛斯基所為，他之所以往飛機上送炸彈，就是因為他十分討厭飛機。

1982 年 5 月，賓夕法尼亞州立大學的菲舍爾教授的私人祕書珍妮特（Janet Smith）被一枚炸彈炸傷了。這枚炸彈是從美國中西部楊百翰大學寄出的，收件人是菲舍爾教授。當時，菲舍爾教授已經離開賓夕法尼亞州立大學兩年了，在范登堡大學任教。菲舍爾教授的一位同事在接到這個郵寄包裹後，就把它送到了菲舍爾的辦公室內。當時菲舍爾教授正好到外地講學去了，所以當珍妮特打開郵寄包裹後，就被炸彈所傷。聯邦調查局的專案組在接到報案後，立刻對這枚郵包炸彈進行了檢查，並且發現了新的線索，裝著炸藥的鋼管內有凶手寫下的兩個大寫英文字母「FC」，這是「Freedom Club」的縮寫，意思是自由社團。這是凱辛斯基故意留下的線索，目的是對 FBI 特務造成迷惑，讓 FBI 特務把調查目標放在「自由社團」這個組織上。

在凱辛斯基長達 17 年的炸彈運動中，有不少人受傷，還造成了 3 人死亡。1995 年 4 月 24 日，凱辛斯基寄出了自製的最後一枚炸彈，收件人是加州林業協會的總裁吉卜特‧莫里（Gilbert Murray），他被炸彈炸死了。

此外，凱辛斯基還寄出了 3 封信。其中一封信寄給了耶魯大學電腦科學教授大衛‧加勒特（David Gelernter），他曾經被凱辛斯基的炸彈襲擊過，雖然沒有喪命，但卻失去了幾根手指，在這封信中凱辛斯基嘲笑他「會笨到打開一個陌生的郵件」，如果加勒特當時不打開那份陌生的郵件，那麼也不會被炸彈所傷。加勒特是凱辛斯基的老朋友，在得知凱辛斯基被捕後，他並未怨恨凱辛斯基，同時還對凱辛斯基所提出的理論表示了贊同，處於工業文明社會的人類的未來，真的是危險重重。收到凱辛斯基來信的還有遺傳學家理察‧羅伯茲（Richard John Roberts）和菲利普‧夏普（Phillip Allen Sharp），他們曾經在 1993 年獲得了諾貝爾獎。在這封信件中，凱辛斯基警告這兩位遺傳學家，要盡快停止他們的基因研究。《紐約時報》和《華盛頓郵報》這兩家在美國頗具影響力的報刊也接到了凱辛斯基的來信，凱辛斯基揚言，如果《紐約時報》或《華盛頓郵報》能發表他的宣言，那麼他就停止炸彈運動。

凱辛斯基的威脅讓《華盛頓郵報》和《紐約時報》陷入了兩難的境地。如果他們答應凱辛斯基發表他的文章，那麼可能會引起社會恐慌，畢竟這是司法部牽頭追蹤的案件。如果他們拒絕了凱辛斯基，那麼凱辛斯基可能會繼續引爆炸彈。最終兩家報社的負責人把皮球踢給了美國司法部，並很快得到了回信 —— 發！

最終，凱辛斯基的這份 35,000 字的、名為《工業社會及其未來》的宣言被《紐約時報》和《華盛頓郵報》以手冊的形式散發給了民眾。《工

業社會及其未來》的宣言小冊子影印了凱辛斯基的字跡，這是 FBI 出的主意，目的是讓公眾識別字跡，從而找到凶手。這個辦法產生了一定的作用，凱辛斯基的哥哥大衛（David）告訴 FBI 特務，這字跡與凱辛斯基很相像。

起初大衛也沒有注意到《工業社會及其未來》的字跡與凱辛斯基的相像，但大衛的妻子琳達卻提醒他，凱辛斯基很有可能就是那個恐怖分子。凱辛斯基很早就開始了隱居生活，所以琳達並未和凱辛斯基見過面，也就是說她的懷疑純粹建立在女人的直覺上的。

琳達為了驗證自己的懷疑，就翻箱倒櫃，找到了凱辛斯基曾經寫給大衛的信件。大衛把信件和宣言的字跡進行了對比，但還是不敢確定，於是就找了一位私家偵探，對凱辛斯基展開了暗中調查，並把搜集到的情報交給一位華盛頓的律師進行分析、整理。不久之後，大衛就帶著這些證據找到了 FBI，並且獲得了 100 萬美元的獎勵。兩個月後，凱辛斯基在自己的小木屋內被 FBI 特務逮捕。

1998 年 5 月，凱辛斯基被判處終身監禁，而且不得假釋。在監獄內，曾經有人向凱辛斯基問過一個問題：「你會因為囚徒生活而變得瘋狂嗎？」凱辛斯基回答道：「不會，最讓我擔心的是，我會適應這裡的生活，當我不再憎恨這種生活後，我或許就會忘記與大自然親密接觸的感覺。那樣的話，我的心靈就被工業文明社會給損害了。」

在凱辛斯基所寫的《工業社會及其未來》中，他認為人類的未來只有兩種命運，或被高智慧化的機器所控制，或被操縱機器的菁英控制。這兩種結果，不論是哪種都會讓人類徹底喪失自由。如果社會真的被少數菁英所掌控，那麼他們就會採用宣傳的手段或生物技術，降低人口出生率，這會加速人類的滅亡。或許有些心慈手軟的菁英會利用科技，使

大多數的人都生活在快樂之中，此時人類的生理和心理結構已經被科技所改造。這種人類儘管幸福，但並不自由，因為他們依賴菁英而生存，成了菁英的附屬品，一旦沒有了菁英的照顧，生活就會變得非常悲慘，就好像寵物一樣。

【犯罪心理分析】

◇

凱辛斯基這樣一個數學天才最後成了一個炸彈殺手，除了價值觀的驅使外，還有一個很重要的原因，那就是凱辛斯基無法建立穩定的人際關係。由於智商很高，凱辛斯基從小就開始跳級，在他周圍，都是一些年紀比他大的同學，他無法和別人互動，從而對社會人際交往沒了興趣，陷入了孤獨之中。

1940 年代，維也納的一位兒科醫師提出了「亞斯伯格症候群」，該症

患者的精神狀態通常處於孤僻的狀態中，凱辛斯基顯然就中招了。凱辛斯基不僅主動選擇和人類社會隔離，過起了隱居的生活，而且缺乏同情心。如果凱辛斯基有同情心，他就不會製造炸彈，因為那不僅會給人帶來傷害，而且會導致人喪命。在凱辛斯基的老朋友加勒特因為他的炸彈受傷後，凱辛斯基不僅不內疚，反而寫信嘲笑他。

第九章

被狗驅使的山姆之子 —— 大衛·伯考維茲

連環殺手被捕之後，往往會成為眾星捧月的採訪目標，因為人們都很好奇他們的作案動機。但是答案卻讓大多數人無法接受，因為連環殺手覺得殺人可以讓他興奮，甚至還能體會性高潮的快感，「山姆之子」在殺人時都會出現勃起的情況。此外，他們也不會有愧疚。如果一個人因為殺人出現了愧疚心理，那麼他就不會連續作案。

1976 年 7 月 29 日的凌晨，紐約的布朗克斯區發生了一起槍殺案。當時，多娜·勞里亞（Donna Lauria）一家和喬迪·瓦倫蒂（Jody Valenti）在聚餐。吃完飯後，他們就駕車回家。到了家門口時，勞里亞夫婦便回家休息了。車內只留下了多娜和她的好友喬迪，不久之後他們就遭到了一名陌生男子的槍擊。最後，多娜因為頸部中彈當場身亡，喬迪比較幸運，只是股部中彈，並未危及生命。

警方本以為這只是一起普通的槍擊案，但幾個月後的另一起槍擊案讓警察意識到這絕不是普通槍擊案那麼簡單。在多娜身亡的幾個月後，紐約的皇后區又有兩個年輕人遭到了槍擊。卡爾·德納若（Carl Denaro）和羅斯瑪麗·肯南（Rosemary Keenan）是一對年輕的情侶，在遭受槍擊的當晚，他們正在車內聊天，突然出現了一個陌生男子朝著他們開槍。

雖然德納若的一片顱骨被擊碎了，但好在沒有生命危險，而肯南也只是輕微擦傷而已。

就在警方為破案努力搜集線索的時候，又接到了一起槍擊案的報案，這次被襲擊的是兩個年輕的女子，地點還是紐約的皇后區，而且案發時間是深夜。雖然兩名被害人都沒有生命危險，但其中一個女孩卻因為被擊中了脊椎，而造成了終身癱瘓。接二連三的槍擊案，讓警方覺得這很有可能是一系列黑幫犯罪案件。

兩個月後，沉寂了一段時間的凶手再次動手了，他的槍口瞄準了一對年輕的情侶。1977 年 1 月 30 日的凌晨，克莉絲蒂娜・弗倫德（Christine Freund）和約翰・迪爾（John Diel）商量著去紐約皇后區的一家舞廳，結果卻在路上遭到了凶手的襲擊。結果約翰只是被子彈擦傷了，而克莉絲蒂娜則被子彈擊中了要害，雖然她被送進了醫院進行搶救，最終還是死於這場槍擊。這時，警方才恍然覺得這極有可能是一起連環殺人案。

兩個月後，一個年輕的女學生也死在了凶手的槍下。當時這名女學生正準備回宿舍，結果卻被凶手拿著槍瞄準了她的頭部，當時她還試圖用手中的書擋著子彈，但子彈依舊要了她的命。

一個多月後，又一對情侶遭到了凶手的槍擊，當時正值凌晨。在被襲擊後，其中一個人被及時送到了醫院，但不久因為搶救無效死亡。另一個人則當場斃命。

在案發現場，警方發現了和前幾起案件一樣的子彈。最重要的是，警方還找到了一封凶手的信件。在這封信中，凶手以「山姆之子」（Son of Sam）自稱。凶手還提到了自己的父親，在他的心中，父親就是一個嗜血的怪物，他從小就被父親囚禁和虐待。凶手之所以自稱「山姆之子」，就是因為他的父親叫山姆，他的種種惡行也是在老山姆的指引下完

成的，因為老山姆老了，只能指使他做壞事。

後來，《紐約日報》的一位專欄作家也收到了凶手的信。在這封信中，凶手提到了自己的殺人動機，他殺人就是為了幫老山姆收集血液。在收集夠血液之前，凶手是不會停止殺人的。在信件的結尾處，凶手還不屑地向警方發出了挑釁，並且暗示在 7 月 29 日時他會再次殺人，因為在去年的 7 月 29 日，凶手就殺死了一名女子。

一時間，紐約陷入了恐慌之中，所有人都擔心凶手的槍口會瞄準自己。與此同時，警方也十分緊張，他們不可能允許凶手再一次作案，所以警方便在多娜被殺的案發現場安插了大量的警察。29 日那天，紐約並未發生槍擊案。但在 31 日那天，一對情侶卻在布魯克林區遭到槍擊，兩人都被子彈擊中了頭部，其中一人因此喪命，另一個人雖然幸運地保住了性命，但雙眼卻失去了 80%的視力。

從此之後，這位山姆之子就消失了，再也沒有犯案，這也給了警察喘息的機會。在第一起槍殺案件中，警方起初認為這可能是一起情殺案，被害人多娜一定是凶手追求不到的意中人。在排查過後，警察開始覺得多娜可能是被一個陌生的瘋子殺死的。此外，警察還從倖存者那裡得知了凶手的射擊姿勢，覺得凶手很有可能是一名警察，因為他的射擊姿勢聽起來很專業。

後來，隨著類似案件的頻頻出現，警察在案發現場發現的彈頭也都出自同口徑的手槍，警察才覺得凶手極有可能是同一個人，這是一個連環殺手。最終警方根據目擊證人和倖存者的證詞，大致了解了凶手的外貌特徵。警方認為凶手的身高應該在 170 ～ 175 公分之間，年齡在 25 ～ 30 歲之間。但這些證據顯然少得可憐，想要找到凶手無異於大海撈針。

不久之後，警方就收到了凶手的來信，根據這封信，警方覺得凶手

很可能患有妄想型思覺失調症，因為凶手自稱山姆之子，而且還說自己是被惡魔附身了。警方開始根據手中掌握的線索對紐約的持有與凶手相同口徑手槍的人以及精神病患者一一進行了排查，但還是沒有找到凶手。有目擊者告訴警方，他曾看見過凶手開著一輛福斯汽車，於是警方就開始對紐約的福斯汽車進行排查，結果依舊是一無所獲。

考慮到凶手總是對年輕戀人下手，警方就開始讓一些警察假扮戀人，然後在凌晨時分出現在案發現場的附近，可是依舊沒有找到凶手。就在警方對這起連環殺人案頭痛的時候，案件恰恰出現了轉機。

1977 年 6 月 10 日，傑克收到了一封莫名其妙的信，信中有一張德國牧羊犬的照片，而且還提到了傑克曾從屋頂上摔下來過。傑克後來根據這封信找到了卡爾夫婦。見到卡爾夫婦後，傑克便對他們說：「你們的信寄錯人了吧，我從來沒有從屋頂上摔下來過。」

卡爾夫婦也很奇怪，因為這封信根本不是他們寄去的。當卡爾夫婦看到那張德國牧羊犬的照片後倒是想起了之前發生的一件奇怪的事。卡爾夫婦曾經收到過兩封匿名信，信中抱怨他們的愛犬太吵。不久之後，卡爾夫婦的愛犬就被陌生人用槍打傷了。就連鄰居家的那條牧羊犬也沒有倖免。

卡爾夫婦的兒子史蒂芬想到了一個奇怪的人，這個人名叫大衛・伯考維茲（David Richard Berkowitz），曾經是家中的租客，他曾經抱怨過狗叫聲。後來，卡爾夫婦報警了，並且把所知道的情況都報告給了警察。但這條線索並未引起警察的注意，警方也不覺得槍擊案與伯考維茲有關。

不久之後，警方又掌握了一條線索，有人報告說，伯考維茲曾經在案發現場出現過。此時，警方才對伯考維茲進行了調查。調查發現，伯

考維茲不僅體貌特徵與凶手很相似，而且還有當過保全的經歷，這讓他學會了熟練地使用手槍。後來警方還把山姆之子的信件與卡爾夫婦收到的匿名信進行了比對，結果發現兩者的字跡十分相似。有了這些證據，警方便開始想辦法逮捕伯考維茲。在伯考維茲被成功抓獲時，他沒有反抗，反而對警察說：「怎麼這麼久才抓住我？」

在之後的審問中，警方發現伯考維茲的那位虐待他的父親根本就是虛構的，而他號稱山姆之子是因為之前的房東叫山姆・卡爾（Sam Carr）。伯考維茲還聲稱，自己之所以會不停地殺人，是因為接到了房東愛犬的命令，那條狗的真實身分則是遠古時期的惡魔。伯考維茲表示他曾經試圖反抗過這條惡魔般的狗，向這條狗射擊就是最好的證明，但結果卻是他失敗了，從此之後他不得不臣服於這個惡魔。後來伯考維茲還聲稱自己加入了一個邪教之中，有許多槍擊案就是邪教成員所為，但經警方調查，伯考維茲所說的邪教根本不存在。

後來經過警方的盤問，伯考維茲終於交代了自己殺人的真實目的。承認被魔鬼山姆附身只不過是自己編造的故事，這樣可以躲避法律的制裁，他殺人的真正動機是對女性的憎恨，因為他十分憎恨生母，而且性無能。伯考維茲還告訴警方，每次在殺完人後，他都能正常地勃起。接下來等待伯考維茲的將是三百多年的監禁。

被關進監獄後不久，伯考維茲就成了一個被媒體和出版人追捧的名人，不少人出鉅資希望能從伯考維茲那裡得到一些凶殺案的細節，這樣能出書賺錢。後來政府不得不專門為此出臺了一個「山姆之子法案」，規定禁止出版商透過出錢的方式從罪犯那裡獲得與犯罪相關的出版物。當然，如果出版商能保證這類出版物在出版之後的 5 年內把所獲得的報酬都用於補償被凶手傷害的被害人，那麼就可以。

對於各大媒體的關注，伯考維茲十分享受，在美國有言論書信自由的規定，伯考維茲就利用這項規定，主動寫信給媒體，他這麼做的原因並不是想獲得報酬，只是為了出名，希望自己能一直得到大眾的關注。

1979 年，伯考維茲在監獄中差點被人殺死，在成功獲救後，警方希望他能指認出謀殺他的凶手，這樣才能保證他的安全，但卻被伯考維茲拒絕了。在 1987 年，伯考維茲放棄了「山姆之子」的稱號，並且成了一名基督徒，開始號稱「希望之子」，因為他覺得自己已經擺脫了惡魔的控制。後來，伯考維茲還拒絕了假釋，認為自己還需要在監獄中接受懲罰，只有這樣才能洗清自己的罪惡。伯考維茲這麼做的原因依舊有尋求關注的成分，因為他的作案細節已經無法贏得媒體的關注，所以他就以懺悔來重新吸引眾人的目光。

2005 年，不甘寂寞的伯考維茲提出要見自己律師的要求。伯考維茲在與律師見面後表示希望能將自己的信件和其他個人物品都交給出版商，而按照之前「山姆之子法案」的規定，如果出版商決定寫一本關於他的書，那麼所得利潤的一部分必須得交給那些被害人。2012 年，伯考維茲開始著手寫一部回憶錄，所得報酬都交給了紐約犯罪被害人基金會。這些舉動再一次讓伯考維茲獲得了媒體的關注。

伯考維茲之所以變成了一名連環殺手，與他的早年經歷密不可分，在警方的眼中，伯考維茲只尋找年輕情侶下手，實際上他的目標只是年輕女子。他之所以如此憎恨年輕女子，與他的母親密切相關。

1953 年 6 月 1 日，伯考維茲出生於美國紐約市的布魯克林區，此時他的母親還沒有結婚，而他的父親則是個有家室的男子。在伯考維茲母親剛剛懷孕時，伯考維茲的生父就曾勸她去做流產手術。但伯考維茲的母親還是堅持生下了孩子，並且給孩子取名為理察・大衛・凡爾克

（Richard David Falco）。一週後理察·大衛·凡爾克被一對夫婦領養了，從此之後便有了新的名字——大衛·伯考維茲。雖然伯考維茲的身世很可憐，但他卻幸運地遇到了善良的養父母，他們十分疼愛伯考維茲，甚至有些溺愛。

後來，伯考維茲從養父母那裡得知了自己是被收養的，他的生母死於難產，從此之後便開始排斥養父母，還被一種強烈的自卑心理所困擾。是個天性就比較害羞和內向的人，再加上養父母也不喜歡社交，所以伯考維茲幾乎沒有什麼朋友，從小就生活在自己的世界內。在鄰居的眼中，伯考維茲不僅精力旺盛，而且還喜歡欺負其他的孩子。在學校老師的眼中，伯考維茲雖然成績平平，但卻是一個不錯的棒球運動員。

在伯考維茲 14 歲那年，他的養母罹患乳癌去世了。那段時間，沉浸在悲傷和自責之中，認為養母的死和自己有關，而他則是一個被上帝拋棄的可憐人。從那以後，伯考維茲變得更加自閉，甚至開始翹課。

四年後，伯考維茲的養父再婚了，伯考維茲和這位名義上的母親相處得並不愉快。後來，伯考維茲的養父便帶著妻子搬到了佛羅里達州居住。這下，伯考維茲覺得自己被徹底拋棄了，於是就去參軍了。軍營的生活對伯考維茲來說是痛苦的，他因為內向總是被人欺辱，有時甚至會遭受虐待。在服役期間，伯考維茲有了第一次性經驗，對方是名妓女。這次性經驗對伯考維茲來說並不美好，因為他染上了難以啟齒的性病。這或許也是他憎恨女性的原因之一。

三年後，伯考維茲退役了，並回到紐約居住。此時了無牽掛的突然想起了自己的生母，便開始調查生母，結果發現他的生母還活著，而且就在紐約居住。伯考維茲千辛萬苦地找到生母後，卻發現生母不僅結婚了，而且還有一個女兒。這對母女對於伯考維茲這個意外來客並不

熱情,反而不願意和伯考維茲相認,最終這點親情的牽掛也被無情地斬斷。

從此之後,伯考維茲變得更加內向和害羞,這讓他的人際關係變得糟糕透頂,他也成了同事們奚落的對象。為了發洩自己的不滿,伯考維茲便買了一把手槍,在垃圾場內練習射擊,還多次縱火。此時,伯考維茲並沒有想到殺人,只是單純地想要發洩和報復。

漸漸地,伯考維茲開始不滿足於這種發洩的方式,便把槍口瞄準了年輕女子或情侶。頻發的槍擊殺人案,讓紐約市民陷入了恐慌之中,警方也開始重視起這些案件。當然,各大媒體也沒有放過這個重磅新聞,一時間紐約的各大報刊都在報導這些槍擊案。這些都讓伯考維茲十分滿足,他覺得自己終於被關注了。伯考維茲漸漸陷入了這種被關注的滿足感之中無法自拔,在不歸路上走得越來越遠。

【犯罪心理分析】

伯考維茲的童年和許多連環殺手一樣都已經初見反社會型人格的端倪。伯考維茲不僅喜歡玩火,在成年後更把這一興趣愛好發揮了出來,成了一名縱火狂,曾在紐約市縱火超過 2,000 次。伯考維茲還有虐待小動物的童年經歷,例如把阿摩尼亞倒進浴缸中,然後欣賞魚的死亡過程。或是故意把強酸潑到小鳥身上,然後欣賞小鳥的痛苦掙扎。伯考維茲的這種變態心理到了成年後就演變成了殺人並能體會到性高潮的興奮。伯考維茲還有尿床的習慣,這說明在童年時期伯考維茲就總是處於不安和緊張之中。總之,玩火、尿床和虐待小動物是反社會型人格的童

年特徵。

對於伯考維茲來說，生母是一個愛恨交織的存在。在他一週大的時候，生母就拋棄了他。後來在伯考維茲成年後，他找到了生母，但生母再一次拋棄了他，不想與他相認。在伯考維茲的認知裡，生母選擇了妹妹而放棄了他，妹妹比他得到了更多的疼愛。再加上伯考維茲曾經在一名妓女那裡感染了性病，所以他便開始仇恨女性，從而導致了他的瘋狂作案。

在伯考維茲作案的時候，有一個值得注意的細節，即他曾經留下了一封信，並且自稱「山姆之子」。伯考維茲這麼做的目的其實就是為了向警方挑釁和炫耀，因為他渴望得到關注，希望看到自己的事蹟能刊登在報紙上，這樣會讓他覺得滿足。如果伯考維茲所犯案件不被報紙刊登和關注，那麼他會繼續作案，希望能得到關注。如果伯考維茲得到了想要的關注，那麼也會鼓勵他繼續作案，以得到更大的關注。總之，最好的辦法就是盡快將其緝拿歸案。

FBI認為，此種類型的罪犯，他的童年一定遭到了遺棄或虐待，沒有從家人那裡得到應有的關愛和重視，從而造成了心理的扭曲。這種渴望成名的罪犯在連環殺手中十分常見。

當然不是所有被虐待或遺棄的兒童都會變成連環殺手。有著被遺棄或虐待童年經歷的人，他會覺得自己無能為力，為了彌補心靈的缺陷，他們會盡力想辦法贏得外界的關注。有些兒童在成年後會成為商人等成功人士，但有些卻成了連環殺手。這些連環殺手通常都生活在社會的邊緣，不被人們關注。

此外，伯考維茲還具有一個大多數連環殺手共同的人格特點，即缺乏同情心。同情心可以讓我們對他人的痛苦和恐懼感同身受，但連環殺

手顯然不具備這種能力，他們覺得殺人和打死一隻蒼蠅一樣。連環殺手也不會覺得殺人是件多麼殘忍的事。

連環殺手被捕之後，往往會成為眾星捧月的採訪目標，因為人們都很好奇他們的作案動機。但是答案卻讓大多數人無法接受，因為連環殺手覺得殺人可以讓他興奮，甚至還能體會性高潮的快感，「山姆之子」在殺人時都會出現勃起的情況。此外，他們也不會有愧疚。如果一個人因為殺人出現了愧疚心理，那麼他就不會連續作案。

在伯考維茲被捕後，他成了一名基督徒，並且為自己的殺人罪行而懺悔。有不少人認為，伯考維茲的此舉並不是真心實意的懺悔，只是為了引起注意。因為連環殺手不會內疚，更別提懺悔了。就好像泰德·邦迪所描繪的連環殺手的內心世界一樣：「你們永遠不會理解一名連環殺手，他們生活在一個無助和沒有希望的世界裡。連環殺手想要得到解脫只有兩條路可選，要麼死亡，要麼被捕。」

在伯考維茲被捕後，他想要讓警方認為自己是一名精神病患者，從而逃脫法律的制裁。在伯考維茲被捕之前，他曾經自稱「山姆之子」寫信給警方，那時警方也誤認為他是精神病。雖然有些連環殺手患有嚴重的精神病，例如思覺失調症的患者會有暴力傾向，但伯考維茲顯然不在此行列之中。

第十章

波士頓勒殺狂 —— 艾爾伯特·迪塞佛

有精神病學家認為，凶手最初之所以選擇年齡較大的女性，是因為這樣可以滿足他對女性或母親身體的幻想。當這種渴望被滿足以後，凶手就開始尋找年輕女性進行真正的性交，這說明凶手在謀殺中已經性成熟。

從 1962 年起，美國的麻塞諸塞州波士頓就被籠罩在一個連環殺手的陰影下，該連環殺手只會找女性下手，而且這些女性所居住的地方都是一些狹小的住宅區。

第一個被害人是一名 50 多歲的婦女，在警察趕到現場後，發現被害人死在了浴缸內，雖然被強姦，但並未在被害人體內和案發現場發現凶手的精液。凶手作案還算老道，警方也沒有在案發現場發現凶手留下的指紋。

第二個被害人是位年紀 80 多歲的老婦，是被凶手勒死的。但當時警方覺得被害人是自然死亡，直到後來凶手自己交代了這起凶殺案。這名被害人比較特殊，不僅沒有遭到凶手的性侵，而且也沒有被凶手擺成難堪的、具有侮辱性的姿勢。接下來的一些被害人，不僅遭到了凶手的性侵，而且在被發現的時候，下體都是裸露的，凶手甚至會把被害人的下體正對著門口，讓人們一進屋第一眼就可以看到被害人的下體。

FBI 認為案發現場的種種跡象表明凶手很可能是一個無組織殺手，因為案發現場十分混亂，凶手在把被害人擺成那些侮辱性的姿勢時，內心一定有自己的想法，而且這種想法令人難以接受。此外，FBI 還發現凶手同樣具有有組織殺手的特點，因為在案發現場很少能找到凶手留下來的證據，這說明凶手具有一定的反偵查能力。

就在 FBI 努力為凶手進行犯罪心理側寫的同時，又出現了一起凶殺案，被害人是名黑人女性。這讓 FBI 一時間都無法確定這起凶殺案到底是否是同一人所為，因為在 FBI 的經驗中，連環殺手很少會跨種族作案。

最後一名被害人是個名叫瑪麗・蘇利文（Mary Sullivan）的年輕女性。1964 年 1 月，瑪麗被凶手勒死在波士頓的公寓內。瑪麗的姪子凱西・謝爾曼（Casey Sherman）十分重視這起案件，並且花了許多年對該案

件進行調查。在凶手被捕並死亡後，謝爾曼認為謀害瑪麗的一定另有其人。謝爾曼甚至還和凶手的弟弟理察一起合作，試圖挖出凶手的屍體，然後運用最新的 DNA 技術去驗證死者是否真凶。

就在警方還在為這起連環凶殺案頭痛不已時，突然發現凶手好像放棄了繼續作案，不久之後他們抓到了一個強姦犯艾爾伯特·迪塞佛（Albert Henry DeSalvo），迪塞佛說自己就是那名連環殺手，即「波士頓勒殺狂」（Boston Strangler）。但是警方並不相信迪塞佛的認罪。根據被害人的死狀，警方認為凶手應該十分仇恨女性，與母親的關係十分惡劣，並且凶手的母親應該是個專橫霸道的女性。但迪塞佛與母親的關係很好。

1967 年，迪塞佛被判處終身監禁，期間曾從監獄中逃出來，隨後被捕並被送往最高戒備的監獄。幾年之後，當迪塞佛準備為自己寫一本傳記時，卻突然遭到了暗殺。自從迪塞佛被捕後，就一直受到特殊的監禁待遇，這種監禁措施既限制著迪塞佛的自由，也保護著迪塞佛的人身安全。殺害迪塞佛的凶手不僅能透過六道保安檢查關卡，而且至今警方也沒有找到殺害迪塞佛的凶手。迪塞佛被凶手多次刺中心臟，而且凶手還帶走了迪塞佛的自傳草稿。

對於迪塞佛的被害，監獄當局給出了一個說法，說迪塞佛之所以招來殺身之禍，是因為他和監獄中的其他犯人起了爭執，可能是毒品交易引起的，也可能是為爭奪一大塊燻醃肉引起的。這種說法無法讓迪塞佛的家人認可，他的家人認為，迪塞佛根本不是所謂的「波士頓勒殺狂」，他是在準備說出真相時，被真正的凶手給滅口了。迪塞佛的家人認為，迪塞佛之所以主動承認自己是「波士頓勒殺狂」，是想出名或想得到一筆錢。

除了迪塞佛的家人外，那些被害人的家人也都認為真凶依舊逍遙法

外。最後一個被害人的姪子謝爾曼認為，迪塞佛在供述罪行的時候十分模糊不清，而且他說自己在殺害瑪麗時，曾用膠布封住了瑪麗的嘴，然後才將瑪麗強姦並殺害。可是屍檢報告中並未提到被膠帶封口和強姦的證據。謝爾曼認為，即使迪塞佛承認了自己的罪行，但那些證據根本無法證明他就是「波士頓勒殺狂」，他很有可能是在作假口供。

謝爾曼找到了一個嫌疑人，認為是這個人殺死了瑪麗。因為這名嫌疑人在瑪麗的住所附近進行了勘察，而且在瑪麗被害前還曾經與她聊過天。但謝爾曼並未說出那名男子的名字，因為他手中的證據並不充分。

當謝爾曼提出運用最新的 DNA 檢測技術來確定凶手時，卻遭到了警方和檢控官的拒絕。謝爾曼認為，這些人根本不在乎所謂的真相和審判的公正，他們只是不想承認自己抓錯了凶手，也不想承認「波士頓勒殺狂」依舊逍遙法外，這似乎意味著警方的無能。

「波士頓勒殺狂」的出現，讓波士頓這個地區的婦女都生活在恐怖之中，她們在出行時一般都會找人陪同，或者隨身攜帶著武器，希望自己能夠躲開「波士頓勒殺狂」的毒手。公眾的恐慌對於當地警方來說就是一種壓力，他們得盡快逮捕「波士頓勒殺狂」，只有這樣才能避免社會恐慌。此外，當地警方還面臨著政治上的壓力，因為當年的司法部部長正要競選參議員，所以必須盡快逮捕真凶。

迪塞佛的弟弟理察也想努力為哥哥洗清罪名，不然他就得背負著罪惡的包袱，他還曾因為是迪塞佛的弟弟而被人用木棍襲擊過，甚至被人吐口水。謝爾曼請求波士頓當局交出姑姑瑪麗的屍體，而理察則請求交出哥哥迪塞佛的屍體。因為他們想透過屍體來驗證，從而找到真凶。同時他們也認為屍體屬於親屬的私人財產，波士頓當局無權保管。波士頓當局最後拒絕了這項申請。

除了迪塞佛外，有個名叫納薩爾（George Nassar）的冷血殺手也十分可疑。納薩爾在殺死一名加油站的加油工人後被判處終身監禁。納薩爾的律師拜利曾聽納薩爾說，「波士頓勒殺狂」就是迪塞佛。

　　當時在警方的眼中，迪塞佛這個經常騷擾女性的男子根本不可能是波士頓勒殺狂。迪塞佛總是冒充模特經紀公司的星探，然後拿著捲尺為女性量身材，實際上迪塞佛只是在占女性的便宜。當那些女性意識到自己上當後就會報警。迪塞佛還會攻擊女性，他經常穿著綠色的外套，裝扮成一個雜工，當女性相信他並打開房門後，迪塞佛就會趁機攻擊對方。

　　迪塞佛在被捕之後，就被送到了一家州立醫院的精神病科的病房內接受治療。納薩爾知道後，說服自己的律師帶著他去看望迪塞佛，隨後迪塞佛便承認自己是波士頓勒殺狂。在迪塞佛所交代的謀殺細節中，有人認為迪塞佛是從報紙上看到的，或者是從納薩爾那裡得知的。有人認為，迪塞佛之所以承認自己是波士頓勒殺狂，是因為納薩爾告訴他，這樣會讓他名利雙收，不僅能得到媒體的關注，還能獲得不少金錢報酬。

　　納薩爾這個高智商的神經病殺手比迪塞佛看起來更像是波士頓勒殺狂，他同時還是個十分憎恨父母的人。但是，納薩爾一直否認自己是「波士頓勒殺狂」。

　　在納薩爾的面前，迪塞佛好像是個沒有主見的人。當理察來看望哥哥時，納薩爾一定會在場，沒有他的允許，迪塞佛也不會說話。迪塞佛的死與納薩爾也分不開，不少人都懷疑他就是殺害迪塞佛的凶手，但納薩爾一直極力否認。

　　在迪塞佛被謀殺之前，他似乎想要說出到底誰是真正的波士頓勒殺狂，為了防止自己慘遭毒手，迪塞佛還要求監獄當局保護他。在理察的

一次探望中，迪塞佛對理察說：「你想不想知道到底誰才是真正的波士頓勒殺狂，那個人就在這間屋子裡。」當時在場的納薩爾聽到這句話後，臉色立刻變得鐵青。

儘管波士頓勒殺狂這起案件疑點重重，但當局依舊以迪塞佛自己的供述為準。後來迪塞佛的殺人事蹟被拍成了一部電影，電影的名字就叫作《波士頓勒殺狂》，這樣一來迪塞佛的名氣更大了。許多犯罪心理專家為了研究迪塞佛還專門調查了他的早年經歷。

迪塞佛的母親在 15 歲時就結婚了，嫁給了迪塞佛那脾氣暴躁且酗酒成性的父親。在迪塞佛的童年記憶中，父親就是個惡魔般的存在，不僅會對母親拳打腳踢，他和兄弟姐妹也會成為父親的毆打對象。他和兩個姐妹甚至還被父親賣到了一個農場，後來迪塞佛的母親找回了他們。在迪塞佛 12 歲的時候，父親被關進了監獄，母親也和父親離了婚。

在迪塞佛的回憶中，他在很小的時候就曾目睹過父親和妓女性交。在童年的時候，迪塞佛就開始和姐妹模仿性交的動作。對於被賣掉的那段經歷，迪塞佛始終都沒有說出那段時間他和兩個姐妹到底遭遇了什麼。

在上學時，迪塞佛就渴望能得到老師的認可和關注，但他的成績很差，為此他經常會主動幫老師跑跑腿，以期望能得到老師的喜愛。

迪塞佛進入青春期後，養成了偷窺的毛病，還被送到了少年管教所內。對於迪塞佛來說，少年管教所不僅沒有引導他走上正途，反而教會了他許多犯罪技巧，此外迪塞佛還學到了很多性變態方法。從少年管教所出來後，迪塞佛便開始入室盜竊。迪塞佛入室盜竊主要有兩個目的：第一個目的便是盜取財物；第二個目的便是享受那種刺激和興奮的感覺，因為當他聽到那些女性的呼吸聲後就會覺得很刺激，而且會幻想等

自己變得更加強壯之後，便對那些女性為所欲為。

在迪塞佛 17 歲時選擇了參軍，並被派到德國。迪塞佛在軍隊的表現不錯，不僅獲得了軍銜，而且還多次擔任上校的勤務兵。此外，迪塞佛還發現了自己的拳擊天賦，曾經參加過拳擊比賽，還獲得了冠軍。

在服兵役期間，迪塞佛也沒閒著，他到處勾引軍官的老婆，還和她們玩些性虐待的遊戲。據迪塞佛交代，都是那些女人追求他的，他只是順水推舟而已。

在迪塞佛 22 歲時認識了一個女子，並且很快結婚。但迪塞佛對這位妻子並不滿意，因為妻子是個比較傳統的女人，根本無法滿足迪塞佛在性慾上的要求。在退伍後，迪塞佛就帶著妻子回到了美國。

沒有安分多久，迪塞佛就開始到處騷擾女性。一天晚上，迪塞佛發現一個女人獨自在家，就找了一個藉口進入那個女人家中。後來這個女人報警了，但因為迪塞佛什麼也沒做，所以警察只好放過了他。但很快，迪塞佛就因為猥褻兒童罪被罰款。迪塞佛之所以沒有被逮捕，是因為被害人的母親不想讓年幼的女兒出庭作證，指認迪塞佛。

沒過多久，迪塞佛的妻子就為他生下了一個女兒，儘管女兒的腿部有殘疾，但迪塞佛依舊是個負責任的父親，每天都會給女兒按摩腿部。在兒子出生後，迪塞佛決定痛改前非，做一個好父親。但迪塞佛發現這件事做起來十分困難，因為他總是忍不住去做一些違法犯罪的事情。後來迪塞佛因為猥褻婦女而被關進監獄。

當迪塞佛獲得自由後，他開始成了波士頓勒殺狂。在第一次殺人時，迪塞佛表現得十分鎮定。當時被害人的鮮血都濺到了他的衣服上，為了避免引起他人的懷疑，迪塞佛脫掉了衣服，然後在街上攔住了一個人。迪塞佛對那個人說：「我剛才和一個女人偷情，不小心被她的丈夫發

現了，所以我只好光著身子跑出來，你能和我一起去商店買身衣服嗎？」那個人同意了，並跟著他一起去商店買衣服。迪塞佛之所以這麼做，是希望這個人能成為自己的目擊證人，到時候如果被警察盤問，這個人可以為自己作證，他只是去偷情，並沒有殺人。

在買好衣服後，迪塞佛就開著車到海邊，把沾滿被害人鮮血的衣服扔到了大海中。迪塞佛靜靜地在海邊坐了一會兒，然後就回家和妻子、孩子一起吃晚飯。迪塞佛在被捕後告訴警方，在殺人時他覺得自己好像變得不是自己了，就像一個不真實的陌生人，然後在那裡做著殺人的事情。事後，迪塞佛又會恢復平常的狀態，會忘掉殺人的事情，就好像自己從未殺過人一樣。

【犯罪心理分析】

◇

「波士頓勒殺狂」先後一共殺害了 13 名女性，這些先後遇害的女性都有一個很顯著的特點，即年齡層越來越低。在前幾名被害人中，她們的年齡都比較大，而且警方發現她們雖然遭受了性侵，但凶手卻並未遺留下精液。而在後幾名年輕的被害人中，案發現場都發現了精液。這說明在作案過程中，性是凶手的主要目的。有精神病學家認為，凶手最初之所以選擇年齡較大的女性，是因為這樣可以滿足他對女性或母親身體的幻想。當這種渴望被滿足以後，凶手就開始尋找年輕女性進行真正的性交，這說明凶手在謀殺中已經性成熟。

在最後一名被害人瑪麗的口中，警方發現了精液。精神病學家認為，此時凶手已經完成了性成熟，所以才會汙衊性地把精液留在瑪麗的口中。這也可以解釋凶手為什麼不再犯案，瑪麗也就成了最後一名被害人。

根據案發現場的線索，犯罪心理專家認為凶手一定是極其仇恨女性的，和母親的關係應該不怎麼樣，或者凶手的母親本身就是個非常霸道的人。例如有著「綠河殺手」之稱的蓋瑞‧利奇威（Gary Leon Ridgway）之所以殺那麼多的女性，就是因為他憎恨女性，對凶狠的母親也是又愛又恨。當然此類連環殺手也不一定會有個凶狠的母親，他可能是陽萎患者，曾經因為無法勃起而遭到了某位女子的嘲笑，例如理察‧勞倫斯‧馬奎特（Richard Laurence Marquette）就是因為一名女子嘲笑他性無能，他就把那個女子給切碎了。

　　在迪塞佛被捕之後，犯罪心理專家和精神病學家對「波士頓勒殺狂」的犯罪心理的分析全部被推翻了。首先是迪塞佛的母親，迪塞佛的母親應該和霸道、凶狠不著邊，不然她不會忍受迪塞佛父親的家暴。而且迪塞佛的母親還是個很負責的母親，因為在迪塞佛和兩個姐妹被父親賣給一個農場主之後，他們的母親又把他們找回來了。迪塞佛更是與性無能不著邊，因為他很早就有了性經驗，在殺人時已經是兩個孩子的父親。

　　有專家認為，與其從心理學家的角度對迪塞佛進行心理分析，不如從社會經濟學的角度來分析更為妥當些。在美國社會中，迪塞佛的社會地位比較低，他希望能透過殺人的方式來報復妻子。因為他的妻子來自一個中產階級家庭，在和迪塞佛結婚後不久就開始看不起迪塞佛。當然，如果迪塞佛的收入有所增加，就會得到妻子的認可。

　　除此之外，還有另外一個觀點，即認為迪塞佛根本就不是真正的波士頓勒殺狂。

第十一章

女魔頭 —— 艾琳·烏爾諾斯

人只有在憤怒和報復動機的驅使下才會變得十分具有攻擊性，而毒品則會讓一個人對憤怒和報復欲望的控制力大大減弱。據 FBI 的調查，不少連環殺手在殺人前都會吸毒，有些連環殺手甚至會在作案前大量地吸食毒品。

艾琳·烏爾諾斯（Aileen Carol Wuornos Pralle）在一個支離破碎的家庭中出生，她的母親黛安（Diane Wuornos）在 15 歲時就嫁給了艾琳的父親，並生下了艾琳和她的哥哥凱斯（Keith）。很快，黛安就拋棄了烏爾諾斯兄妹二人。後來，烏爾諾斯兄妹倆那禽獸不如的酒鬼父親因為性侵兒童被逮捕，在監獄中自殺了。

艾琳和哥哥被外祖父母收養後便過上了正常的生活，但是外祖父對他們的要求十分嚴格。在艾琳 12 歲時得知了自己身世的祕密，便開始自暴自棄，墮落起來。

兩年後，艾琳意外懷孕了，並且很快被送進了感化院，不久之後便生下了一個小男孩。自己還是孩子的艾琳自然沒有能力撫養孩子，於是這個小男孩便被人收養了。

艾琳在得知外祖母去世的消息後，見到了自己的母親黛安，黛安希望艾琳和凱斯能回到德克薩斯州，與她居住在一起。但叛逆的艾琳直接拒絕了母親，開始蹺課和離家出走。沒有一技之長的艾琳為了能有錢花，便開始在公路上以搭車的名義出賣肉體。

幾年後，艾琳得知了哥哥凱斯去世的消息，凱斯死於喉癌。與此同時，艾琳還得到了 10,000 美元的保險金，這是凱斯留給她的。艾琳並沒有珍惜這筆錢，很快便揮霍一空，只好繼續從事賣淫。

在佛羅里達州，艾琳遇到了一個比她年長許多的男人，她很快與這個男人結婚了。艾琳的丈夫路易士·弗爾（Lewis Gratz Fell）有著不錯的收入，他所持有的鐵路股票可以為他帶來高額的收益。但弗爾很快就後悔和艾琳結婚，因為艾琳是個揮金如土的女人，如果哪天弗爾不帶足夠的錢回家給艾琳，那就會遭到艾琳的暴力對待。很快，弗爾就成功逃脫了艾琳的魔掌，艾琳和一名酒吧男侍應生起了衝突，她拿球桿打傷了那

名男侍應生，並被關進了監獄。

出獄後，艾琳繼續操起了賣淫的本職。但艾琳發現賣淫的工作並不好做，她賺的錢經常不夠花，於是她就開始偷竊，有時候還會打劫。所以艾琳成了監獄的常客，經常和警察打照面。

1986 年，艾琳在一間同性戀的酒吧裡遇到了 24 歲的泰莉亞·莫爾（Tyria Moore），兩人很快便談起了戀愛，並搬到一起住。後來莫爾辭去了汽車旅館侍女的工作，靠艾琳賣淫生活，對此艾琳也心甘情願。可是艾琳賣淫所得的收入並不高，她們的生活總是會陷入缺錢的窘境之中，為了擺脫貧困，艾琳決定尋找新的賺錢方式。

佛羅里達州的州際高速公路成了艾琳的發財地點。艾琳為了讓過往車輛停下來，通常會假扮成一個受傷的女人，或者直接以路邊拉客妓女的身分出現。只要艾琳成功登上被害人的車輛，那麼被害人就會被槍殺，然後所有的財物都會被艾琳洗劫一空。

在艾琳被捕後，她交代道，自己殺人只是正當防衛罷了，那些男人都想強姦她。但警方的調查顯示，那些被艾琳所殺害的人，大都沒有犯罪紀錄，只有第一個被害人曾經因為強姦罪而坐了 10 年牢。其中一名被害人迪克·韓弗理（Dick Humphreys）已經 56 歲了，是佛羅里達州衛生和康復中心虐待和傷害兒童方面的調查員。在韓弗理遇害的前一天，他剛剛和妻子一起慶祝了他們結婚 35 週年的紀念日。警察在接到韓弗理失蹤的報案後不久，就找到了他渾身都是槍眼的屍體，而韓弗理的車則在月底才被發現。

當地警方根據幾起凶殺案的特點得出了一個大膽的猜想：「凶手很有可能是兩個女人。」隨著調查的深入，警方掌握了更多有價值的線索，這些線索都表明凶手就是兩個女人。有一名男子在接受調查的時候告訴警

方，曾經有兩個可疑的女人在他那裡租了一輛活動房車。男子還告訴警察，那兩個女子叫莫爾和李（Lee Blahovec）。另一個婦女告訴警察，曾經有兩個外地女人在她的汽車旅館內工作，兩名女子叫莫爾和蘇珊（Susan Lynn Blahovec）。不久後，警方又接到了一個匿名電話，這個人告訴警察有兩個叫莫爾和格林（Cammie Marsh Greene）的女人買過一輛娛樂車，這兩個人是同性戀，而且那個格林就是一個專門搭車的妓女，她在這段同性戀關係中顯然處於支配地位。

警察在對當地各個當鋪進行調查的時候發現，一個叫格林的女人在一家當鋪當掉了一名被害人的相機和一臺雷達探測器，上面還有這個女人的指紋。在另一家當鋪，警方也發現了被害人的遺物。

警方透過對指紋的比對發現，被當物品上的指紋和一名被害人身上遺留下的血手印的指紋一樣，這是個名叫蘿莉（Lori Kristine Grody）的女人的指紋。這些調查結果最後都被送到了國家犯罪中心。很快結論出現了，這些指紋都是一個名叫艾琳‧烏爾諾斯的女人的，而蘿莉、蘇珊和格林等名字都是艾琳為掩人耳目所選擇使用的假名字。

艾琳被捕之後，她的個人經歷立刻曝光了，成了媒體大肆宣傳的對象，畢竟女性連環殺手十分少見。人們在憎恨艾琳的同時，也對艾琳的悲慘經歷感到惋惜，甚至還有一對夫妻合法收養她為養女。

在艾琳接受審判的時候，引發了一場女性抗議運動，這些抗議者認為艾琳不應該被判處死刑，因為她是在用殺人來控訴和反抗男性世界的殘忍。艾琳的律師也充分利用了這點，希望法庭能駁回艾琳自己申請死刑的訴求。

在艾琳被捕之初，她告訴警方，她本不想殺人，但是那些讓她搭車的男人總是想強姦她或毆打她，出於正當防衛，她才開槍打死了他們，然

後搶走了他們的財物。但在艾琳決定接受死刑時，她就主動否認了這些說法，說自己在撒謊，她就是十惡不赦的殺人犯，殺人和搶劫是她的營生。

　　一心求死的艾琳在死刑牢房裡等了 10 年之久，都沒有等來死刑，按捺不住的艾琳就寫了一封求死的信件，寄到了佛羅里達州法院。在這封信中，艾琳請求法院撤掉替她指派的律師，並且希望能盡快執行死刑，因為生命對她來說已經沒有了意義，她想要在真相大白之後，能心無愧疚地去見上帝。最終，艾琳·烏爾諾斯的申請得到了批准。

【犯罪心理分析】

　　在艾琳的個人經歷中，她悲慘的童年和青春期都和許多男性連環殺手十分相似。在艾琳的案件中，有一個十分顯著的特點，即她的謀殺可能會包含暴力，但卻不會有性的元素存在。也就是說，艾琳在殺人的時候不會體會到性高潮，她的殺人動機也跟性無關。雖然艾琳來自社會底層，但她卻是女性連環殺手中的佼佼者，她不僅殺死了多名男性，而且採用的手段也是攻擊性比較強的槍擊。通常情況下，女性在殺人的時候，不會採用暴力或攻擊的手段，她們會選擇下毒。這或許與女性在體力上不如男性有關。

　　那些被艾琳殺害的男性，雖然身中數槍而亡，但卻並未受到折磨，警方也沒有在被害人的屍體上發現折磨和分屍的痕跡。儘管那些被害男性的財物都被艾琳搶劫一空，但艾琳的殺人動機顯然不僅僅是為財。如果艾琳只是為了搶錢的話，那麼她為什麼不選擇女性或孩子下手，這樣的對象更容易得手？在艾琳的殺人經歷中，有兩個不可忽視的元素，即憤怒和報復。

　　艾琳對於男性似乎一直心存恨意。她從小就被父親拋棄，據說她的外祖父還經常打罵她。後來，在艾琳 14 歲時遭到了強姦，並且懷孕，不得不把孩子生下來。在艾琳之後的生涯中，她遭受了多次強姦。艾琳還有過一段短暫的婚姻生活，她與丈夫之間的相處也基於金錢。這段婚姻生活還不如艾琳和莫爾的同性戀。在這段同性戀中，艾琳占據著主導地位，似乎還肩負著賺錢養家的責任，可見對於這段同性戀經歷，艾琳還是比較看重的。

　　值得一提的是，在艾琳 15 歲時就開始被古柯鹼和毒品所控制，她大部分的開銷也都在毒品上。毒品在殺人行為上產生了一種很強的輔助作用，這或許就是艾琳變得那麼具有攻擊性的原因之一，畢竟人只有在憤怒和報復動機的驅使下才會變得十分具有攻擊性，而毒品則會讓一個人對憤怒和報復欲望的控制力大大減弱。據 FBI 的調查，不少連環殺手在殺人前都會吸毒，有些連環殺手甚至會在作案前大量地吸食毒品。

第十二章

殺手的偶像 —— 傑克·塔蘭斯

　　犯罪心理專家還表示凶手和女性的關係應該不怎麼樣，或者說根本沒有體驗過性快感，也可能沒有性交過。因為凶手在殺人時往往能體驗到性快感，把被害人看成沒有生命的東西，讓其完全被自己控制。有的專家則覺得凶手在幼年時曾虐待過小動物，而且總是沉浸在強烈的幻想中，把愛和暴力混淆了。凶手的母親可能十分凶惡，而父親則是個軟弱的人。

1968 年 12 月 20 日，這天是星期五，年僅 17 歲的大衛‧亞瑟‧法拉第（David Arthur Faraday）開車去找女朋友約會，那是個漂亮可愛的 16 歲少女，名叫貝蒂‧洛‧詹森（Betty Lou Jensen）。大衛和貝蒂都居住在加利福尼亞州瓦列霍郡，大衛在瓦列霍中學就讀，而貝蒂則是霍根中學的學生。在出發之前，貝蒂告訴父母，她要和大衛一起去參加霍根中學舉辦的聖誕頌歌音樂會和一個舞會，並且向父母保證，她在 11 點之前一定會回家。但讓人想不到的是，這是貝蒂最後一次和父母告別，她再也沒回來。

貝蒂撒了謊，她和大衛沒有去參加音樂會和舞會，而是去了另一個朋友家。在 9 點半左右，大衛和貝蒂離開了那位朋友家後，就去了一家汽車餐館。在 10 點左右，大衛開著車帶著貝蒂離開了餐館，他們來到了一處適合約會的地方，這裡經常被一些青年男女光顧。

當大衛把車開到避車彎後，他們並未馬上下車，而是在車裡待了將近一個小時。在 11 點左右，一個陌生人突然接近了大衛和貝蒂，他拿著一把手槍，並對準了右側後車窗的中心位置，子彈震碎了玻璃，把大衛和貝蒂從甜蜜中驚醒。隨後，凶手又朝著左側後面的車輪開了一槍。凶手這麼做的目的就是想把貝蒂和大衛從車裡逼出來。

聽到槍響的大衛和貝蒂因為恐懼和慌亂，便想從車裡逃出來。當時坐在副駕駛座上的貝蒂首先從車裡逃出來。當大衛移到副駕駛座上，準備從車窗鑽出來的時候，凶手卻突然從左側車窗探身進到車內，並用手槍抵住了大衛的左耳後偏上的部位，就在大衛還沒有反應過來時，凶手扣動了扳機，子彈打穿了大衛的頭骨。看到大衛中槍後，受到刺激的貝蒂一邊跑著一邊尖叫著，但她的速度絕對快不過子彈。最終貝蒂的背部右上方連中數彈，當場死亡。

路過的巡邏警車在接到報案後，立刻趕到了案發現場。警察發現雖然大衛的頭部中槍了，但還有生命跡象，就趕緊把他送到附近醫院進行搶救，結果大衛剛被送到醫院就死了。因為大衛和貝蒂的被害地點是賀曼湖路（Lake Herman Road），這起謀殺案便被稱為賀曼湖路謀殺案。因為賀曼湖路有情人小徑的別稱，所以這起謀殺案也被稱為情人小徑謀殺案。

　　1969 年 7 月 4 日，這天也是星期五，一家餐館的女服務員達琳·伊莉莎白·菲林（Darlene Elizabeth Ferrin）準備和丈夫迪恩·菲林在家舉行一場小型的派對，主要邀請一些朋友在家中聚會、聊天。在準備的過程中，達琳卻突發奇想，想買些煙火來為派對助興，於是她就獨自一人開著車去了。

　　達琳先來到了麥可·雷諾·馬喬（Michael Renault Mageau）的家中，邀請他一起去購買煙火。麥可是個 19 歲的年輕人，和達琳剛認識不久，很喜歡年輕漂亮的達琳，所以面對達琳的邀請，想都沒想就答應了，算是討達琳的歡心。

　　車剛開動後不久，達琳和麥可就發現了一輛尾隨他們的汽車，這輛淺色的汽車起初一直蟄伏在街邊的樹下。達琳感覺自己被跟蹤了，於是就想甩掉這輛車，開始加速和不停地轉彎。最終，達琳在無意間把車開向了賀曼湖路的方向，並最終停在了一個叫藍岩泉的高爾夫球場。這裡和情人小徑謀殺案的案發地點距離只有 3 公里多。

　　當達琳的車熄火後，尾隨的車輛也停在了這裡，和達琳的車距離很近。但那輛車卻以極快的速度開走了，隨後又回來了，停在了達琳的左側。就在達琳和麥可疑惑的時候，一道明亮刺眼的光卻突然從那輛車裡射出來，照在了達琳和麥可的身上，就好像警察用的聚光燈一樣。隨

後，那名男子就下車了，他的手中拿著一個大號手電筒，不停地輪流在達琳和麥可的臉上照來照去。麥可以為這是個警察，就對達琳說：「把證件準備好吧，這人是個警察。」

就在達琳和麥可埋頭找證件時，陌生男子突然出現在了車窗前，當時車窗正好是搖下來的。趁著麥可和達琳毫無防備的情況下，陌生男子突然朝著他們開槍，達琳和麥可都身中數槍。其中達琳的雙臂、肺部和左心室都被擊中了。而麥可的面部、左腿、右臂和頸部被擊中，擊中他面部的子彈，先是射進了他的左臉頰，然後又從左臉穿出，在他的下顎骨和舌頭上都留下了彈孔。

案發後不久，警察接到了一個神祕的報警電話，電話是從付費電話亭內打來的，那個人告訴警察自己就是凶手，而且還把案發地點、案發時間和使用的槍支告訴了警方。這個凶手還對警方說，情人小徑謀殺案也是他幹的。

15 分鐘後，警察趕到了現場，隨後達琳和麥可都被送進醫院搶救。結果麥可活了下來，達琳則因搶救無效而死亡。作為一個倖存者，麥可在接受警方調查的時候，回憶了凶手的相貌：「凶手的年齡大約在 26 歲到 30 歲之間，他的臉看上去很寬，頭髮是淺棕色的，而且髮型還是海軍船員式的，剪得很短。他看起來很精實，基本沒有肥肉。」

在案發的當晚，達琳的家中接到了一通神祕的電話，當時接電話的是達琳丈夫迪恩的朋友，打電話的人只喘息了幾聲後就把電話掛了。不久之後，迪恩的父母和哥哥也接到了相似的神祕電話。這個電話很有可能便是凶手打來的。

根據案發地點，警方把這起謀殺案稱為藍岩泉謀殺案。在藍岩泉謀殺案發生後的兩個多月，又出現了一起謀殺案，案發時間是 1969 年 9 月

27 日，這天是星期六。

西西莉亞・安・雪柏（Cecelia Ann Shepard）是納巴郡安格溫市太平洋聯合大學的學生，因為準備在 10 月轉到加利福尼亞州河濱市的加利福尼亞大學學習音樂，所以準備開始收拾行李。西西莉亞的男朋友布萊恩・卡爾文・哈特奈爾（Bryan Calvin Hartnell）則幫她一起收拾行李。在收拾完行李後，兩人便在校園裡閒逛了一會兒。吃過午飯後，西西莉亞和布萊恩便商量著駕車去舊金山遊玩。後來，由於時間較晚了，布萊恩便和西西莉亞商量著去伯耶薩湖（Lake Berryessa）遊玩。下午 4 點，兩人來到了伯耶薩湖的馬路旁，並選了一個適合野餐的地方。

就在西西莉亞和布萊恩躺在草地上享受愜意時光的時候，西西莉亞好像瞥見了一個壯漢的身影。當西西莉亞準備看清楚時，卻發現那個身影消失了。但西西莉亞的直覺告訴她，他們被那個壯漢跟蹤了，而且那個壯漢肯定不懷好意地躲在附近。就在西西莉亞告訴布萊恩有人跟蹤他們時，那個壯漢卻突然現身了。

但是壯漢並未馬上襲擊這對情侶，而是平靜地和他們進行交談：「我剛從蒙大拿監獄裡逃出來，那裡的生活真令人難以忍受。警察總是不停地找我審訊，想讓我承認我是一些謀殺案的凶手。最後我實在忍無可忍，便殺了一個獄警，然後偷了一輛車，逃到了這裡。美國我已經不能待了，我想去墨西哥避難，但我需要一輛車和一些錢。你們如果能乖乖交出車鑰匙和錢，我就放過你們，不然我會殺了你們。」

陌生男子的這番話讓西西莉亞和布萊恩放鬆了警惕，認為這只是普通的搶劫，只要他們盡力配合，那麼就不會受到傷害。面對陌生男子的談話，西西莉亞和布萊恩小心翼翼地回答著，盡量避免激怒男子，不然對方手裡的槍就會朝著他們開火。

後來，陌生男子便命令布萊恩趴下。布萊恩照做後，男子就解下了腰帶上的晾衣繩，然後扔給西西莉亞，命令西西莉亞把布萊恩綁住。西西莉亞為了不激怒男子就照做了，但她在綁布萊恩手腳的時候只是打了幾個容易掙脫的結。隨後，男子又把西西莉亞綁了起來，當他觸碰到西西莉亞的身體時，雙手開始抑制不住地顫抖，顯得很激動，但他依舊把西西莉亞綁牢了。男子很快發現綁住布萊恩的繩子鬆了，於是他又緊了緊。

此時，西西莉亞和布萊恩已經變成了砧板上的肉，只能任人宰割。陌生男子突然以詭異的口吻對他們說：「現在，我想用刀捅你們。」說著，男子就拿出了一把尖刀，向西西莉亞和布萊恩捅去，布萊恩被捅了6刀，西西莉亞被捅了24刀。之後，男子就把錢和車鑰匙扔到了他們的面前，揚長而去。

看到男子離開後，意識清醒的布萊恩和西西莉亞便開始自救。布萊恩先用牙齒咬開了西西莉亞雙手上的繩子，然後西西莉亞便幫布萊恩解開了繩子。擺脫了繩子的束縛，兩人便開始想辦法尋求幫助。布萊恩在馬路邊遇到了公路巡邏員，但問題是當地並沒有醫院，直到兩個小時後，布萊恩和西西莉亞才被送到了醫院。最終，布萊恩被救活了，西西莉亞則因為傷勢過重身亡。

在布萊恩的回憶中，凶手並未直接和他們照面。凶手的頭上戴著一個黑色的頭罩，頭罩的頂部呈正方形，看起來就好像是套在頭上的一個紙袋。這個頭罩很大，不僅遮住了凶手的雙肩，而且已經垂到了腰上。頭罩上的縫隙只露出了凶手的眼睛和嘴巴。凶手的前胸和後背還各罩著一塊布，胸前的布上還有一個白色的標記，看起來十分醒目。凶手穿著一件黑藍色的風衣，裡面是一件紅黑色的羊毛衫，下身則是一條款式很

舊的寬鬆的褲子，腳上穿著一雙軍用短靴。

　　布萊恩還告訴警方，凶手手中的那把刀是掛在身體的左側，刀鞘和刀柄是硬木製成的，上面還鑲嵌著兩枚銅鉚釘，刀柄外面則裹著白紗布。凶手用來威脅他們的手槍則是一把藍色鋼製半自動手槍。凶手的雙手還戴著黑色的手套。

　　就在案發的當晚，當地警方還接到了一通神祕的電話，對方告訴警察他就是凶手，而且還詳細匯報了那天的凶殺案細節。在案發現場，警方發現被害人的汽車被人用黑色的筆畫上了一些特殊的符號，這顯然就是凶手留下的。因為這起謀殺案發生在伯耶薩湖附近，所以便被警方稱為伯耶薩湖謀殺案。

　　就在伯耶薩湖謀殺案發生十幾天之後的星期六夜晚，凶手又開始作案了。當時計程車司機保羅・李・史坦恩（Paul Lee Stine）像往常一樣開著計程車在舊金山市區內的大街上行駛著，在路過一家餐館時，一個身材壯實的男子突然攔下了他的計程車。

　　當陌生男子上車後說出了一個地址，保羅便駕駛著車向目的地行駛。就在計程車快行駛到目的地的時候，男子突然告訴保羅，他要到另一個地方去。當保羅把車開到華盛頓大街與徹利街的交叉口時，男子突然朝著保羅的腦袋開了一槍，保羅當場就身亡了。

　　在確認保羅死後，男子便開始清理現場。他從保羅的襯衫上撕下了一塊布，然後用這塊布仔細擦拭了駕駛座的車門、門把手、車外的後視鏡、左側的乘客座車門以及儀表板的周圍。最後凶手在這塊布上寫了一封信給警察，信中凶手表示他對警方散布關於他的謠言很生氣，作為報復，從此之後，他殺人再也不會留下痕跡，會把案發現場布置成一般謀殺案的樣子。凶手還告訴警方，他們永遠也不可能逮捕他，因為他聰明

絕頂，而警察和他比起來只是一群無用的傻瓜。

在凶手自認為完美地處理完這一切後，便離開了。但讓他沒想到的是，街對面的一棟樓房裡有三個孩子目睹了他的整個殺人滅跡的過程。三個孩子立刻撥打了報警電話。但是警方卻認為凶手是一名黑人男子。

所以當警務巡邏車開到現場後，警察雖然發現了一名可疑的男子，但因為對方是白人，所以便只是照例問了問對方是否發現什麼可疑的跡象。凶手告訴警方，他看見一個人拿著槍朝著華盛頓街的東邊跑去了。就這樣，警察便和真正的凶手擦肩而過了。

凶手在殺人後都會寫信給舊金山及周邊地區一些重要的報社，例如《舊金山紀事報》、《舊金山觀察報》和《瓦列霍先驅報》等都收到過神祕的信件。在信中，凶手以「佐迪亞克」（英文單字 zodiac 的音譯，該詞的意思是黃道十二宮）自稱，所以警方便把這一系列的謀殺案通通稱為「黃道十二宮連環殺人案件」。在這些信件中，凶手會主動承認自己殺了人，為了讓人相信他就是凶手，他會在信中提到一些案發現場的細節。最讓人覺得奇怪的是，在信件中凶手還附上了神祕的密碼，並且威脅報社，如果他們不刊登這些密碼，那麼他就會大開殺戒，反正單身的夜行者到處都是。

隨後，報社就把信件和密碼交給了警方。警察找來了一位密碼的業餘研究者唐納德，讓他試著破譯密碼。最終破譯的內容被刊登了出來：「殺人對我來說十分有趣，比在森林裡獵殺野生動物還有趣。在我看來，人類是最危險的動物，因為殺戮可以給我帶來意想不到的快感，比和女人性交更讓我興奮。在我死後，那些被我殺死的人就會變成我的奴隸。你們永遠也不可能抓到我，不能阻止我累積死後的奴隸。」

對於信件的真偽，警方一直持有懷疑的態度，雖然寫信者在信中提

到了一些尚未被公布的案件細節,但他所提到的細節是每個看到過現場的過路者都可以提供的。於是警方公開表示,如果寫信者能揭露一些只有警方和凶手才知道的案件細節,那麼警方就相信他是凶手。

應警方的要求,在不久之後凶手就來信了。在信中,凶手不僅提到了大量的案件細節,還告訴警方有一次他作案完畢後和警察通電話時,一個衣衫襤褸的黑鬼突然注意到了他。最關鍵的是,凶手還告訴警方,他是如何在漆黑的夜晚行凶的。他會用膠布把一枝很小的鋼筆手電筒綁在槍管上。這樣子彈就會精確地擊中目標,因為在一束光射向目標時,光圈中心會有一個小黑點,這樣只要瞄準小黑點就可以擊中目標。

黃道十二宮殺手似乎很喜歡給警察寫信,在信中,凶手不僅會提供案件細節,還會威脅警方。有一次,凶手告訴警方,他已經看上了校車這樣的目標物。凶手說,只要他把校車的前輪打癱了,學生們就會從校車裡一個接一個地出來,這時候他就可以一一打死這些小東西。

黃道十二宮殺手的這些威脅讓當地民眾立刻變得恐慌起來,警方還專程派人保護校車的安全。當地警方成立了一個專案組。為了能盡快逮捕凶手,政府還公開發表聲明,如果黃道十二宮殺手能主動前來自首,那麼他的合法權益一定不會受到損害。

對於警方保護校車的舉動,黃道十二宮殺手十分不屑。在他寫的信中說道,如果警察真的認為他會使用槍支襲擊校車,那麼警察真是愚不可及。凶手表示他如果真的想襲擊校車,一定會用一包硝酸銨肥料、一加侖燃料油和幾袋碎石子,把這些東西都倒在地上,然後點燃,那麼任何過往車輛都會被炸得粉碎。凶手還揚言到時候他會把這些場景拍成照片,然後再寄給警察。如果警察愚蠢到去查這些東西的製造商,那麼就太天真了,因為這些東西都可以在露天集市上買到。

在耶誕節快要來臨時，警察又接到了黃道十二宮殺手的信。這次凶手沒有叫囂，而是向警察尋求幫助，因為他實在控制不了殺人的欲望。對於凶手的求救，警察公開表示他們願意為凶手提供幫助，如果凶手願意的話，他們會只派一名警察前往，如果凶手需要精神科醫生或牧師，那麼警察也會不遺餘力地提供。但警方並沒有等來凶手的回音，之後的三個月凶手銷聲匿跡了。

次年的 4 月，凶手開始繼續寫信給警察。到了這年的 10 月，凶手的信件中開始向某個具體的人發出威脅。《舊金山紀事報》的記者保羅・艾弗利（Paul Avery）在萬聖節那天收到了凶手的一張賀卡，賀卡中凶手表示保羅將是他的下一個目標。

對於這種威脅，保羅顯得很鎮定，甚至可以說不在乎。因為保羅不僅做過越南戰爭的戰地記者，而且還是一個被允許持槍的私家偵探。但警察卻對這種威脅很重視，不僅批准保羅可以隨身攜帶手槍，而且必須得在警方的視線範圍內工作。為了避免凶手殺害，《舊金山紀事報》的其他記者都在衣領上佩戴著一個徽章，上面寫著：「我不是保羅・艾弗利。」不久之後，保羅又接到了一封神祕的信件，寫信者告訴保羅有一個懸案，很可能就是黃道十二宮連環殺手所為。

這起謀殺案發生在 1966 年 10 月 30 日，這天是星期日。在這天下午四五點時，一個名叫貝茨（Cheri Jo Bates）的女孩準備去學校的圖書館，在走之前還留了一張紙條給父親約瑟夫，父親看到紙條後就先睡下了，以為女兒會晚點回來。誰知，等他醒來後發現女兒根本沒有回家。約瑟夫趕緊打電話給女兒的朋友，但都沒有找到貝茨。

半個多小時後，一名園林管理者在圖書館的附近發現了貝茨的屍體。貝茨的臉部朝下，胸部有三處刀傷、背部有一處刀傷、頸部有七處

刀傷，頸部的刀傷尤其嚴重，凶手好像想割下貝茨的頭顱。

不久之後，警方就接到了一封匿名信，這封信可能是凶手寄來的。凶手表示，貝茨不是第一個被害人，也不可能是最後一個。凶手還揚言，讓人們保護好自己的妻子、女兒和姐妹，不然這些女性就會變成他的目標。至於這個凶手是否是黃道十二宮連環殺手，至今也沒有得到警方的確認。但許多人都傾向於把這起謀殺案算在黃道十二宮連環殺手的身上。

在抓捕黃道十二宮連環殺手的過程中，警方確定了許多犯罪嫌疑人，但最終還是沒有抓住凶手。這個黃道十二宮殺手便成了許多連環殺手的榜樣和偶像。在警方和媒體那裡，黃道十二宮殺手已經成了衡量連環殺手的標竿。人們總是把新的連環殺手和黃道十二宮殺手進行比較，如果兩者有相似之處，警方就會替這些連環殺手命名為「佐迪亞克二世」、「某地佐迪亞克」等等。

黃道十二宮連環殺手在沉寂了 40 年後，又突然出現了。一個名叫丹尼斯（Dennis Kaufman）的男子對 FBI 說，他懷疑自己的繼父傑克·塔蘭斯（Jack Tarrance）就是名震一時的黃道十二宮殺手。因為丹尼斯在繼父的遺物裡發現了許多屍體的照片，還有一些字條，字跡與黃道十二宮連環殺手的字跡相同。此外塔蘭斯還留了一盤錄音帶，承認自己就是黃道十二宮連環殺手。據說，丹尼斯的母親在 10 年前就原因不明地死了，很可能就是塔蘭斯所為。

FBI 為了確認塔蘭斯是否真的是黃道十二宮連環殺手，便決定進行 DNA 對比。結果顯示，黃道十二宮連環殺手極有可能就是傑克·塔蘭斯（仍有爭議，未結案）。

【犯罪心理分析】

◇

在傑克·塔蘭斯的線索出現之前，許多犯罪心理專家都對黃道十二宮連環殺手進行了剖析。凶手寫信給媒體和警方的目的是基於一種遊戲的心態，他總是威脅說自己會再次下手，但實際上他什麼也不會做。

凶手在外人看來是個正常的人，而且很有可能十分喜歡幫助別人，因為這樣可以輕而易舉地贏得被害人的信任。但他在社會中處於弱勢地位，正因為如此，他才會不斷地寫信，從中獲得控制和支配的滿足感，好像這樣就可以讓自己處於優越地位。當警方把他的殺人過程說得很容易時，凶手就會非常憤怒，因為這樣展現不出他的優勢。

在官方公布的最後一起案件中，凶手在殺害保羅後和警察照面，差點被警察抓住。儘管事後凶手寫信嘲笑了警察的愚蠢，但這段經歷依舊讓凶手心有餘悸，所以之後凶手都沒有再次下手。

此外，犯罪心理專家還表示凶手和女性的關係應該不怎麼樣，或者說根本沒有體驗過性快感，也可能沒有性交過。因為凶手在殺人時往往能體驗到性快感，把被害人看成沒有生命的東西，讓其完全被自己控制。有的專家則覺得凶手在幼年時曾虐待過小動物，而且總是沉浸在強烈的幻想中，把愛和暴力混淆了。凶手的母親可能十分凶惡，而父親則是個軟弱的人。

第十三章

自然界的失誤 —— 安德列·齊卡提洛

在齊卡提洛的第一起殺人案件中，他強姦的對象是個 9 歲的女童。但在第二起殺人案件中，他的強姦對象就變成了屍體，因為對方是 17 歲的少女。從這個變化過程可以看出，齊卡提洛在性行為中一直在尋找控制欲的滿足。

1978 年 12 月 22 日，一個名叫葉蕾娜・扎科特諾娃（Yelena Zakot-nova）的 9 歲女孩沒有忍住對一塊美國產的口香糖的誘惑，跟著一個名叫安德列・齊卡提洛（Andrei Romanovich Chikatilo）的男子走了。齊卡提洛把葉蕾娜帶到了格魯什夫卡河附近的小屋內。當葉蕾娜一進屋，齊卡提洛立刻關緊房門，並且露出了凶惡的表情，隨即把葉蕾娜撲倒在地，並堵住了她的嘴巴和蒙住了她的眼睛。接下來，齊卡提洛對葉蕾娜實施強姦，葉蕾娜越是痛苦，齊卡提洛越是興奮。在齊卡提洛發洩完獸慾後，就鬆開了葉蕾娜，這時葉蕾娜威脅說，她要去報警。這種威脅直接導致了葉蕾娜的死亡，聽到這句話的齊卡提洛朝著葉蕾娜的腹部捅了三刀，並把她丟到了河裡，當時葉蕾娜還沒有死。最後，葉蕾娜的屍體被打撈上來，據法醫鑑定，葉蕾娜死於溺水和失血性衰竭。

在隨後的調查中，一個目擊證人斯維塔娜告訴警方，她曾看到葉蕾娜和一名又高又瘦、穿著黑色外套的戴眼鏡的中年男子走了。很快，犯罪嫌疑人的畫像就出來了。警察覺得犯罪嫌疑人和齊卡提洛很相像，就找來齊卡提洛進行調查審問。在找到齊卡提洛的住所時，警察發現了他門口的血跡。但齊卡提洛卻擺脫了警察的懷疑，有人認為這是因為齊卡提洛和犯罪嫌疑人的畫像相比比較年輕，但也有人認為齊卡提洛一定賄賂了警察。

之後的 3 年內，齊卡提洛沒有再殺人。但齊卡提洛殺人的衝動已經被激發出來了，他開始越來越渴望殺人，為了抑制這種衝動，他還特地為自己找了一份工作。但不久之後，他再次殺人。這次的被害人是個放蕩的 17 歲女孩拉里薩・特卡琴科（Larisa Tkachenko）。

拉里薩喜歡用身體交換美食美酒，正是因為這點，她才輕易地被齊卡提洛騙到了一處偏僻的叢林內。這次，齊卡提洛選擇了姦屍，可能是

因為對方年齡較大，不容易被控制。事後，齊卡提洛不僅沒有恐懼和內疚，反而快樂地繞著屍體跳舞，這時他才意識到他徹底愛上了殺人帶給他的快感和興奮。

之後，欲罷不能的齊卡提洛殺害了更多的人，這裡面有少女，也有男童，還有婦女。為了贏得被害人的信任，齊卡提洛通常會把自己打扮得十分斯文。齊卡提洛在選擇目標人物時，也十分謹慎，死於齊卡提洛手下的人一般都是警惕性較低的少男少女或者是智能障礙者，另外妓女也是齊卡提洛喜歡選擇的對象，因為只要他出錢，妓女一般都會跟著他走。齊卡提洛所選擇的作案地點通常都是人煙稀少的偏僻場所，例如他的位於鎮外的住所或荒野樹林中，齊卡提洛也被 BBC 等媒體稱為「森林地帶殺手」（The Forest Strip Killer）。

齊卡提洛還有「紅色開膛手」（Red Ripper）的稱號，因為他越來越喜歡折磨被害人，幸運的被害人會在死後被齊卡提洛開膛破肚，不幸的被害人則在活著的時候被齊卡提洛用咬下舌頭、割下性器官和打開腹腔等手段將其折磨致死。齊卡提洛還十分喜歡姦屍和虐屍，並且還有食人的嗜好，他會割下被害人的某個部位食用，不過齊卡提洛最喜歡的還是喝被害人的鮮血。齊卡提洛在殺人完畢後，都會把被害人的眼珠給挖出來，因為他覺得被害人的眼睛會保留自己的資訊。也可能齊卡提洛在潛意識裡畏懼被害人那死不瞑目的眼神。

齊卡提洛的作案範圍很廣，可以說橫跨整個俄羅斯。齊卡提洛的作案時間也很長，持續了 12 年之久。但這並不是說齊卡提洛就是一個高智商的、有組織的連環殺手，這完全是當時的社會環境所造成的。當時，政府對新聞媒體的管控十分嚴格，絕對不會允許連環殺手的新聞被公眾所得知，這樣無法讓公眾對類似的殺人案件保持警惕。

戈巴契夫上臺後，開始推行新的政策，要求警察一定要履行好自己的職責。所以那段時間警察比之前要盡忠職守得多。一次齊卡提洛殺了人後，臉上的血跡並未清理乾淨，引起了一名警察的懷疑。因為這名警察無法確定齊卡提洛臉上的汙跡就是血跡，就在問了幾個問題後放走了齊卡提洛。但這名警察卻記住了齊卡提洛，所以在被害人的屍體被發現後，警方立刻逮捕了齊卡提洛。

此外，當時偵查技術的落後也給抓捕齊卡提洛帶來了不小的麻煩。齊卡提洛的血型是 AB 型，其中 B 抗原體有時很不明顯，甚至顯示不出來。所以警察在把從被害人身上提取的精液和血液樣本和齊卡提洛的血樣進行對比時，發現兩者不是同一血型。這樣齊卡提洛便可以輕易地擺脫警方的調查。

被捕之後的齊卡提洛一直辯解，說自己根本無法控制殺人的衝動，甚至說自己有思覺失調的傾向。齊卡提洛在接受法庭的審判時，顯得十分瘋狂，他被剃成了光頭，並且被關在一個特製的鐵籠子裡，他不停地向法庭上的人大喊大叫，就像他自己說的：「我就是自然界的錯誤，一頭瘋狂的野獸。」

齊卡提洛說，平常的他和正常人沒什麼兩樣，有著完整的家庭，是個好爸爸，也是個好丈夫。但在某種特定的情境下，齊卡提洛就會變成野獸，雖然這也是他的組成部分之一，但他無法控制，就好像發瘋的野獸一樣。一時間，齊卡提洛這個連環殺手的故事在世界範圍內傳播得沸沸揚揚，有個日本人甚至還想花重金購買齊卡提洛的腦袋，用來研究變態連環殺手的殺人動機。但法官卻認為，齊卡提洛是個沒有內疚和悔恨之心的人，在他的心中只有自己最重要。

【犯罪心理分析】

　　齊卡提洛案件的調查員阿米爾克汗·雅迪耶夫認為，齊卡提洛的殺人動機只有一個，即性。雖然齊卡提洛有妻子，但卻無法進行正常的性生活，為此他十分苦惱。在齊卡提洛殺人之前，就因為猥褻男學生而被開除。當時齊卡提洛是一所學校的宿舍管理員，他利用職務之便，強行要求男學生為他口交。在事情曝光後，齊卡提洛不僅丟掉了工作，還被學生家長暴打了一頓。按理說，齊卡提洛應該會受到法律的制裁，但因為家長和學校考慮到各自的顏面問題，便不了了之了。這件事情並不能證明齊卡提洛就是同性戀，他只是在用這種不正當的方式來緩解自己的性壓抑。

　　在齊卡提洛的第一起殺人案件中，他強姦的對象是個 9 歲的女童。但在第二起殺人案件中，他的強姦對象就變成了屍體，因為對方是 17 歲的少女。從這個變化過程可以看出，齊卡提洛在性行為中一直在尋找控制欲的滿足。

　　齊卡提洛之所以出現這種性變態，透過殺人或姦屍等方式來獲得性高潮，與他的童年經歷是分不開的。在齊卡提洛幼年時，曾目睹母親被一群德軍（當時正值第二次世界大戰）輪姦，這或許就是導致齊卡提洛無法進行正常性行為的根源所在。

　　齊卡提洛還有吃人肉的嗜好，這或許與童年時期所經歷的饑荒有關。在當時，史達林推行集體化政策，蘇聯爆發了大範圍的饑荒，即使齊卡提洛的家鄉有著「蘇聯糧倉」之稱，也不能倖免。對於大饑荒，史達林選擇了隱瞞和掩耳盜鈴的態度，讓饑荒變得更加嚴重。在 1931 年，齊卡提洛的哥哥斯捷潘（Stepan）失蹤了。齊卡提洛的父母便認為斯捷潘一

定是被鄰居吃掉了，因為當時蘇聯沒有糧食，人們就只能同類相食了。父母的這種觀念和怨念深深影響了年幼的齊卡提洛，從而讓他產生了同類也是可以吃的錯誤認知。

在德軍入侵蘇聯期間，齊卡提洛的父親被德軍抓走並關在了集中營裡，最後齊卡提洛的父親憑藉頑強的意志力幸運地生存下來。但不久之後，齊卡提洛的父親就背上了叛徒的罪名。因為在當時的蘇聯有這樣荒謬的觀念：如果蘇聯人一旦被敵人逮捕，那麼就只能犧牲，活下來的都是叛徒，死了的就是光榮的民族英雄。有了叛徒的父親，齊卡提洛的人生便注定是個悲劇。據說，齊卡提洛曾經是一名成績非常優秀的學生，但因為家庭的政治問題不得不放棄繼續深造的機會，最後只能留在一所學校擔任宿舍管理員。也就是說，因為父親，不論齊卡提洛如何努力，都只能遊走在社會的下層，他終其一生都要飽受歧視。這也就造成了齊卡提洛仇視社會的心理，促成了其反社會型人格障礙症的形成。

第十四章

死亡醫生 —— 哈樂德·希普曼

作為一名連環殺手，雖然希普曼在殺人數目上名列前茅，但他的殺人手段卻顯得非常「溫和」，他在殺人的時候沒有摻入暴力和性的元素，而且那些被害人都沒有被希普曼折磨。希普曼雖然繼承了一些被害人的遺產，但這顯然不是他的殺人動機。

哈樂德‧希普曼（Harold Shipman）是個受人尊重的醫生，同時也是個瘋狂的連環殺手。自從希普曼開始行醫，他就開始殺人，而且對象都是中老年婦女，如果不是被害人凱薩琳‧格倫迪（Kathleen Grundy）的女兒起疑心，那麼會有更多的人死在希普曼的手上。

1970 年，希普曼從里茲大學醫學院畢業。據說，希普曼是在國家獎學金的資助下才完成了學業。在老師和同學們的眼中，雖然希普曼為人很孤僻，但十分熱愛學習。畢業後的希普曼進入了一家製藥工廠工作。4 年後，希普曼進入一家診所工作。

在此期間，希普曼還完成了結婚生子的人生大事。他和妻子是在公車上認識的，兩人的戀愛、結婚進行得很順利，婚後不久就開始生孩子，而且一口氣生了 4 個孩子。

成為診所的醫生後，希普曼就開始痴迷麻醉劑和止痛藥，並利用給病人開具的處方，獲得哌替啶等麻醉劑和鎮痛藥，來滿足自己的毒癮。很快，希普曼的醜事被曝光了。在 1975 年，希普曼因為私開藥品和使用毒品罪被告上了法庭。按照法庭審理的結果，希普曼只需要交罰款和接受戒毒所的治療就可以了。值得一提的是，希普曼的醫生執照並未被吊銷，之後他就可以利用醫生身分的便利開始殺人。其實在希普曼接受審訊的時候，就已經開始殺人，只是當時並未引起注意罷了。希普曼在戒毒所的表現非常不錯，相關負責人都被希普曼真心悔過的表現所打動，當然這只是表面現象罷了。

1998 年，一位 81 歲的女士凱薩琳‧格倫迪突然去世了。希普曼是凱薩琳的醫生，一直負責凱薩琳的健康。所以當凱薩琳覺得不舒服時，第一時間想到了希普曼，希望希普曼的醫術可以幫她減輕病痛。在治療期間，凱薩琳突然更改了遺囑，把 80 萬英鎊的財產都留給了希普曼，所以

在凱薩琳死後，希普曼便被凱薩琳的女兒懷疑上了。

　　凱薩琳的女兒安潔拉·伍德芙（Angela Woodruff）在得知母親去世的消息後十分傷心，但是並未馬上懷疑希普曼。那個時候希普曼建議安潔拉盡快將凱薩琳火葬，希普曼這麼做其實就是在毀滅證據。但最終，安潔拉卻決定將母親土葬。

　　在處理完母親的後事後，安潔拉便開始整理母親的遺物。此時的安潔拉悲痛的情緒已經漸漸得到了緩解，所以對母親突然更改遺囑的行為感到非常疑惑。安潔拉是個律師，所以立刻看出了這份遺囑的問題。在安潔拉的心中，母親是個認真仔細的人，但在遺書這個人生重大問題上，母親卻表現得十分馬虎。那份遺書不僅列印得很糟糕，而且上面的簽名也非常奇怪。遺囑的內容更讓安潔拉覺得不對勁，母親不僅把全部遺產都留給了一個醫生，而且都沒有提及另一處房產。後來，安潔拉在另一名律師的建議下，決定報警。

　　接到報警電話後，警察立刻對嫌疑人希普曼醫生進行了調查。在診所裡，警察發現了一臺「兄弟」牌打字機，列印出來的效果與遺囑字跡完全吻合。在凱薩琳的屍檢報告裡，法醫在凱薩琳的屍體裡發現了大量可以置人於死地的嗎啡。這說明，凱薩琳並非自然死亡，而是被人謀害了。於是，希普曼便被逮捕了。

　　這起謀殺案被公布後，警方便接到了大量的檢舉電話，原來希普曼還用同樣的手段殺害了許多老人。經過調查，警方發現至少有 15 個老人的死是希普曼幹的。最終經過英國法院的審理，希普曼被判處了 15 個終身監禁。

　　但希普曼殺害的人遠遠不止這 15 個，許多被害人的家人根本不滿意這樣的判決，於是就要求警方對希普曼的殺人案件進行調查，讓真相

大白。在公眾的強烈要求下，英國高等法院法官珍妮特‧史密斯（Janet Smith）接受英國衛生部任命，徹底調查希普曼一案。這一查，查出了一個驚人的結果，死在希普曼手上的人多達215個。

在2002年，史密斯公布了調查結果，海德鎮教堂的鐘敲了整整215下。當地的215個家庭收到了史密斯夫人的來信，信上的內容便是「希普曼非法殺害了你的親人」。

希普曼的殺人方式很簡單，就是往被害人的靜脈中注射過量的藥物。因為被害人大都是老人，而且都獨自一人在家居住。當身體不舒服時，老人就會去希普曼的診所看病或直接要求希普曼上門看病。在病人死後，希普曼就會通知家屬。在家屬趕到後，希普曼就會簡單地解釋自己為什麼會在這裡，或者直接告訴家屬在他發現時病人已經死了。

案件還沒有結束，史密斯還在繼續調查，並在2003年公布了新的調查報告，這一次史密斯把矛頭對準了警察，認為正是因為警察的疏忽職守，才讓希普曼這個瘋子一直逍遙法外，因為希普曼早就可疑了。

在1990年代初，一個名叫約翰（John Shaw）的計程車司機就開始懷疑希普曼。約翰發現那些年紀較大的客人總會莫名其妙地死亡，於是他就告訴了妻子，約翰的妻子開始把死亡的老人的名字集中起來，看看有什麼線索。結果發現這些老人在死前都去過希普曼的診所。約翰把這個發現告訴了身邊的人，這個消息就在當地流傳起來。

希普曼是個連環殺手，但同時也是個醫術精湛的醫生，在當地和病患之間的關係很不錯，找他看病的人也很多，是個頗有名望的醫生。所以流言就只能是流言。

對希普曼表示懷疑的還有他的同事琳達‧雷諾茲（Linda Reynolds）醫生。雷諾茲通常也會診治一些老年病人，但他發現希普曼的病人的死

亡率遠遠高於他所醫治的病人。雷諾茲把這個懷疑報告給了死因調查官，調查官立刻下令著手調查。但當地的警方卻覺得德高望重的希普曼醫生絕對不可能殺人，於是根本就沒去詢問希普曼，就連簡單的調查都未進行。如果警察能利用電腦查詢一下全國聯網的犯罪紀錄，那麼就會發現希普曼曾經有過開假處方和騙購違禁藥物的前科。當地警方的懶惰，直接為希普曼的殺人行為開了便利之門。

在希普曼被關進監獄之後，許多人都很好奇他的殺人動機，但希普曼卻對關於謀殺案的問題緘口不言。除此之外，希普曼表現得十分配合，是監獄裡的模範囚犯。希普曼不僅會認真完成獄警所交代的工作，還把 4 本《哈利波特》都翻譯成了點字，每天保持著讀《衛報》的習慣。值得注意的是，每當電視上播出關於希普曼殺人的報導時，希普曼就會表現得很高興，不僅會認真觀看，還會露出得意的笑容。這是許多變態連環殺手都有的心態，這些報導不僅可以滿足他們渴望被關注的需求，同時可以讓連環殺手在回顧殺人經歷的過程中重新體會殺人的刺激和興奮感。

2004 年 1 月 14 日，這天是希普曼 58 歲的生日，在生日的前一天希普曼選擇了自殺。希普曼把床單擰成一根繩，然後用它吊死了自己。希普曼的自殺讓英國監獄管理局十分意外，因為他們覺得希普曼是個很正常的囚犯，根本沒有自殺的傾向，就在自殺前希普曼還在堅持讀書。

希普曼死後，英國媒體爆出了兩條令人震驚的新聞。第一條是關於希普曼遺體的去向，希普曼的遺體被送到了科學家那裡，科學家希望能從希普曼的大腦中發現他殺人的祕密，從而建立暴力犯罪行為和人體生理結構之間的連繫。另一條新聞是史密斯的報告，即使希普曼死了，她也沒有放棄調查。在她的調查報告中，希普曼的殺人數目已經增加到了256 人。

【犯罪心理分析】

　　作為一名連環殺手，雖然希普曼在殺人數目上名列前茅，但他的殺人手段卻顯得非常「溫和」，他在殺人的時候沒有摻入暴力和性的元素，而且那些被害人都沒有被希普曼折磨。希普曼雖然繼承了一些被害人的遺產，但這顯然不是他的殺人動機。在希普曼接受審訊的時候，對於謀殺案一直保持著沉默的態度，每當警方問及他的罪行時，希普曼就會轉頭看向牆壁。所以犯罪心理專家只能從希普曼的早年經歷入手。

　　希普曼出生於一個普通的工人家庭，父母對他的期望很高。希普曼與母親的關係不錯，母親告訴他，他將來一定會很優秀，超過周圍所有人。此外，母親還限制了希普曼的人際交往。在希普曼 17 歲那年，母親患上了肺癌。直到母親去世，希普曼一直陪伴在母親身邊。在肺癌晚期，母親每天都被病痛所折磨，而這時醫生會替希普曼的母親注射嗎啡和海洛因。在母親去世後，悲痛不已的希普曼在大雨中狂奔了一夜。這段經歷或許就可以解釋希普曼為什麼殺人，而且殺人對象都是老年婦女，所採用的殺人手段則是注射過量的嗎啡。

第十五章

老祖母殺手 —— 塔瑪拉·薩姆索諾娃

幻想型殺手在挑選目標時，通常都沒有固定的類型，這完全是由其混亂的大腦所決定的。因為大腦總是處於混亂狀態，所以幻想型殺手不能離家太遠，只能在家的附近殺人，而薩姆索諾娃則直接把殺人地點選在了家裡。

　　2015 年 7 月 27 日，俄羅斯聖彼德堡南部的住宅區的一名居民在帶著狗散步時，他的狗發現了一塊浴簾包裹著的碎肉。當他走近時，看到了幾塊骨頭，就覺得這可能是雞骨頭之類的食物殘渣。但很快他就辨認出了這可能是被肢解後的屍體，因為他看見了人的手臂、胸脯等。俄羅斯警方在接到報警電話後立刻趕到案發現場並展開調查，還調取了監控錄影。

　　透過監控錄影，警方發現了一個可疑的老太太，這名老太太曾多次在夜間使用電梯，還帶著 4 個黑色編織袋，袋子裡好像裝著什麼東西。有一次，老太太的手中還拿著一口煮鍋，後來調查證明，這口鍋裡裝著的是被害人的頭顱。很快，老太太的身分便被鎖定了，她是一名 68 歲的退休女性塔瑪拉 · 薩姆索諾娃（Tamara Samsonova）。不久之後，附近的居民就在同一片住宅附近的水塘裡發現了一袋碎屍，裡面有女性的臀部和大腿等。

　　經調查，被害人是一名 79 歲的癱瘓女性，名叫瓦倫蒂娜 · 烏拉諾娃（Valentina Nikolaevna Ulanova），是薩姆索諾娃的好友，曾經和薩姆索諾娃居住在一起。由於癱瘓，她受到了薩姆索諾娃不少的照顧，而薩姆索諾娃也承諾過，她會一直照顧烏拉諾娃。

　　在確定了薩姆索諾娃犯罪嫌疑人的身分後，警方就去抓捕薩姆索諾娃，當時薩姆索諾娃正在家中，她不僅沒有慌亂，反而鎮定地跟著警察走了。當然，對於這個老年婦女殺手，媒體是不會放過的，所以薩姆索諾娃一出門就遇到了許多記者，她不僅不覺得不光彩，甚至還對著鏡頭給出了一個邪魅的飛吻，當時的她穿著一件紅色的毛衣，一切看起來都顯得那麼詭異。

　　在薩姆索諾娃被捕之後，警方在她的住處發現了一把鋸子、一把刀

子，薩姆索諾娃的浴室裡還滿是大量可疑的血跡。薩姆索諾娃老實交代了自己的殺人事實。當被問到殺人動機時，薩姆索諾娃說，她厭倦了照顧烏拉諾娃，並且抱怨烏拉諾娃甚至無法清洗乾淨自己用過的茶杯。

後來，公寓的管理人員在薩姆索諾娃居住的房間裡發現了一本日記，與其說是日記，倒不如說是殺人紀錄更合適。在這本日記裡，薩姆索諾娃詳細記錄了殺人的過程，還記錄下了被害人的身分、年齡和性別等。這本日記中一共使用了俄語、英語和德語三種語言。從這本日記中可以看出，雖然薩姆索諾娃最近才被抓捕，但她從 1990 年代就開始殺人了，在 20 年內一共殺害了 13 人，其中可能就包括薩姆索諾娃的丈夫在內。

這本日記被警方拿到後，就變成了破案的關鍵線索。根據公寓管理人員的交代，他是在一本早已絕版的巫術與占星學的書籍中發現這本日記的，而在警方所發現的一袋被肢解的中年男性的屍體中，也發現了幾頁被撕下的占星學書籍內頁，而這幾頁書恰恰就是從薩姆索諾娃的那本書上撕下來的。

在薩姆索諾娃的日記中，曾經描述了一名有刺青的男子，還具體描寫了刺青的圖案和位置。這讓警方想起了在 2003 年發現的一袋碎屍，被害人是一名男性，而且那名男性的腿部就有一個刺青，刺青的位置和圖案與薩姆索諾娃描寫的完全吻合。當時，警方就懷疑上了薩姆索諾娃，並且搜查了薩姆索諾娃的屋子，在她的屋子裡發現了幾張被害男子的名片，但僅僅這點證據根本無法對薩姆索諾娃提起訴訟，所以警方只能放過薩姆索諾娃。

薩姆索諾娃的殺人事實被俄羅斯的一家新聞網站公布後，立刻在俄羅斯引起了轟動，在大多數人的心中，這樣殘忍的連環殺手應該是男

性，但沒想到居然是一名老年女性。隨後，俄羅斯媒體就替她起了一個「芭芭雅嘎」（Baba Yaga）的外號，芭芭雅嘎是斯拉夫人的民間傳說中一個流傳甚廣的女性食人狂魔的名字。英國媒體在播報這個新聞時，則稱薩姆索諾娃為「開膛手奶奶」（Granny Ripper）。但在鄰居們的眼中，薩姆索諾娃則是「迪米特洛娃大街上的幽靈」。薩姆索諾娃也成功顛覆了慈祥老奶奶的形象，大多數人的外祖母慈愛又善良，而薩姆索諾娃則是一個殘忍的連環殺手。

不少鄰居都回憶起了薩姆索諾娃那怪異的言行，例如薩姆索諾娃是個典型的晝伏夜出的人，總是在夜晚出來。一位鄰居瑪麗娜在面對媒體的採訪時，則透露出了更多怪異的細節。瑪麗娜說，她曾問過薩姆索諾娃：「妳的丈夫去哪兒了？」薩姆索諾娃回答說：「說起來真讓人覺得傷心。他突然毫無徵兆地離開了我，消失不見了。」據說，薩姆索諾娃還曾為丈夫報了人口失蹤，在那以後就沒有人再見過她的丈夫，就好像人間蒸發了一樣。

除了薩姆索諾娃的丈夫和好友外，其他慘遭毒手的被害人都是薩姆索諾娃的房客。因為薩姆索諾娃的住所有一間多餘的臥室，薩姆索諾娃把這間臥室租了出去。

瑪麗娜告訴媒體，她曾經和一名薩姆索諾娃的男性租客聊過天。那名男子告訴瑪麗娜，他很不喜歡自己的房東，感覺房東總是怪怪的，想要盡快搬走。從這以後，瑪麗娜就再也沒見過這名男子，她以為那名男子很有可能已經搬走了。在薩姆索諾娃被捕之後，她才恍然意識到，那名男子很可能就是被薩姆索諾娃給殺死了。

【犯罪心理分析】

　　雖然薩姆索諾娃的犯罪事實已定，但她卻沒有被送上法庭接受審判，因為她的精神狀態似乎無法接受審判。薩姆索諾娃的殺人動機更加令人困惑，如果說她殺害了好友是為了擺脫照顧她的麻煩，那麼她所殺害的其他人基本上和她沒什麼關係，這又該如何解釋？整體而言，薩姆索諾娃不是普通的殺人犯，她的殺人動機也不是簡單的圖財或復仇，她的殺人動機應該有更深層、更複雜的原因。

　　薩姆索諾娃在被警察審問時，她出現了認知混亂的現象。薩姆索諾娃首先告訴警方，她是一名芭蕾舞者，是從聖彼德堡芭蕾舞學校畢業的。在之後的一次審問中，薩姆索諾娃就改口了，她說自己是一家豪華賓館的退休服務員，她會三種語言，專門負責為政府提供監控服務，主要監視進出賓館的外國人。薩姆索諾娃所說的這種情況，在如今的俄羅斯是不存在的。但考慮到她的年齡，所以可以認定薩姆索諾娃所說的就是事實，在蘇聯時期，這種監控是完全可能的。而且從薩姆索諾娃的日記中可以看出，她的確會三種語言。而薩姆索諾娃所說的豪華賓館很有可能就是如今的「歐洲大飯店」，這家賓館在蘇聯時期就經常有外國人出入。

　　這種對自己身分認知的矛盾或許可以說明薩姆索諾娃很有可能患有嚴重的思覺失調症。在薩姆索諾娃的鄰居那裡，調查人員得知，薩姆索諾娃的精神狀態的確有些不正常，而且還多次接受過精神治療。

　　在薩姆索諾娃的新聞被報導出來後，一位俄羅斯的網友在報導底下留言：「我真想看看她的腦袋中到底在想些什麼。」這也是許多人的心願，所以俄羅斯警方表示，為了能更多地了解薩姆索諾娃的精神狀態以

及確定她的精神狀態是否適合出庭接受審判，薩姆索諾娃將被送去接受一項精神狀態的測試。

如果說薩姆索諾娃真的有嚴重的思覺失調症，那麼她的殺人動機應該是被幻想所驅使的，她屬於幻想型的殺手。幻想型的殺手屬於無組織殺手中的一種，通常此種類型的殺手都有精神病，有的甚至患有思覺失調和精神錯亂。

在薩姆索諾娃每次準備殺人之前，都會事先讓被害人服用鎮定劑，然後被害人就會在藥物的作用下失去反抗能力，讓薩姆索諾娃為所欲為地將其殺害並肢解。薩姆索諾娃的殺人過程表現出了有組織性，和幻想型殺手的無規律殺人不同。這或許與年老體衰的特點相關，薩姆索諾娃不僅是名女性，而且年紀很大，如果不藉助藥物，她根本就無下手的可能。

幻想型殺手在殺人時因為是完全受到幻想的驅使，所以沒有多少理性，其反偵查能力也十分有限，總會在案發現場留下大量的證據。薩姆索諾娃在殺人後，雖然想到了肢解屍體並且在夜晚拋屍，但她卻沒有及時清理浴室的血跡，這讓警方在搜查時掌握了有力的證據。

幻想型殺手在挑選目標時，通常都沒有固定的類型，這完全是由其混亂的大腦所決定的。因為大腦總是處於混亂狀態，所以幻想型殺手不能離家太遠，只能在家的附近殺人，而薩姆索諾娃則直接把殺人地點選在了家裡。

第十六章

讓殺戮變成生意 —— 亨利·霍華德·福爾摩斯

福爾摩斯十分喜歡欣賞這些女人被煤氣熏、被火燒或在硫酸桶中痛苦掙扎的樣子，並稱之為死亡藝術。當然，有時候福爾摩斯也會親自上陣，把被害人騙到地下室，那裡擺放著許多刑具，他會剝掉被害人的皮肉或用被害人的屍體做解剖實驗。最後，福爾摩斯還會利用被害人的骨骼賺錢，在把被害人的骨骼進行漂白處理之後，賣給醫學界。

作為美國歷史上第一位連環殺手，亨利・霍華德・福爾摩斯（Henry Howard Holmes）同時還是一名商人，福爾摩斯為了能把賺錢和殺人愛好結合在一起，還專門花費鉅資，在芝加哥建造了一座表面上看起來是飯店，但實際上卻是一個殺人魔窟的城堡。

1882 年，福爾摩斯被密西根大學醫學院錄取了。對於醫學院的學生來說，解剖是必不可少的課程，尤其是以解剖學聞名於世的密西根大學醫學院，而對於福爾摩斯來說，這恰恰是他的最愛。但在那個時代，能被醫學院的學生用於學習解剖的屍體很少。所以在密西根大學醫學院有一條不成文的規定，身為密西根大學醫學院的學生，在學習解剖課程之前，必須得先學會做小偷，偷的東西就是屍體。

很快，福爾摩斯就愛上了偷屍體，並且做起了「生意」。福爾摩斯和同學聯合起來利用屍體騙取保險金。福爾摩斯在墓地偷到屍體後，就會將屍體毀容，然後找同學來辨認屍體，這樣就可以詐取保險金，最後福爾摩斯會和同學一起分享這筆錢。霍爾姆斯的生意做得越來越紅火，最後霍爾姆斯都覺得自己不是醫生，而是醫學界的詐騙高手。

1884 年，福爾摩斯順利地從密西根大學醫學院畢業，還拿到了醫生執照。畢業後的福爾摩斯先去了波士頓和明尼雙子城，但他對這兩個城市並不滿意，就去了芝加哥，最終決定在芝加哥定居。福爾摩斯之所以這麼喜歡芝加哥，完全是因為芝加哥的肉類加工業十分發達，雖然肉類加工業所殺戮的只是動物。

福爾摩斯在一家畜牧場附近找了一份雜貨店的工作，這家店的老闆是個寡婦。不久之後，這名寡婦就失蹤了，而福爾摩斯則繼承了這個雜貨店。為了能賺更多的錢，福爾摩斯開始銷售偽劣藥物，累積了不少的金錢。利用這筆錢，福爾摩斯在店鋪的對面買了一塊地，開始建立屬於

自己的城堡。與此同時，福爾摩斯結婚了，但這段婚姻維持的時間非常短暫，只有一年。

福爾摩斯的個人城堡有著愛倫坡的建築風格，一共有三層。一樓由一個藥局和一個餐廳組成，顯得十分正常。二樓則由辦公室和各種隔音房間組成。最底層則是一個地下室，和福爾摩斯的辦公室連接著，地下室還有一個巨大的燃油鍋爐。總之，這幢城堡是完全按照福爾摩斯的個人意願建造的，在建築工人們看來，這幢城堡顯得很古怪，但在福爾摩斯看來，這是個令人滿意的屠宰場。

城堡竣工後，福爾摩斯為了不引起別人的懷疑，就辭退了建築工人，只留下了一個名叫班傑明（Benjamin Pitezel）的工人。班傑明沒有受過什麼教育，而且頭腦簡單，對於福爾摩斯來說這是個很好控制的對象。班傑明當然想留下來，因為他有老婆孩子要養。

1893 年，福爾摩斯的殺人生意達到了巔峰，這一年世界博覽會在芝加哥召開，一時間大量的人口集中到芝加哥，飯店生意立刻變得紅火起來。福爾摩斯的城堡也招攬了不少客人，但對於福爾摩斯來說，最重要的是選擇合適的殺人對象，而不是利用機會賺錢。如果有人來他的城堡表示想要住店，那麼福爾摩斯通常只會留下女性，對男性顧客說這裡已經客滿。福爾摩斯留下的女性顧客通常都比較有錢，福爾摩斯會花言巧語地騙取這些女人的信任，然後強迫她們簽訂財產轉移的文件。

之後，福爾摩斯就會把這些女人從電梯井扔下去，或者把她們關進煤氣室。福爾摩斯十分喜歡欣賞這些女人被煤氣熏、被火燒或在硫酸桶中痛苦掙扎的樣子，並稱之為死亡藝術。當然，有時候福爾摩斯也會親自上陣，把被害人騙到地下室，那裡擺放著許多刑具，他會剝掉被害人的皮肉或用被害人的屍體做解剖實驗。最後，福爾摩斯還會利用被害人

的骨骼賺錢，在把被害人的骨骼進行漂白處理之後，賣給醫學界。在世博會期間，福爾摩斯成為醫學界骨骼和屍體的重要供應商。

一個被福爾摩斯殺害的女性是茱莉亞·斯邁斯（Julia Smythe）。茱莉亞的丈夫就在福爾摩斯的店裡任職。為了能獵獲茱莉亞這個獵物，福爾摩斯讓茱莉亞在自己的城堡工作，還花時間勾引茱莉亞。茱莉亞很快就春心萌動，畢竟福爾摩斯是個英俊又多金的男人，比自己的丈夫強多了。為了能和福爾摩斯在一起，茱莉亞甩掉了丈夫，並搬進了城堡居住。5個月後，茱莉亞告訴福爾摩斯她懷孕了，她想要和福爾摩斯結婚。福爾摩斯一看機會來了，就騙她說：「只要妳跟著我去地下室墮胎，我就會娶妳。」天真的茱莉亞答應了。

茱莉亞乖乖跟著福爾摩斯來到地下室，地下室的一切都沒有引起茱莉亞的懷疑，畢竟對她來說福爾摩斯是值得信任的人。按照福爾摩斯的吩咐，茱莉亞躺在解剖臺上。之後，福爾摩斯就用麻醉劑浸溼了一塊布，並蓋在了茱莉亞的嘴巴上。最終，福爾摩斯成功地把茱莉亞的血肉和骨骼分離開來，並把茱莉亞的骨架賣給了一個名叫查爾斯的中間商。

福爾摩斯這個龐大的城堡，是個吃人的魔窟，但同時還是個吸金的無底洞。儘管福爾摩斯騙取了不少女人的財產，而且還做著賣屍體和骨骼的生意，但這些錢根本無法支撐城堡的營運，所以福爾摩斯不得不想辦法多賺錢，這時他盯上了一個名叫艾米琳（Emeline Cigrande）的女人。

艾米琳是福爾摩斯的老熟人，福爾摩斯還知道，最近艾米琳剛從叔叔那裡繼承了一座大莊園。福爾摩斯為了能得到艾米琳的大莊園，就使出了渾身解數追求艾米琳，結果他成功了。有一次，福爾摩斯告訴艾米琳，他決定帶著艾米琳和她妹妹去歐洲旅遊，艾米琳很高興，就在福爾

摩斯的慫恿下把大莊園轉到了福爾摩斯的名下。在他們準備出發的前一天，福爾摩斯把艾米琳姐妹騙到了城堡中，然後分別殺掉了她們。

貪婪的福爾摩斯根本不滿足於從艾米琳那裡得到的大莊園，他想從艾米琳兩姐妹的身上賺到更多的錢。於是他就燒掉了艾米琳的房子，製造了艾米琳姐妹意外死亡的假象，然後去騙取保險金。這是福爾摩斯犯下的一個致命性的錯誤，警察開始懷疑他了。與此同時，債主們也開始向他討債，因為福爾摩斯在世博會期間借了 5 萬美金。為了躲避債主和警察的調查，福爾摩斯準備離開這個殺人大本營，封掉了城堡的二樓和地下室後，他就帶著班傑明跑到了德州，艾米琳的大莊園就在德州。

但很快，福爾摩斯就開始討厭起德州來。德州和繁華熱鬧的芝加哥不同，是個安靜的地方，這樣福爾摩斯根本無法掩蓋自己的殺人行為。為了能賺錢，福爾摩斯便開始偷馬。在德州，偷馬是一種很嚴重的罪行，是要被判死刑的，於是福爾摩斯不得不繼續逃亡。

到了一個新的地方後，福爾摩斯幹起了詐騙藥局的勾當，結果被藥廠起訴並被關進了監獄。福爾摩斯出獄後，又找到了老搭檔班傑明，並和班傑明一起合作，在費城開了一個假的專利局。為了騙取保險金，福爾摩斯計劃弄一個和班傑明相似的屍體。但後來，福爾摩斯遇到了一個獄友。在和獄友的聊天中，福爾摩斯得知獄友因為搶火車賺了不少錢。這激起了福爾摩斯的嫉妒心和攀比心理，於是就吹牛說自己能拿到班傑明一萬美元的保險金。這次，福爾摩斯決定不再用偽裝的屍體，而是選擇把班傑明殺死。福爾摩斯在把班傑明灌醉後，把他綁在了椅子上，然後給班傑明灌進了大量的、致命的麻醉劑。最後他把現場偽裝成一起意外事故，還特意燒壞了班傑明的臉。

兩天之後，班傑明的屍體被發現了。福爾摩斯找到了班傑明的妻子

卡麗（Carrie Alice Canning），告訴卡麗班傑明沒有死，他們只是找了一具屍體來騙保險金。福爾摩斯建議卡麗帶著孩子去倫敦找班傑明。對於福爾摩斯，卡麗雖然並不信任，但也沒辦法，只能讓福爾摩斯把孩子帶去了印第安納波利斯。福爾摩斯在那裡找了一個房子，並且還修建了一個大鍋爐。鄰居們都很好奇，就問福爾摩斯為什麼放著方便的燃氣不用，而花功夫修建這麼大的一座鍋爐。福爾摩斯說，燃氣對孩子不好。當福爾摩斯準備逃往多倫多時，他帶著的孩子的數量已經減少了。

福爾摩斯的那名獄友在報紙上讀到了班傑明死亡的消息後，立刻想到了福爾摩斯曾打賭說自己一定會得到班傑明的保險金，於是這名獄友覺得很可能是福爾摩斯殺死了班傑明，就向當地警方檢舉了福爾摩斯。後來，警方找到班傑明的妻子，告訴卡麗凶手很有可能就是福爾摩斯。卡麗這時才尖叫著告訴警察，她的孩子就在福爾摩斯的手中。但為時已晚，孩子們已經凶多吉少。

隨後，班傑明的屍檢報告也出來了。屍檢報告顯示，置班傑明於死地的是大量的麻醉劑。在福爾摩斯被捕之後，警察便以謀殺班傑明的罪名起訴了福爾摩斯。後來，警方根據卡麗所提供的地址，找到了多倫多的一間地下室。一個附近的居民告訴警察，福爾摩斯曾在他這裡借過一把鐵鍬。當警察進入地下室後，發現地面似乎有被動過的痕跡，於是就懷疑孩子的屍體埋在地下。經過一番挖掘後，警察發現了卡麗兩個女兒的屍體。後來，警察在印第安那州發現了卡麗兒子被燒焦的屍體。

這些發現，讓警察懷疑福爾摩斯在芝加哥的城堡裡應該也有不少屍體。最終警察在福爾摩斯的城堡裡發現了 200 多具完整的和不完整的屍體。

被捕之後的福爾摩斯為了證明自己無罪，還專門寫了一本書。但最後福爾摩斯還是認罪了，並告訴警察：在他出生的時候，撒旦就站在他

的床邊，成了他的天父。最終，福爾摩斯被判處死刑。福爾摩斯擔心死後他的屍體會被醫生偷走用作研究，於是就要求在下葬後用水泥封死自己的墳墓，警察也按照他的意思做了。

雖然福爾摩斯已經被處死了，但關於這個案件依舊疑點重重，有人甚至懷疑在福爾摩斯的背後有一個殺人集團，而且警察和保險調查員很可能就是其中的成員。在福爾摩斯的城堡中發現了200多具屍骨，這麼多的人在這座城堡裡有去無回，難道都沒有引起警察的懷疑？而且福爾摩斯還詐騙了那麼多的保險金，難道都沒有引起保險調查員的懷疑？關於這起連環殺人案，最讓人懷疑的便是福爾摩斯從被捕到執行死刑的時間非常短暫，短暫得很不合理。

【犯罪心理分析】

福爾摩斯不僅是個連環殺手，同時還是個精神病患者。在福爾摩斯被捕之後，他告訴警察，他的臉正逐漸變成魔鬼的面孔。和許多連環殺手一樣，在福爾摩斯看來，殺人沒有什麼不對，是一種遊戲，可以從中得到快樂，同時也是一種生意，可以從中賺錢。福爾摩斯之所以會變成一個魔鬼，或許與他的早年經歷分不開。

福爾摩斯出生在芝加哥的一個小村莊裡，在他小時候，美國剛剛經歷了內戰，隨處可以看到人的屍體，許多人對死亡也開始有了新的看法。福爾摩斯是個聰明而且害羞的孩子，同時還有病態的好奇心，十分喜歡解剖屍體。

對於大多數人來說，屍體是恐怖的，但對於醫生和護士來說，想要研究人體的奧祕，就必須從解剖屍體入手，所以死於戰爭的人就成了解

剖的對象。在藥局,人體骨架就更是常見了。有一次,福爾摩斯去了一家藥局,看到了人體骨架,當時他很害怕,但也很好奇。

當福爾摩斯的父母意識到兒子對人體骨架十分感興趣後,就強烈要求福爾摩斯放棄這種病態的愛好,甚至還嚴厲地處罰了福爾摩斯。福爾摩斯的父母這麼做是出於宗教情結,因為他們都是虔誠的教徒。父母的懲罰不僅沒有讓福爾摩斯放棄解剖,反而讓他變得更加自我。後來福爾摩斯便把門口的小樹林變成了解剖的場所,總是在那裡解剖一些小動物。這種病態的愛好就是他日後成為殺人狂魔的最初動因。

第十七章

妓女變豬食 —— 羅伯特·皮克頓

比較常見的性變態有戀物癖、露陰癖等。但這種性變態對於連環殺手來說卻顯得有點小兒科了，連環殺手的性變態往往是極端的、恐怖的，他們把折磨和殺害被害人作為性行為的一部分，如果缺少了這個部分，連環殺手往往會得不到性滿足。有的連環殺手同時還是個戀屍癖，會對死者的屍體產生性慾。

第十七章
妓女變豬食 —— 羅伯特‧皮克頓

羅伯特‧皮克頓（Robert Pickton）是加拿大溫哥華東區的一個農場主，在周圍人的眼中，皮克頓雖然為人比較冷漠，但人品總體上來說不錯，經常會送給鄰居們和朋友們一些豬肉產品。但讓人們想不到的是，就是這樣一個普通人，居然殺死了許多人，而且他的豬肉產品中很可能已經混入了人類的屍體。也有人認為，皮克頓把被害人的屍體混入了豬飼料中。不論是哪種情況，都讓人難以接受，對於那些曾經吃過皮克頓豬肉的人來說，這更是一場令人噁心的噩夢。

皮克頓的農場位於加拿大溫哥華東區，這是一片貧窮且混亂的地方，或許在加拿大再也找不到如此髒亂的地方了。這裡到處都是貧民窟，比世界上任何一個地方的貧民窟都要糟糕。除了骯髒不堪的街道和巷子外，地面上那隨處可見的保險套和注射針頭也成了這個地區的特點之一。透過這些保險套和注射針頭就可以得知這裡聚集著不少的妓女和吸毒人員。當然也不排除妓女染上了毒癮。

在這個地區有許多妓女，這些妓女賣淫所得到的錢基本上都花費在毒品上了。雖然這裡到處都是保險套，但安全性行為卻是一種幻想，這裡性病的感染率是加拿大最高的。

從 1980 年代起，這裡的妓女就開始不斷地失蹤。但是這種情況並未引起人們的注意，對於妓女這種難以捉摸的流動人口，失蹤似乎是很正常的。事實上，很多妓女從小就有離家出走的習慣，頻繁地更換住所和名字更是家常便飯。這種不穩定性給警察的調查工作也帶來了不小的麻煩，警察根本無法對她們進行長期的追蹤調查。對於妓女的家人和朋友來說，他們也不會關心她到底會去哪裡。

在 20 多年後，妓女失蹤的現象才真正引起了當地警方的注意，警察開始根據失蹤名單尋找這些妓女的下落。但早期的失蹤案件根本無法發

現什麼有價值的線索，彷彿她們只是不見了而已。

　　1983 年，警察接到了一個報告失蹤人口的電話，失蹤者是個妓女，名叫蕾貝卡·格諾，23 歲。曾有人說在三天前見過蕾貝卡，接下來就沒有下文了。之後失蹤的妓女是切麗·雷爾，43 歲。她在失蹤三年後才被警察確認為失蹤人口。接下來失蹤的人名叫愛蓮·奧爾巴斯，33 歲。在她失蹤前曾告訴朋友，她將搬到西雅圖居住。之後愛蓮就消失了，也沒有在西雅圖出現過。而後失蹤的妓女是個黑人，39 歲的凱斯琳·瓦特利是在 1992 年 6 月失蹤的。之後的三年內，警方沒有再接到報告人口失蹤的電話。1996 年，警方又接到了報告人口失蹤的電話。

　　1998 年，溫哥華東區的居民發了一份女性被害人的名單給當地警方，並要求警察能盡快調查。但這份名單並未引起警方的重視，因為警方透過研究這份名單發現了許多錯誤。這些名單上的人並非都是被謀殺的，有些人是因病或吸毒過量而死的，有些人則是選擇離開了溫哥華東區，並未死亡。

　　不過這份死亡名單引起了一個名叫戴夫·迪克森的警察的注意，並開始單獨行動。最後迪克森列出了一個失蹤女性的名單，並把這份名單交給了上司。迪克森的這份名單立刻被重視起來，當地警方成立了特別調查小組，關於妓女失蹤人口案的調查正式開始。

　　因為有些失蹤人口時間太長，而且這些失蹤的女性來自溫哥華各種不同的生活層面和地方，所以讓警察產生了無從下手的感覺。最終，警方決定從 1995 年的失蹤人口著手調查，這樣可以縮小一些範圍。隨著調查的深入，警察發現了更多失蹤的妓女，失蹤人數開始不停地上升，而且失蹤事件大都是 1983 年到 2001 年期間的。最終，警方得出了一個大膽的假設，在溫哥華東區隱藏著一個連環殺手，也就是說這些失蹤的妓

女都是被同一個人殺害的。

作為調查小組的一員，金・羅斯莫很早便覺得這些失蹤案不同尋常，認為她們可能被同一個人殺害了。當羅斯莫把這種猜想向上司報告的時候，不僅沒有得到重視，反而受到了降級處分。隨後，警方在公開發表聲明時，也聲稱這些失蹤的女性只是離開了溫哥華而已，她們找到了新的發財之路。最後，羅斯莫只好離開調查小組。不少警察都懷疑，這些妓女可能被騙入了一個犯罪集團，並被帶到了國外。有些警察還認為這些妓女都是被過路的長途巴士司機給殺掉了。

如果說連環殺人案的假設真的成立，那麼警方將面對謀殺證據一大難題。讓當地警方覺得最為難的是，這些失蹤人口就好像人間蒸發了一樣，活不見人死不見屍。如果說這些失蹤的女性真的被謀殺了，那麼她們的屍體在哪裡？作案現場又在哪裡？想要搜集這些證據，對於警方來說真的十分困難，無異於大海撈針，除非有人主動向警方報告，在哪兒發現了可疑的跡象。後來，皮克頓之所以成了犯罪嫌疑人，也不是警察在調查中發現的，而是接到了一個人的檢舉，這個人便是皮克頓農場的工人，他在農場發現了人的殘骸後就覺得不對，所以才報了警。

特別調查小組也努力從其他方面搜集證據，例如從目擊者那裡，也就是最後一個見到失蹤者的人或者是失蹤者的朋友等。但這些人基本上都不願意配合警察的調查工作。因為認識失蹤者的人大都是從事賣淫業的，賣淫本就違法，所以在這些人的眼中，警察就是敵人，說不定哪句話說錯了，就會被警察抓住把柄並關進監獄中。

雖然特別調查小組的工作進行得十分緩慢，但並不是毫無收穫。警察發現失蹤人口名單上的女性也不是全都消失不見了，有五名女性被找到了，有的確實已經變成了屍體，但也有人依舊好好地活著。但是其他

失蹤人口的下落卻毫無進展。不僅如此，失蹤人口還在不斷地增加。

在調查的過程中，警方找到了不少嫌疑人。當警察請一些妓女控告或在法庭上指認這些嫌疑人時，這些妓女都拒絕了。沒有人證，警方只好放走了嫌疑人，但嫌疑人的名字卻上了警察的黑名單。如果再有妓女失蹤案，這些嫌疑人自然是重點懷疑對象。

在眾多的嫌疑人中，有一個名叫麥可·利奧波德的 36 歲男性嫌疑最大。麥可在 1996 年曾襲擊了一名妓女，他不停地毆打這名妓女，還往妓女的嘴裡塞橡皮球。一個路過的人看到此景之後，就說要報警，麥可一聽就跑了。三天後，麥可主動來到警察局自首。

在審訊麥可的過程中，警覺的麥可的精神狀態似乎有些不正常，因為麥可表示自己雖然經常幻想著綁架、強姦和殺害妓女，但從未行動過，最過火的一次就是幾天前在街上毆打妓女。於是，警察就為麥可請來了一名精神科醫師，為他進行診治。

經過一番調查後，警察排除了麥可的嫌疑，認為他與多起妓女失蹤案沒有關係。但最終，麥可還是被判處了 14 年的監禁，因為他不僅惡意襲擊他人，而且在審訊期間表現得非常不配合，態度極其惡劣。

除了證據缺乏和嫌疑人眾多這些令人頭疼的問題之外，警察還遇到了一件令人苦惱的事，即雖然警察手中關於凶手的報告很多，但卻沒有詳細、具體的名字和地址。例如：溫哥華東區青少年活動社團就給了警方一個登記簿，上面都是一些被威脅或襲擊的妓女的報告，但是襲擊者的資料卻很少，甚至連名字也沒有，這讓警察不知如何入手調查。

1998 年年末，警察的調查開始接近真凶皮克頓。37 歲的比爾·黑斯科克斯（Bill Hiscox）在溫哥華東南面的一家廢品回收廠工作。這家廢品回收廠的廠主是羅伯特·皮克頓和他在高貴林港的兄弟大衛（David Francis Pickton）。這兄弟倆在高貴林港還有一個養豬場，比爾的薪水就是從那裡領的。在比爾的印象中，高貴林港養豬場是個骯髒不堪的地方，最讓人感到驚奇的是，那裡的豬不僅不怕人，見到人還會追著咬，那個養豬場還有許多狗。

比爾在看報紙的時候發現了有關溫哥華妓女失蹤的報導，那個時候他突然想起了皮克頓，並開始格外關注起皮克頓來，他的直覺告訴他，皮克頓一定有什麼見不得人的祕密。比爾雖然懷疑皮克頓，但他也不得不承認皮克頓算是個不錯的老闆，雖然不愛與人交流，但不會虐待工人。比爾發現，皮克頓開著一輛很奇怪的車，這輛車是一輛巴士改裝的，而且車窗都塗上了很深的顏色。比爾說，在皮克頓的車裡還有許多女人的錢包和身分證。皮克頓也是資深的嫖客，經常到溫哥華東區找妓女。

根據警方的調查，皮克頓兄弟還建立了一個慈善基金會，名叫豬仔皇宮好時代會。這個豬仔皇宮好時代會曾於 1996 年在加拿大的政府機構註冊過。比爾告訴警察，豬仔皇宮好時代會的活動場地就是在養豬場，是一間改裝過的房間，這裡經常舉行典禮、舞會、展覽之類的活動。參加者大多是妓女，她們經常在這裡喝酒狂歡，對於這些妓女來說，這裡就是她們的娛樂場所。

皮克頓兄弟曾在警察那裡留過案底。羅伯特・皮克頓曾因為多次交通事故而被告上法庭，而大衛・皮克頓則因為性侵罪被告上法庭，被害人告訴警方，大衛曾在養豬場裡性侵她。在 1997 年 3 月，羅伯特・皮克頓受到了謀殺指控，指控他的是個名叫溫蒂・林・愛思特（Wendy Lynn Eistetter）的妓女，當時她正沉浸在毒品所激發的快感中，然後就遭到了羅伯特・皮克頓的襲擊，溫蒂成功逃脫後，就報了警。後來皮克頓交了

2,000 美元保證金，才從監獄裡出來。在 1998 年 1 月，這個控告便被取消了。

最後，警方派了一名警察和比爾一起到養豬場進行調查，但這次調查卻沒有什麼收穫。據說，警方一共對養豬場進行了三次搜查，但依舊沒有發現什麼可疑之處。之後，警方便把皮克頓兄弟列入了嫌疑人的名單中，但並未對皮克頓兄弟進行監控。與此同時，失蹤者的數量又增加了。這些新添的失蹤者依舊是妓女，工作性質和居住環境都相當特殊，警察同樣還是無從入手。而 1998 年失蹤的妓女薩拉·德弗里斯（Sarah Jean de Vries）在得知一些妓女消失的消息後，便開始擔心起自己的生命安全，在日記中寫道：「下一個被害人就是我嗎？他現在是不是已經把我視為獵物並開始跟蹤我，準備找一個合適的機會下手？」對於特別調查小組來說，這個案件偵破的希望顯得那麼渺茫，很有可能會變成一個無法偵破的懸案。但特別調查小組依舊堅持等待著凶手自己露出破綻。

2002 年 2 月，當地警方在一個下著雨的夜晚對皮克頓的養豬場進行了突襲式的搜查，理由就是他們懷疑皮克頓非法窩藏槍支。警察在皮克頓的養豬場發現了一些人的殘骸，這些殘骸立刻引起了警察的警覺，於是就開始仔細搜索養豬場，在附近的房車內發現了一個冰箱，冰箱裡有兩個白色塑膠桶，裡面放著兩個被劈開的頭顱，還有一些左右手和左右腳的殘肢。當警察把養豬場的地面挖掘到數公尺深的地下後，發現了大量的殘骸，有動物的也有人的。警方根據去氧核糖核酸（DNA）和牙科檢測結果確認了死者的身分，還在皮克頓的一把小口徑手槍上也發現了被害人的 DNA 樣本。

幾天之後，當地警方公開了調查結果，告訴當地居民，那些失蹤者均死於皮克頓之手。這突如其來的新聞讓當地居民震驚不已，就在居民們還

沒從皮克頓這個殘忍的連環殺手的陰影中走出來時，衛生部門負責人的警告立刻讓人們被另一層新的陰影所籠罩，負責人告訴居民們，皮克頓養豬場的豬肉極有可能混合了人肉，也有可能是吃了人肉的豬肉，因為警察在鋸木機上發現了人的殘骸，人的屍體可能被製作成了豬食，然後餵給豬吃。

同樣無法接受事實的還有被害人的家屬，這些家屬都十分激動，要求警方嚴懲凶手皮克頓。激動的家屬們讓皮克頓感到十分恐懼，他聲稱自己被這些家屬們的控告嚇壞了。在公開庭審的當天，不少人都去見證了皮克頓的審判，被害人的家屬們自然也去了。但案件細節卻讓許多人都無法接受，因為案件不僅殘忍得令人恐懼，更讓人噁心。有一名被害人的家屬因為聽不下去而主動離開了法庭。

雖然案件已經被偵破，但公眾們並沒有放過警方，認為警察辦案不力，畢竟在 1997 年和 1998 年時，警察也搜查過皮克頓的養豬場，那個時候為什麼就沒有發現被害人的殘骸。而且在特別調查小組查案的過程中，皮克頓依舊在警察的眼皮子底下不停地作案。

皮克頓被捕之後，一直聲稱自己是清白的，那些妓女的死和他一點關係也沒有。在庭審的時候，皮克頓的律師也說，就算在皮克頓的農場裡發現了人的屍體和殘骸，也不能說明凶手就是比克頓。所以警察不得不搜集更多的證據，與此同時警察還得再次仔細搜查皮克頓的農場，以確認被害人數以及被害人的身分。

幾天之後，當地一個妓女心理諮商組織公開表示，在過去的 20 年內，一共有 110 名妓女被謀殺或綁架了。之後，又出現了一個更為驚人的數字，被害或失蹤妓女人數已經達到了 144 人。

2002 年 4 月 17 日，一名維多利亞的律師丹尼斯・伯爾斯登聲稱，他準備成立一個幾百萬美元的基金會，專門為被害人討回公道，給予被害

人家屬慰藉。其中不僅凶手皮克頓成了被控告的對象，就連當地警方也變成了被控告的對象，因為丹尼斯認為如果不是警方的疏忽職守，那麼皮克頓一定能及早被緝拿歸案，許多被害人就不至於丟了性命。家屬們對當地警方更加不滿，因為不論警察怎麼調查，都無法讓死者復生。有些家屬甚至爆料，警方曾向他們施壓，讓他們在媒體面前注意說話的方式和內容。

有人甚至認為，警察的調查工作之所以進行得如此緩慢，可能在警察的潛意識裡，妓女就是一種低下的存在，所以他們根本不關心妓女到底去了哪裡，不少警察都覺得這些妓女失蹤根本不是被謀殺了，而是到其他地方發財去了。

警方雖然在皮克頓的農場發現了不少的殘骸和屍體，但遠遠對不上失蹤的名單。於是警方就開始在新的地點搜查被害人的殘骸。有些媒體甚至聲稱，這些失蹤的妓女都被豬吃掉了。對於失蹤者的家屬來說，他們是矛盾的，一方面他們希望警方能繼續搜查工作，但另一方面，他們又不希望警方能搜查到親人的殘骸，因為這就意味著他們的親人已經死了，而且是被用極其殘忍的方式殺害的，就連遺體也都殘缺不全。

2004 年 9 月 22 日，皮克頓連環殺人案件在不列顛哥倫比亞省新西敏市一家法院開審。在此之前，關於皮克頓的作案細節一直被封存起來，媒體不得詳細地加以報導，這麼做是為了保證陪審團的公正性。

在開審後不久，檢察官德里爾·普雷維特說他會向陪審團提供一段錄影，上面記錄著皮克頓與一名臥底警察的交談。在這段錄影中，皮克頓表示自己的殺人目標是 50 個，還差一個就實現了，但卻被警察打斷了。對於這個證據，皮克頓雖然表示了承認，卻否認謀殺指控，但這不能影響皮克頓成為加拿大最為凶殘的連環殺手。

【犯罪心理分析】

美國犯罪專家迪亞茲認為殺害了 49 名妓女的皮克頓明顯有性功能障礙，所以才會用殺害妓女來發洩。被皮克頓殺害的妓女中，大都是被肢解了，有些甚至被剁碎混進了豬食中。這種殘忍的、不同尋常的處理屍體的方式頗具侮辱性，這說明皮克頓不僅精神有問題，而且因為性功能障礙而仇恨女性。

在對皮克頓的調查中，警方並未提到他的妻子，只提到了他的兄弟大衛，這說明皮克頓很有可能是單身。皮克頓這麼仇恨女性或許與家中女性過於強勢也有關係，他很有可能受到過母親的虐待。

對於一個正常人而言，性行為最起碼不會建立在傷害的基礎上。但有些人會出現性變態，尤其是連環殺手。比較常見的性變態有戀物癖、露陰癖等。但這種性變態對於連環殺手來說卻顯得有點小兒科了，連環殺手的性變態往往是極端的、恐怖的，他們把折磨和殺害被害人作為性行為的一部分，如果缺少了這個部分，連環殺手往往會得不到性滿足。有的連環殺手同時還是個戀屍癖，會對死者的屍體產生性慾。

在皮克頓的被害人當中有一個共同的特點，即她們都是妓女。這或許是皮克頓屢屢得手的原因，妓女不僅容易被人遺忘，而且很容易下手，只要皮克頓偽裝成嫖客，那麼就可以獲得與妓女單獨相處的機會，這樣下手就變得容易多了。

第十八章

航空母艦上的殺手 —— 約翰·艾瑞克·阿姆斯壯

阿姆斯壯算是一個不那麼違反社會常規的連環殺手。此種類型的連環殺手在殺害被害人之後通常不會損壞屍體，也不會留下證據。但是此種類型的連環殺手卻會對被害人實施強姦或是和被害人發生性關係，通常會留下精液。

2000 年 1 月 1 日晚上 9 點，溫蒂（Wendy Jordan）準備出門，但她卻再也沒有回來過。在兩天後，溫蒂的家人接到了通知，在迪爾伯恩高地的路吉河裡發現了溫蒂的屍體。這是個工業區，周圍有許多有名的汽車製造廠。

從溫蒂的屍體上可以看出來，溫蒂生前應該受到了虐待，致命傷在頸部，溫蒂是被人扼死的，死前應該做過劇烈的掙扎，然後屍體直接從橋上扔到了河裡。警方還在溫蒂的體內發現了精液，溫蒂死前應該和人發生過性關係，但是否是凶手，還需要進一步的調查，而精液樣本也被送去進行檢驗。這種種跡象，都讓警方聯想起了之前的幾起謀殺案，因為凶手的作案手法很相似，所以警方想盡快抓住凶手，避免下一起凶殺案的出現。

過去一段時間內，警方總是接到妓女的報案，說有一名男子襲擊妓女。溫蒂的妹妹寶尼・喬丹在得知姐姐被害後十分傷心，當她得知凶手總是找妓女下手時，就站出來極力否認姐姐是妓女。寶尼告訴警方，在兩年前，溫蒂已經成功戒毒，而且保證不再做「那事」。溫蒂還在底特律郊區的皇家橡樹林區的一家加油站工作，甚至坐到了經理的位置，所以不會在街上招攬生意了，也不會出賣自己的身體，更何況溫蒂已經 39 歲了。寶尼還向警方保證，雖然溫蒂曾經做過「那事」，但兩年前她已經痛改前非，這兩年內溫蒂都是「乾淨」的。

最終警方鎖定了一個名叫約翰・艾瑞克・阿姆斯壯（John Eric Armstrong）的男子，這名嫌疑人 26 歲，曾在美國海軍服役。在約翰最終被捕後，他承認了自己的罪行，說自己曾隨船周遊世界，至少有 30 多名世界各地的妓女被他殺死。如果約翰真的是凶手，那麼他將成為世界上殺人範圍最廣的連環殺手，死於他手下的被害人可能不僅僅局限於美國各

州，還有泰國、新加坡、韓國、以色列和香港等國家和地區。但這並不能證明阿姆斯壯就是殺害溫蒂的凶手，因為阿姆斯壯就是報警人。

　　當警方趕到案發現場後，就問阿姆斯壯是怎麼發現屍體的，阿姆斯壯回答說：「當我走到橋邊時，突然想吐，就準備往河裡吐，然後就看到屍體。」說著，阿姆斯壯的情緒變得越來越激動，急切地想證明自己的清白：「我看到這具屍體就是一個意外，我不是個壞人，不然我也不會主動撥打報警電話。」阿姆斯壯的這番話並未洗清自己的嫌疑，因為之前就有凶手玩過賊喊捉賊的把戲，似乎這麼做能讓凶手在警察面前找到些優越感。後來警方便指出了阿姆斯壯的敘述和事實有出入，這時阿姆斯壯不再爭辯，而是垂下腦袋並閉上了眼睛。

　　在之後的調查中警方發現，阿姆斯壯剛從美國海軍退役不久，也就是說他在這個地區是個生人。在海軍服役期間，阿姆斯壯學會了為戰艦加燃料的技術，在這裡他也以此為生。除此之外，阿姆斯壯還做過保安和公司職員。

　　警方還向阿姆斯壯的鄰居詢問了他的情況，鄰居告訴警方，阿姆斯壯曾在發現溫蒂屍體那天早上 5 點離開過，但一個小時左右就回來了。這些線索基本上沒什麼價值。之後，警察就對阿姆斯壯的鄰居說：「阿姆斯壯依舊在我們的監視之中，如果他帶著行李離開了家，一定要立刻報警。」警察這麼說，就是為了向阿姆斯壯施壓，讓阿姆斯壯感到害怕，主動投案自首。

　　與此同時，關於溫蒂的屍檢報告送來了，驗屍員在溫蒂的衣服裡找到了一些細小的纖維，可能是一輛汽車上的。因為沒有對比物，所以警方很難透過這些纖維確定汽車的種類。

　　隨後，警方就開始翻查電腦檔案，看看阿姆斯壯是否有過犯罪紀

錄，結果發現阿姆斯壯曾經在一個小鎮上有欺騙過警察的紀錄。當時，阿姆斯壯在工作時撥打了「911」報警電話，說自己看到有人搶劫，但在阻止時被對方攻擊。當警察趕到現場後，發現阿姆斯壯只是受了輕傷，便懷疑阿姆斯壯是在報假警。很快，阿姆斯壯就主動承認臉上和手臂上的傷是自己弄的，而且還製造了假的現場。

這件事雖然讓阿姆斯壯失去了保全的工作，但卻得到了心理上的滿足，因為他不僅成功地引起了他人的注意，而且還覺得自己居然愚弄了警察，很聰明，很有英雄氣概。

警察來到阿姆斯壯的家中，從他那裡獲得了血液樣本和汽車纖維樣本。接下來，警方需要一邊等檢驗的結果，一邊繼續對阿姆斯壯進行調查。其實之前剛剛死去的妓女莫妮卡・詹森（Monica Johnson）就是被阿姆斯壯襲擊的對象，只是詹森並未留下能指控阿姆斯壯的口供。

隨著調查的深入，警方開始懷疑阿姆斯壯從 1992 年起就開始殺人了，為了能找到 8 年前至今的失蹤人口紀錄，當地警察決定和 FBI 合作。8 年前，阿姆斯壯在航空母艦尼米茲號上服役，曾隨著航空母艦尼米茲號環遊世界，到過許多港口。警方和 FBI 便把這些港口發生的、未被偵破的謀殺案進行了比較。結果發現，阿姆斯壯與底特律的幾起凶殺案，西雅圖的三起謀殺案，夏威夷的兩起，香港的兩起，北卡羅萊納州、泰國、新加坡和維吉尼亞各一起謀殺案都脫不了干係。此外，在日本、韓國和以色列發生的妓女被勒死案，阿姆斯壯也有重大嫌疑。除了這些，阿姆斯壯還可能殺害了其他妓女。

在阿姆斯壯的鄰居看來，阿姆斯壯和連環殺手完全沾不上邊，因為阿姆斯壯看起來是那麼安靜和謙遜。就在警方和 FBI 通力合作，尋找阿姆斯壯的殺人證據時，阿姆斯壯卻坐不住了，他又有了殺人的衝動。

　　阿姆斯壯成了妓女的噩夢，底特律西南部街上的妓女甚至都不敢再招攬生意了。但凱莉（Kelly Jean Hood）卻不以為然，繼續在街上招攬生意，並且把收入都花在了毒品上。在凱莉看來，什麼事情都不能阻止她吸食毒品，但得有錢買毒品，所以招攬客人就是必不可少的。

　　凱莉之前並不是妓女，也沒有染上毒品。凱莉和丈夫從密西根州北部的穆斯克貢來到底特律後，就在一家汽車製造廠工作，不久之後還找到了一座不錯的房子。之後，凱莉便和丈夫生下了 3 個孩子。有著穩定的收入和住所，還有一個幸福美滿的家庭，凱莉的生活還是不錯的，如果她沒有遇到毒品的話。

　　5 年前，凱莉從朋友那裡品嘗了毒品的滋味，並很快成了毒品心甘情願的奴隸。在一年前，凱莉離開了丈夫和孩子，成為一名妓女，全部的收入都用在了毒品上。

　　一天晚上，凱莉穿著超短裙和緊身衣出現在了大街上，並且成功地引起了阿姆斯壯的注意。但阿姆斯壯卻陷入了矛盾之中，因為他在猶豫著到底要不要對凱莉下手。阿姆斯壯在退役後就決定在底特律定居，他想成為這裡的常住居民。這樣的話，他犯案就容易被警方抓住。之前，阿姆斯壯之所以在港口犯案頻頻得手，就是因為作為流動人口的他只會在港口待上兩三天的時間，不容易被警察注意到。很快，阿姆斯壯便決定對凱莉下手，因為他自信自己不會被警察抓住。

　　與此同時，凱莉也注意到了阿姆斯壯，開始打招呼：「嗨，你好。想去舞會嗎？」阿姆斯壯沒有說話，但他打開吉普車車門的舉動讓凱莉主動上前和他談價錢。凱莉和阿姆斯壯在價錢上爭論了很長時間，隨後凱莉主動上車了。這時凱莉注意了一下阿姆斯壯的相貌，雖然阿姆斯壯看起來很年輕，但已經有禿頂的跡象，阿姆斯壯雖然戴著眼鏡，卻一點也

不顯得斯文，相反，阿姆斯壯看起來十分壯實。

在凱莉的指引下，阿姆斯壯開車來到了一條人跡罕至的巷子裡，之後阿姆斯壯就關了引擎，然後朝著凱莉嘟囔起來，凱莉沒有聽清他說什麼，就問：「你說什麼？」凱莉沒有聽到阿姆斯壯的回答，但卻等來了死神。阿姆斯壯突然伸手用力地掐住了凱莉的脖子，一邊加大力道，一邊大聲喊道：「我說，我討厭婊子！」最終，凱莉窒息而死。

與此同時，FBI 還在和當地警方一起分析阿姆斯壯和連環殺手之間的相似性，但卻發現阿姆斯壯與連環殺手之間並沒有什麼關聯。據 FBI 和一些專家的統計，連環殺手特別喜歡找陌生人下手，這樣不僅能滿足殺人的欲望，而且還能避免被警察盯上。此外，連環殺手都有一個十分顯著的特徵，即極端的憤世嫉俗，認為自己是天下第一，所有的人都必須按照他的意願來。但阿姆斯壯的鄰居卻說他是個謙遜的人。

儘管如此，警方還是覺得阿姆斯壯最可疑。此時，實驗室的分析結果出來了。結果顯示，被害人溫蒂身上的纖維和阿姆斯壯車裡的纖維一樣。於是警方立刻拿著初步分析結果要求底特律檢察部門開具逮捕文件，可是檢察部門卻告訴警察，他們得用實驗室做出的最後結論來換逮捕證明。

在警察等最後的分析結果時，阿姆斯壯又盯上了一個目標 —— 威廉米妮亞‧德雷恩（Wilhelminia Drane）。德雷恩上了阿姆斯壯的黑色吉普車，但是德雷恩卻僥倖從阿姆斯壯的魔掌下逃命了。德雷恩對警察描述了當時的情形：「當時阿姆斯壯在路邊攔下我，說讓我進車幫他取下外衣上的一些東西，但當我進入車內後，阿姆斯壯卻突然掐住了我的脖子，我當時拚命地掙扎，甚至都把他的眼鏡給打掉了。我覺得我的意識越來越模糊，但我在昏迷之前，成功地拿出了辣椒噴霧器，我把辣椒噴

向他，趁著他遮擋眼睛的空檔，我趕緊跳下了車。」有了德雷恩的證詞，阿姆斯壯的嫌疑就更大了，當地警方已經開始嚴密地監視著他。阿姆斯壯或許已經意識到警察盯上了他，但他還是不停地找妓女，和妓女在車上發生關係，並且毆打她們。

不久之後，當地警察就接到了報警電話，報警人是一列火車上的員工，他告訴警察他在一條鐵路上發現了3具屍體。發現屍體的地點在底特律的西南部，這是塊比較安全的地帶，這裡有家軍工廠，還有美國聯合鐵路公司的貨運鐵路，這裡的居民生活雖然枯燥，但也安穩。

警察立刻趕到了屍體的發現地，這3具屍體已經有不同程度的腐爛。最終警方確定了這3名被害人的身分，其中一個便是不久前遇害的凱莉。

根據屍體的現狀，警察推斷出這3名被害人的遇害時間不同。而且這裡也不是案發現場，屍體是被凶手運送並丟棄在此地的。之後，警方又在附近發現了另一具屍體，但警察判定這起謀殺案與嫌疑人阿姆斯壯無關。

有了這些證據，底特律警察局局長班奈・拿破崙立刻公開發表聲明：「在我們周圍潛伏著一名連環殺手，他一個人在3個不同的場合殺害了3個人，然後又把被害人的屍體丟棄在同一個地點。我們一定會認真處理這起嚴重的連環殺人案。」

很快，一支偵查團隊便成立了，這支偵查隊伍由底特律警察性犯罪部門、暴力犯罪特別行動小組、FBI、密西根州警察部門、美國聯合鐵路公司保安部門和韋恩縣法醫部門多方面力量共同組成。

底特律警察把這3起謀殺案和另外3起謀殺案連繫在一起，認為這可能是同一人所為，還找到了從凶手手下生還的被害人，並從她們那裡

獲得了有價值的口供和證據。最終，警方確定了凶手經常出沒的地方，便派出警力在那些地方進行巡邏和監視。由於密西根大街是妓女經常出現的地方，所以這裡成了重點監控對象。

FBI 對凶手的犯罪心理分析也出來了，他們認為凶手應該很喜歡在同一個地點尋找目標。2000 年 4 月 12 日，阿姆斯壯開著那輛黑色吉普車出現在了密西根大街，隨後警察就逮捕了他，並把他帶回去進行審問。

這一次，阿姆斯壯沒有否認殺人的事實。實際上，阿姆斯壯也無從否認，因為警方手中掌握著大量的證據。隨著審問的深入，阿姆斯壯的情緒變得越來越激動，他的精神狀態似乎已經到了崩潰的邊緣，開始傷心地哭泣，並且自責道：「我只要和妓女發生性關係，就會有殺人的衝動，然後有些妓女就真的被我殺死了。」

阿姆斯壯不僅承認了最近的幾起謀殺案，還告訴警方他在華盛頓州、香港、泰國、夏威夷和中東都殺過人，而且被害人都是妓女。對於這些陳年舊案，阿姆斯壯記得很清楚，交代了不少作案細節和殺人手法。在被捕後的幾天內，阿姆斯壯一共承認了至少 30 起謀殺案。

在審訊警察的心目中，阿姆斯壯算是個特別的連環殺手。阿姆斯壯很難控制自己的情緒，有時候變得很冷靜，有時又很激動，有時卻陷入了悲傷中。這種變幻莫測的情緒狀態，開始讓警察懷疑他的精神是否正常。但阿姆斯壯還算配合，只要警察能撬開阿姆斯壯的嘴巴，那麼阿姆斯壯就會變得滔滔不絕起來，會把自己的罪行交代得一清二楚。

接下來等待阿姆斯壯的將是法庭審判。在此期間，阿姆斯壯則被關在了精神病觀測室裡。在審判中，陪審團認為阿姆斯壯的精神狀態可以

接受審判，根本沒有精神錯亂。阿姆斯壯在法庭上的表現也不錯，沒有情緒激動，安靜地接受了審判，而且還表現出內疚和懊悔，對著媒體向被害人道歉。最終，阿姆斯壯的謀殺罪名成立，被判犯有一級謀殺罪。阿姆斯壯被判處終身監禁，並且永遠不准保釋，徹底失去了自由。

阿姆斯壯的被捕雖然避免了更多人的被害，但是對於那些被害人來說卻是無可挽回了。對於被害人的家屬來說，阿姆斯壯罪有應得也算不上什麼安慰，雖然被害人都是妓女，有人還是癮君子，但對她們的家人來說，還是希望她們能活著，即使這是一種屈辱的活法。

雖然阿姆斯壯已經被關進了監獄，但 FBI 的工作還遠沒有結束，他們需要調查清楚阿姆斯壯在世界各地所犯下的殺人罪行到底是否屬實。世界各地的港口城市也開始重新審查一些未偵破的謀殺案，看看凶手是否就是阿姆斯壯。

對於當地警察局來說，阿姆斯壯的被捕讓警察局立刻變得人滿為患起來，因為 FBI、美國海軍犯罪調查部門和華盛頓州派來的警察都參與了調查。阿姆斯壯連環殺人案件一經媒體公布，立刻引起了世界各地的關注。

因為阿姆斯壯曾在美國海軍航空母艦尼米茲號上服役，而尼米茲號在世界範圍也很有名，是世界上最大型的船隻，而且擁有強大的作戰能力。和其他連環殺手比起來，阿姆斯壯的作案手段算不上殘忍，殺人的數量也不是最多，但阿姆斯壯卻借了尼米茲號的光，成了最厲害的「環遊世界連環殺人犯」，儘管這些案件還在 FBI 的調查中，但人們都已經確信阿姆斯壯的殺人範圍遍及世界各地。

【犯罪心理分析】

　　阿姆斯壯的連環殺人案件曝光後，人們對阿姆斯壯的殺人動機十分感興趣，便開始調查和研究阿姆斯壯的生平，看看他是否有思覺失調症的症狀。阿姆斯壯的一名同學說：「阿姆斯壯是個很聰明的人，我很意外他居然會殺這麼多的人。」另一個和阿姆斯壯比較熟悉的人則說：「阿姆斯壯雖然很安靜，但他總是努力和周圍人相處。」

　　調查者還採訪了阿姆斯壯服役時的戰友們，戰友們對阿姆斯壯的評價很高：「阿姆斯壯很安靜，是媽媽心目中的好孩子，也是一個值得結交的朋友。」阿姆斯壯的長官也認為阿姆斯壯和連環殺手的形象相去甚遠，因為在服役期間，阿姆斯壯一點汙點紀錄也沒有。

　　根據這些人的描述，可以得知阿姆斯壯算是一個不那麼違反社會常規的連環殺手。此種類型的連環殺手在殺害被害人之後通常不會損壞屍體，也不會留下證據。但是此種類型的連環殺手卻會對被害人實施強姦或是和被害人發生性關係，通常會留下精液。在溫蒂案件中，警察就在溫蒂的體內發現了精液。阿姆斯壯案件所有的被害人都是妓女，在犯罪心理專家看來，妓女很容易成為性變態者和殺手的目標。

　　此種類型的連環殺手通常都渴望得到別人的讚美，不希望別人懷疑自己的能力，所以有時候會故意讓警察發現一些線索，或者直接和警察玩「貓捉老鼠」的遊戲。在溫蒂遇害案件中，阿姆斯壯就主動報案，這麼做的目的有賊喊抓賊的意味，但更多的是為了引起警察的注意。當謀殺案鬧得滿城風雨時，就會出現人心不穩的現象，這是連環殺手最願意看見的，這樣可以使連環殺手那變態而又自大的心理得到滿足。

第十九章

約克郡開膛手 —— 彼得·威廉·薩特克利夫

　　凶手有著正常的家庭和生活，這個特點對連環殺手來說簡直就是一種保護，可以躲避警察的懷疑。連環殺手在殺人時會顯得十分瘋狂，好像失去了控制一般。但是在沒有殺人的時候，連環殺手卻可以恢復正常的生活，重新擁有控制力。有些連環殺手為了躲避警察的調查，甚至會主動熟悉警察的辦案流程，或者學習一些反偵查技巧，這會給警方的破案帶來不小的難度。

1970 年代，一個連環殺手開始在英國約克郡和西北部尋找妓女作為獵物，一共造成 13 人死亡，7 人重傷。被害人大都是街頭妓女，也有被凶手誤殺的社會底層的貧窮女性。被害人的屍體都受到了嚴重的破壞，這讓人們想起了早先逍遙法外的妓女殺手 ——「開膛手傑克」，所以便把這個新的連環殺手命名為「約克郡開膛手」（Yorkshire Ripper）。開膛手傑克是維多利亞時代的連環殺手，殘忍地殺害妓女後，還會進行分屍。在當時，開膛手傑克就引起了英國倫敦地區的恐慌。而約克郡開膛手則被人們認為是開膛手傑克的轉世，同樣帶來了恐慌。

第一個被害人是名妓女，她的致命傷在頭部，被凶手用錘子重擊了數次，然後凶手又用十字頭螺絲刀朝著被害人捅了數十下。起初，警察以為這只是一起普通的謀殺案，直到第二名被害人死亡後，而且作案手法和之前的凶手很相似，警察才意識到這很有可能是一起連環殺人案。很快，又有妓女遭到了襲擊，但卻成功逃脫了。約克郡開膛手起初只以妓女為目標，但有時也會有良家婦女被殺害，例如潔恩・麥克唐納德（Jayne MacDonald）和約瑟芬・懷塔克（Josephine Anne Whitaker）就因為穿著過於暴露而被約克郡開膛手誤認為是妓女。

約克郡開膛手的出現成了當地女性的噩夢，女人們到了晚上再也不敢出門了，有些女人甚至選擇了搬家，離開這個恐怖的地方。隨著被害人數的增多，再加上媒體對約克郡開膛手的大肆渲染和報導，讓當地警方的壓力越來越大，夜以繼日地進行調查，希望能盡快給民眾一個交代。但由於凶手總是更換作案地點，這給警方的破案帶來了不小的麻煩。就在這個時候，警方收到了凶手的信件和錄音帶。

在錄音帶中，凶手狠狠地嘲笑了這起案件的主要負責人一番，而且還說警察都是無能之輩。這盤錄音帶成功地轉移了警察的注意力，警察

開始根據錄音帶中的口音尋找凶手,但依舊一無所獲。後來警察便認為這盤錄音帶很可能就是一個惡作劇,是一個人為了表達對警察無法捉拿凶手的不滿。

FBI 特務也對約克郡開膛手的案件十分有興趣,並且希望英國警方能提供一些案發現場的照片。英國警方不僅把案發現場的照片都交給了 FBI 特務,而且還把凶手的錄音也交給了 FBI。經過一番分析後,FBI 特務得出了一個結論,這盤錄音不是約克郡開膛手錄的。

FBI 特務還對英國警方說,約克郡開膛手是個十分孤獨寂寞的人,不會主動和警方聯絡。而且約克郡開膛手選擇對女性下手,完全是為了報復,他應該有很嚴重的精神問題。此外 FBI 特務還對約克郡開膛手的職業進行了預測,認為凶手很有可能是計程車或卡車司機,或者是一名郵差,因為這類工作可以為殺人提供便利。

1981 年 1 月,當約克郡開膛手將要對一名妓女下手時,警察突然出現了。在之後的審訊中,彼得‧威廉‧薩特克利夫(Peter William Sutcliffe)承認自己就是約克郡開膛手,還告訴警察,他每次殺完人後都會將一張限量發行的五元紙幣塞到被害人的手中。薩特克利夫還告訴警方,自己曾一再交代家中的姐妹晚上不要出門,如果真的要出門,一定不能單獨一人。這或許是薩特克利夫的玩笑話,但也可能說明薩特克利夫在殺人時根本就是另外一個人,也就是說他在殺完人後,完全意識不到這是自己所為。當然,薩特克利夫這麼做是因為不希望自家姐妹受到傷害。

交代了罪行之後,薩特克利夫認為自己一定會被判處死刑,就向警察提出要為自己寫墓誌銘的要求,薩特克利夫告訴警察他的墓誌銘一定要這樣寫:「這裡躺著一個天才,如果他那激情澎湃的能量能夠得到全部

的釋放，天地也會為之顫抖，所以最好還是讓他永眠地下吧！」薩特克利夫這種妄想和偏執的表現，更讓警察覺得他的精神不正常。最後薩特克利夫被判處 30 年監禁，但薩特克利夫在監獄裡總被其他犯人欺辱，最終薩特克利夫只好被送到了精神病院裡。

那麼，薩特克利夫為什麼要專門對女性下手呢？犯罪心理專家認為，薩特克利夫是藉此表達對妻子索尼婭・祖瑪（Sonia Szurma）的不滿，祖瑪也是個精神病患者。在薩特克利夫帶著祖瑪見家人時，發生了許多不愉快，因為祖瑪的表現異於常人，不僅不主動和薩特克利夫的家人交流，而且只是坐在那裡咬手指，儘管這是一個人在緊張狀態下自我安慰的動作，但卻引起了薩特克利夫父親的不滿，薩特克利夫的父親甚至覺得像祖瑪這樣的人怎麼能成為老師。除此之外，薩特克利夫的姐姐和哥哥也很不待見祖瑪。

在周圍人的心目中，薩特克利夫是個溫和的丈夫，而且很喜歡和孩子相處。但他的妻子祖瑪卻是個每天都繃著臉的傲慢的女人，甚至會不分場合地責備和埋怨薩特克利夫，例如有客人在場時。自從薩特克利夫和祖瑪結婚後，就變得一點自由也沒有了，即使有朋友邀請薩特克利夫去酒吧喝酒，也會遭到祖瑪的抱怨和責備。最讓薩特克利夫無法忍受的便是祖瑪的潔癖和她糟糕的廚藝。

祖瑪不僅不是個合格的妻子，同時還患有間歇性精神病。有一次，祖瑪在夜裡穿著睡衣在街上遊蕩，被人發現後便被送進了貝克斯利醫院，後來被轉移到布拉福市的萊恩菲爾德山精神病醫院。在祖瑪出院後，薩特克利夫的噩夢才剛剛開始。祖瑪不僅精神狀態很糟糕，而且還總是發病。

雖然祖瑪這個糟糕的妻子讓薩特克利夫憎恨女性，但也成了他的幫

凶，讓他成功地逃脫了警察的調查。當警察懷疑上薩特克利夫時，薩特克利夫就會搬出自己的妻子祖瑪，說自己有一個正常的家庭，而且還讓妻子為他做不在場的證明。至於祖瑪到底是薩特克利夫真正的幫凶，還是僅僅受到了薩特克利夫的欺騙，無意中成了他的幫凶，這還需要進一步調查。不過有犯罪心理專家因此懷疑薩特克利夫到底是否有精神病。

薩特克利夫被送到布洛德摩爾精神病醫院後就再也沒有出來過，一直到死他都在這家醫院。但薩特克利夫的被捕並不代表著約克郡開膛手的案件徹底結束了，除了警察，許多人都開始探討有關約克郡開膛手的真實身分的問題。薩特克利夫被捕後曾對家人說，那些殺人案並非都是他一人所為。也就是說，約克郡開膛手不止一人。最讓人們懷疑的是，雖然薩特克利夫被捕了，但類似的殺人案依舊在上演，一些女性的屍體依舊暴露在偏街陋巷之中。

在薩特克利夫正式承認自己約克郡開膛手的身分之前，警方就已經懷疑到了他的頭上，並且詢問過薩特克利夫好多次。雖然不少謀殺案都是薩特克利夫所為，但他究竟是否是約克郡開膛手，一直存在著爭議。如果說，薩特克利夫殺人與娶了一個糟糕的妻子有關的話，那麼他應該在婚後殺人，但約克郡開膛手的案件從他結婚前就已經開始出現。

警方把薩特克利夫的血型和從被害人屍體上提取的精液進行了對比，結果發現根本不符合。約克郡開膛手的血型應該是 B 型，而薩特克利夫則是 O 型。此外，警方還在被害人的身上發現了凶手的齒痕，在薩特克利夫被捕之後，警方將兩者的齒痕進行了對比，結果發現差異十分明顯，被害人的死顯然與薩特克利夫無關。

主要負責約克郡開膛手案件的警察也表示，雖然薩特克利夫被捕了，但還存在另外一種非常大的可能性，即約克郡開膛手很可能不僅是

薩特克利夫，還有其他人，這個人依舊逍遙法外。《週日時代》在1980年發表了一篇和約克郡開膛手有關的文章，在文章中也同樣表示，約克郡開膛手不是一個人，而是兩個人。

在薩特克利夫接受審判時，裁判庭採取了儘早結案的方式，讓約克郡開膛手連環殺人案的結案顯得十分草率。在整個審判過程中，只有薩特克利夫個人的罪行供述，沒有相應的物證，也就是說這個審判結果所依據的證據並不確鑿，甚至完全忽視了辯方為薩特克利夫進行辯護的意見。雖然一些僥倖從約克郡開膛手屠刀下生還的被害人也出庭了，但被害人所提供的證詞在很大程度上依賴法庭上檢控方的協助。總之，英國當局對薩特克利夫的審判存在許多漏洞。這些漏洞不能不讓人懷疑，薩特克利夫雖然承認了自己就是約克郡開膛手，但並不是所有被害人的死都與他相關。雖然關於薩特克利夫的審判有些草率，但還算公正，畢竟至少有四起謀殺案是薩特克利夫所為。

如今，越來越多的犯罪心理專家開始從行為證據學的角度來分析約克郡開膛手案件，進而做出相應的犯罪嫌疑人剖析，結論就是約克郡開膛手連環殺人案件不止薩特克利夫一個凶手。

當初英國當局之所以選擇匆匆結案，完全是迫於壓力。約克郡開膛手案件已經持續了十多年，但警方依舊沒有把凶手抓捕歸案，這讓警方在公眾心目中的公信力大大降低。約克郡開膛手的存在，就是一個隨時可以奪走人性命的幽靈，尤其對於女性來說，如果不盡快抓捕凶手，那麼公眾的恐慌情緒就會變得越來越嚴重，甚至會到一發不可收拾的地步。除此之外，媒體的關注也是一種無形的壓力，英國司法機構已經無法承受這種壓力了，所以只能給薩特克利夫扣上約克郡開膛手的帽子，再說那些謀殺案中有一部分確實是薩特克利夫所為。

　　英國當局逃避壓力的作為並未讓人們放棄尋找真正的約克郡開膛手或是另一個約克郡開膛手。而威廉·崔西（William Tracey）成了最大的嫌疑人，這是根據一個名叫尼奧·奧加拉（Noel O'Gara）的人提供的線索分析得出的結論。

　　奧加拉是愛爾蘭人，在 1944 年出生，成為會計師後不久就在倫敦開辦了一家會計公司，成了一名成功的商人。後來奧加拉遇見了一個名叫威廉·崔西的人，崔西因為精通古董家具方面的知識，奧加拉便讓崔西到自己的公司工作。

　　在奧加拉的心目中，雖然崔西沒受過什麼教育，但卻是個不錯的員工，工作能力很強。在奧加拉看來，崔西還是個十分風趣的人，生活經驗非常豐富。崔西有一個完美的家庭，還有自己的愛犬。漸漸地，奧加拉開始信任崔西，並把一些生意交給崔西處理。

　　奧加拉對崔西的好感隨著逐漸深入的了解而消失，因為他發現崔西的私生活十分混亂，不僅吸毒、酗酒，還經常嫖妓，總是對妓女拳打腳踢。崔西彷彿也開始信任奧加拉，不僅告訴奧加拉自己少年時期曾經進過監獄，對警察十分痛恨，還讓奧加拉知道了自己的一些隱私，例如如何對妓女施暴，如何與神職人員發生性關係以及敲詐過一名警察等等。但讓崔西沒想到的是，奧加拉居然把這些話都錄了下來。

　　崔西這樣一個有過犯罪前科的人讓奧加拉覺得有些恐懼，而且奧加拉還發現崔西好像想控制自己和自己的家庭。為此，奧加拉開始漸漸遠離崔西。但崔西畢竟是他工作上的夥伴，雖然在私生活上與崔西劃清了界線，但在做生意的時候，奧加拉還是選擇相信崔西這樣一個外表看起來憨厚的人。後來，奧加拉想在英國開一家古董家具店，他覺得既然崔西十分精通古董家具，於是就把自己的想法告訴了崔西，並給了崔西一

筆錢，讓崔西打理古董家具店的生意。但讓奧加拉傷心的是，崔西辜負了他的信任，把錢捲跑了。從此之後，奧加拉就開始關注約克郡開膛手的連環殺人案，並在 1979 年時開始調查，還專門建立了相應的專題網站。奧加拉一直覺得崔西就是另一個約克郡開膛手。

奧加拉在對約克郡開膛手連環殺人案進行調查的時候，十分看重犯罪心理畫像專家針對凶手做出的犯罪嫌疑人畫像。其中一名專家認為，約克郡開膛手是個將妓女鎖定為獵物的凶手，而且是個狡猾和邪惡的人，十分仇恨警察，雖然精神上可能患有疾病，但卻有著正常的家庭和生活，而且喜歡狗。這當然只是其中一種畫像，但奧加拉卻認定了崔西，因為這份犯罪嫌疑人畫像簡直就是為崔西量身定做的。

在這個心理畫像中，有一個特點值得注意，即凶手有著正常的家庭和生活，這個特點對連環殺手來說簡直就是一種保護，可以躲避警察的懷疑。連環殺手在殺人時會顯得十分瘋狂，好像失去了控制一般。但是在沒有殺人的時候，連環殺手卻可以恢復正常的生活，重新擁有控制力。有些連環殺手為了躲避警察的調查，甚至會主動熟悉警察的辦案流程，或者學習一些反偵查技巧，這會給警方的破案帶來不小的難度。

奧加拉為了證明崔西就是約克郡開膛手，搜集了大量的資料進行分析。但是奧加拉所搜集的證據卻非常有限。而且警察認為，奧加拉的懷疑有點公報私仇的嫌疑，畢竟崔西不僅捲走了他的錢，還辜負了他的信任。不過奧加拉的一些資料還是可以借鑑的，而且大部分人也很相信奧加拉的分析，認為崔西就是另外一名約克郡開膛手。

奧加拉發現，有幾起謀殺案與薩特克利夫完全無關，因為薩特克利夫有不在場證明。而且在薩特克利夫被捕之後，謀殺案依舊在發生。這些與薩特克利夫無關的謀殺案卻與崔西有關，因為崔西在此期間不是外

出就是出差，總之沒有不在場的證明。奧加拉的懷疑是有根據的，因為自從 1979 年以後，崔西就消失了，好像人間蒸發了一樣。如果說崔西真的是約克郡開膛手，那麼他就和開膛手傑克一樣，逃過了警方的追捕。

【犯罪心理分析】

薩特克利夫出生於英國一個普通家庭，他從小就很內向和害羞，對母親非常依賴，總喜歡躲在母親的身後，對於男孩子所喜歡的遊戲，薩特克利夫都覺得太粗魯了。薩特克利夫的父親覺得男孩子就得像個男孩子的樣子，得和其他男孩子一起玩耍，只有這樣長大後才能成為一個真正的男子漢。

薩特克利夫的性格並未改變，長大後的他依舊內向。由於成績不佳，薩特克利夫在畢業後便找到了一份在停屍間的工作，但由於經常遲到而被辭退。這段工作經歷給薩特克利夫帶來了深遠的影響，也是促成他殺人的原因之一。自那以後，薩特克利夫便開始對屍體和分割屍體有了興趣，並且還養成了姦屍的癖好。

在一次偶然的機會下，薩特克利夫得知母親有了外遇，這是一個讓薩特克利夫三觀崩潰的事實，他從小所依賴的精神支柱就此崩塌了。有了母親的參照，薩特克利夫開始不相信所有的女性，認為女人是不可靠的，會讓世界變得汙濁。

在薩特克利夫結婚後，精神不正常的妻子再一次把他推向了殺人的邊緣。祖瑪在和薩特克利夫結婚之前就患有精神病，薩特克利夫每天都要忍受精神不正常的妻子，讓自己變得極度壓抑和焦躁起來。薩特克利夫一直想要個孩子，他本人也很喜歡孩子，但妻子祖瑪卻覺得孩子會讓

他們的生活水準下降，會讓他們變得貧窮，所以根本不同意生孩子。祖瑪為了避免懷孕，在與薩特克利夫進行性行為時顯得十分小心謹慎，總是推脫和敷衍了事。薩特克利夫的婚姻生活可以說很糟糕，不僅在精神上無法與妻子達成共鳴，就連基本的生理需求，妻子也無法滿足他，而且薩特克利夫與妻子之間連孩子這根紐帶也沒有。

對於薩特克利夫的婚姻生活和他殺人之間的關係，一位偵探在接受媒體的採訪時是這樣說的：「我覺得，在薩特克利夫每次殺人或襲擊被害人時，實際上已經在腦海中殺死了妻子許多次。」

在薩特克利夫被捕之後，他很快就承認了自己是約克郡開膛手。這樣輕鬆地承認自己的罪行，讓當時的警察都十分吃驚，他們一直以為就算抓到了真正的凶手，在審問時能撬開凶手的嘴巴應該是件很困難的事情，不然約克郡開膛手也不會逍遙法外十餘年。有專家認為，薩特克利夫是故意讓警察抓住自己，他想要進入監獄。雖然監獄會限制人身自由，但對於薩特克利夫來說，這樣能擺脫妻子祖瑪，相對於和祖瑪一起生活，監獄的生活顯得更自在一些，他會生活得更加快樂。

薩特克利夫殺害第一名妓女可以說純屬一個意外，當時他正在布拉福臭名昭著的紅燈區曼寧翰姆路找妓女發洩，但卻被妓女偷竊了財物，薩特克利夫為此十分生氣，於是便殺害了一名妓女，從此之後就變得一發不可收拾。後來，薩特克利夫替自己的殺人行為找了一個高尚的理由，覺得自己這樣做是在替天行道，是按照上帝的旨意消滅妓女。

第二十章

潛伏在小鎮中的殺手 —— 蘇佛克鎖喉手

連環殺手之所以選擇妓女，是因為妓女是這個社會的邊緣族群，不被人重視。其實除了妓女之外，一些社會底層的窮人和流浪漢也很容易成為連環殺手的目標。這些人即使消失了，也不會引起人們的注意，因為沒有人關心他們是否還活著。

在英國倫敦的東北部有一個小鎮 —— 伊普斯威治,這是座十分安靜的小鎮,人口只有 12 萬,妓女的數量也不多,只有幾十個,而且都是當地人。這些女子之所以淪為妓女,是因為染上了毒品,賣身就是為了吸食毒品。如果不是連環殺人案在這裡發生,或許人們永遠也不會關注這個小鎮。2006 年 12 月,在這個地區居然發現了 5 名妓女的屍體,被害人不僅全身裸露,而且都被丟棄在荒郊野外。

被害人蓋瑪・亞當斯(Gemma Rose Adams)和塔妮雅・尼可(Tania Nicol)是在一條小溪裡被發現的,屍體被浸泡在水中,而且兩具屍體相隔了幾公里。由於屍體被浸泡在水中的時間較長,所以屍檢人員無法確定死者的致命傷,也不能確定死者是否被性侵,但可以確定的是死者的屍體上並無明顯外傷,生前和死後都沒有被凶手折磨。

幾天之後,當地警方又接到了一通報警電話,打電話的是位婦女。這位婦女在蘇佛克路附近的小樹林遛狗的時候,發現了一具女屍,同樣全身裸露。在警方趕到後,屍檢人員立刻對屍體進行了檢驗,結果發現被害人是被凶手扼住脖子窒息而死的,凶手也因此有了個「蘇佛克鎖喉手」(Suffolk Strangler)的稱號。這起連環殺人案讓當地的警方立刻變得忙碌起來,幾天之後警方又接到了報案。

這一次,屍體同樣全身裸露,而且被丟棄在一條偏僻的道路上。警方在出動直升機進行偵查後又發現了一具女屍,就在幾百公尺外。這兩名被害人的身分很快就確定了,是 29 歲的安妮塔・尼可斯(Annette Nicholls)和 24 歲的寶拉・克蓮娜(Paula Lucille Clennell)。這兩個被害人有一個共同的特點,即都是有毒癮的妓女。前三個被害人也一樣,都是吸毒的妓女。

這 5 名被害人都死於窒息,不是被悶死,就是被勒死的。而且被害

人很有可能在死亡之前就已經沒有了知覺，因為法醫在被害人的體內發現了大量的毒品。雖然這些妓女都有吸毒的習慣，但她們應該有一定的常識，即大量的毒品很可能會導致人的死亡。所以可以確定，這些毒品並不是被害人主動吸入，而是凶手強迫她們服用，或者是凶手在被害人的食物和飲料中放入了大量的毒品，讓被害人在不知情的情況下服用過量的毒品。

被害人雖然被剝光了衣服丟棄在野外，但身上還佩戴著首飾，這說明凶手殺人的目的和謀財毫無關係。而且警方認為，凶手這樣的棄屍方式，不僅是在嘲笑警方，更是在侮辱妓女，向世人表示，妓女就是一個該消失的族群，她們是一群用肉體換取金錢的敗類，而凶手殺死妓女，不過是在替天行道，在消除敗類罷了。

這五起凶殺案的作案手法很相似，警方覺得這很可能是同一人所為，連環殺手又出現了，而且在短時間內取走了 5 名女性的生命。最讓人們震驚的是凶手的作案地點，如此接近的作案地點，說明凶手是個非常自信且膽大的人，因為這樣很容易被抓住。一些連環殺手在選擇目標的時候，通常都會盡量擴大範圍，這樣更容易躲開警察的調查。

蘇佛克鎖喉手案件在英國引起了不小的震動，英國首相東尼·布萊爾專程下令全力追捕凶手，相關部門都投入這起案件的調查中。《世界新聞週報》甚至給出了 25 萬英鎊的高額懸賞，期望能獲得和凶手有關的線索。

除了英國之外，世界各地都相繼出現了多起妓女連環殺人案。例如美國在近年就發生了妓女連環殺人案，4 名被害人的屍體在一條水溝裡被發現。這起案件由於線索有限，就變成了一件無法偵破的懸案。雖然死者都是妓女，但依舊給當地居民帶來了不小的恐慌。還有一名妓女連

環殺手在德國被捕，他的殺人範圍遍及歐洲，開著一輛卡車在歐洲打著旅行的旗號，實際上是在殺人。連環殺手之所以選擇妓女，是因為妓女是這個社會的邊緣族群，不被人重視。其實除了妓女之外，一些社會底層的窮人和流浪漢也很容易成為連環殺手的目標。這些人即使消失了，也不會引起人們的注意，因為沒有人關心他們是否還活著。但隨著妓女連環殺人案的頻繁出現，這些案件漸漸被大眾所關注，媒體也開始鋪天蓋地播報類似的新聞。在以前，美國是個連環殺手的重災區，只要提到連環殺手，人們往往就會想到美國。但後來，連環殺手開始頻繁地出現在歐洲。

此外，妓女的生活方式也很容易讓凶手得手。對於一名普通女性來說，當一名陌生男子邀請她去某個地方或上陌生男子的車時，都會立刻變得警惕起來。但妓女則不同，只要給錢就可以，這樣凶手就可以把妓女帶到偏僻的地方。在蘇佛克鎖喉手案件中，最後一名被害人寶拉・克蓮娜在失蹤之前，曾接受過採訪。她表示，雖然自己也很害怕蘇佛克鎖喉手，但依舊會去街上拉客，因為她需要錢。儘管有些妓女會隨身攜帶一些防身工具，但都是刀子和辣椒水，這些東西在關鍵時刻往往很難派上用場。

在抓捕凶手之前，英國當局為了避免其他妓女慘遭毒手，就讓社會福利團體對當地妓女進行資助，這樣當地妓女不用上街拉客就可以獲得食物交換券和替代毒品、用來戒毒的美沙酮，甚至還為妓女支付手機話費和申請房屋津貼。

隨著調查的深入，警方懷疑到了一個名叫湯姆・史蒂芬的人身上。湯姆是一名超市員工，已經 37 歲了。湯姆在一年前和妻子離婚，從那以後就成了一個資深的嫖客，至少和 50 名妓女發生過性關係，而那 5 名被

害人都曾為湯姆提供過性服務。雖然湯姆無法提供確切的不在場證明，但他一直堅稱自己根本不是蘇佛克鎖喉手。不過湯姆也承認，自己一定會被警察盯上，因為警方對犯罪嫌疑人的描述和自己十分相似。

很快，警方又找到了一名犯罪嫌疑人，一個 48 歲的男性碼頭鏟車司機，他的名字叫史蒂芬·賴特（Steve Wright）。賴特也是妓女們的熟客，和湯姆不同，賴特有異裝癖。賴特在召妓時，有時會換上女裝，穿上高跟鞋和緊身裙，當然假髮也是必不可少的。當地妓女對有異裝癖的賴特印象十分深刻，因為賴特扮成女性的樣子非常嚇人。賴特還曾開過一家酒吧，很受嫖客和妓女們的喜愛。在經過一番審訊後，警方更加認定賴特就是蘇佛克鎖喉手。

雖然蘇佛克鎖喉手的重要嫌疑人已經被抓捕歸案，但關於蘇佛克鎖喉手連環殺人案件的真相卻依舊是個謎，有許多案件細節仍然在進一步的調查之中。

【犯罪心理分析】

儘管有關蘇佛克鎖喉手的案件依舊在調查中，但許多犯罪心理專家已經開始分析凶手，想要弄清楚凶手的殺人動機。犯罪心理專家認為凶手應該是個單身的男性，找妓女完全是為了滿足性慾，但因為有性功能障礙，所以便殺死了妓女。

在 5 名被害人中，雖然她們的衣服都被剝光了，但未在屍體上發現傷痕，屍體也沒有出現被肢解的現象。這可以說明凶手在殺死被害人時，只是為了和被害人相處更長的時間，讓被害人留在自己身邊陪伴自己，基本上沒有憤怒和報復的情緒，不然被害人的屍體會被肢解得不堪

入目。這或許也是凶手和女性交往的唯一方式。大多數連環殺手都是孤獨寂寞的，有可能是個流浪漢，在人際交往中屢屢碰壁，甚至無法處理好兩性關係。

此外，犯罪心理專家還認為蘇佛克鎖喉手應該是個有組織的殺手，在殺人之前應該做過詳細的計畫，甚至都已經選好了被害人。凶手應該是當地人，至少對當地的道路和河渠很熟悉，所以才選擇這些地方來拋屍。凶手的智商應該不低，最起碼懂得一些反偵查的技巧，凶手所選擇的拋屍地點通常都是水裡，因為人的屍體在水中泡上兩天之後，屍體上的生物證據就會消失，例如凶手的指紋或是精液。這樣當警察發現屍體時，在尋找現場證據時就會一無所獲。但也有另外一種可能，在宗教儀式中，水具有清洗罪惡的象徵意義，凶手把被害人的屍體拋棄在水中，可能是在清洗自己的罪惡，也可能是在清洗妓女身上的罪惡。

最後一名被害人在遇害之前就已經聽到了蘇佛克鎖喉手的大名，雖然被害人依舊選擇上街拉客，但被害人在選擇客人時應該會小心謹慎，不會輕易跟陌生客人走，所以凶手應該是被害人的熟客，畢竟熟悉會產生信任。

第二十一章

享受屍體的陪伴 —— 丹尼斯·安德魯·尼爾森

和所有的連環殺手一樣，第一次殺人的體驗對尼爾森來說是困難的，他甚至都覺得驚訝，自己居然會幹起殺人毀屍的事情。不過很快，尼爾森就會發現他在殺人上變得越來越順手和輕鬆，他會殺越來越多的人，直到自己死亡或被捕，而且殺人的間隔時間也會越來越短暫，殺人的衝動會越來越強烈。

1978 年年底，33 歲的丹尼斯‧安德魯‧尼爾森（Dennis Andrew Nilsen）在一家酒吧認識了一個年輕的男子，隨後那名年輕的男子便接受了尼爾森的邀請，跟著他到倫敦梅爾羅斯林蔭道 195 號，在那裡他們繼續喝酒，直到兩個人都睡著了。尼爾森先醒來了，他突然覺得很傷心，因為這個剛認識的新朋友就要離開了。尼爾森先是拍了拍那名男子，但男子並未有醒來的跡象，尼爾森就想到了一個把年輕男子留下來的辦法，這個想法讓他變得很緊張也很興奮，心跳加速而且渾身都是汗。然後，尼爾森就從一堆衣服中找到了一根領帶。

拿著領帶的尼爾森爬到男子的身上，然後用領帶勒住男子的脖子，就在尼爾森加大力道時，男子突然醒了，開始劇烈地掙扎起來。由於對方也是男人，尼爾森費了不少力氣才讓對方昏迷過去。當男子失去意識後，尼爾森只休息了一會兒，便拿起一個塑膠桶跑到了廚房，他往塑膠桶裡裝滿了水，想淹死那名男子。尼爾森把男子放在了一個凳子上，然後把男子的頭按到了水裡，昏迷中的男子並沒有抵抗，但尼爾森可以看到水中冒出的泡泡，那是男子在呼吸。幾分鐘之後，水中的泡泡消失了。

確定男子已經死亡後，尼爾森十分激動，就沖了一杯咖啡，還抽了幾支菸，他得想想怎麼處理屍體。這時，尼爾森的寵物狗從花園跑到了屋子中，牠立刻注意到了那具屍體，就開始舔凳子上的屍體，尼爾森看到後就把狗趕走了。

之後尼爾森才開始正式打量著眼前的屍體，他很快就決定把屍體扛到浴室中。尼爾森把屍體放進了浴缸中，然後放水。尼爾森開始清洗屍體，甚至把屍體的頭髮都洗得十分乾淨。清洗完畢後，尼爾森就把屍體扛到了自己的臥室，然後把屍體放到床上，此時尼爾森突然感嘆起來，

覺得新朋友將永遠陪在自己身邊了。

　　由於死者剛死不久，屍體還沒有出現腐敗的現象，所以尼爾森便忍不住開始撫摸起屍體來。但當尼爾森注意到屍體的嘴唇已經變色後，就開始思考怎麼處理屍體。尼爾森從心底裡不希望把屍體扔掉，因為他不覺得屍體有多恐怖，相反他甚至覺得屍體很漂亮。至於殺人動機，尼爾森沒想那麼多，他只是純粹地想留下一個人陪自己而已，畢竟他已經孤獨地度過好幾個耶誕節了。

　　雖然尼爾森買來了電動刀和一個大鍋，但他卻不捨得處理屍體，便替屍體洗了個澡，還給屍體換上了一條新內褲。在把屍體放到床上時，尼爾森突然有了一種性衝動，他想和屍體發生性關係，但在這個過程中尼爾森卻並未體會到性快感。漸漸地，尼爾森累了，就把屍體弄到地板上，並用窗簾遮蓋住屍體，之後就睡著了。

　　尼爾森醒來後，就給自己做了一份晚餐，邊吃飯邊看電視。吃飽後，尼爾森就開始處理屍體。他想把屍體推到地下室，但卻失敗了，因為屍體已經變得十分僵硬。然後尼爾森就決定把屍體塞到地板下，這次尼爾森成功了。

　　幾天之後，尼爾森突然想到了那具屍體，就把地板撬開，尼爾森看到了一具乾屍。尼爾森又把屍體扛到了浴室中，和屍體一起洗澡。當他把屍體扛到客廳，準備放到地板下時，突然跪了下來，他開始對著屍體手淫。高潮後，尼爾森就把屍體放到地板下。這具屍體一共陪伴了尼爾森 7 個多月，直到屍體已經腐爛得不成樣子了，尼爾森才覺得應該把屍體焚燒掉。為了掩蓋屍體焚燒的氣味，尼爾森還特意加入了橡膠。之後，尼爾森便把骨灰撒到了地裡，關於那個年輕男子的一切就消失了，如果不是後來尼爾森被捕並且主動交代，警方一點蹤跡也找不到。

和所有的連環殺手一樣，第一次殺人的體驗對尼爾森來說是困難的，他甚至都覺得驚訝，自己居然會幹起殺人毀屍的事情。不過很快，尼爾森就會發現他在殺人上變得越來越順手和輕鬆，他會殺越來越多的人，直到自己死亡或被捕，而且殺人的間隔時間也會越來越短暫，殺人的衝動會越來越強烈。頻繁地殺人會讓警察注意到尼爾森，當然這是後話，此時的尼爾森所能想到的就是自己再也不會殺人了。

一年之後，尼爾森遇到了一個年輕的香港學生安德魯·何（Andrew Ho）。安德魯想和尼爾森玩 SM 的捆綁遊戲，但尼爾森卻建議玩一個更危險的遊戲，就是把領帶套到安德魯的脖子上。安德魯突然覺得尼爾森是個很恐怖的人，立刻離開了尼爾森的家，並報告給了警察，但當警察要求安德魯控告尼爾森時，安德魯選擇了放棄，可能是不想讓人知道自己想和尼爾森玩 SM 的捆綁遊戲。

兩個月後，另一名被害人死在了尼爾森的手中，這是個加拿大遊客，名叫肯尼斯·奧肯多（Kenneth Ockenden）。肯尼斯和尼爾森是在一家酒吧認識的，當時兩人正在吃午餐，之後兩人便一起喝酒，他們聊得很愉快，當尼爾森得知肯尼斯是遊客後，就主動提出要帶肯尼斯遊覽倫敦，肯尼斯自然很高興，並且住在了尼爾森的家中。

肯尼斯與尼爾森相處得非常不錯，尼爾森也很享受這段時光。但當尼爾森覺得肯尼斯快要離開英國回加拿大時，就起了殺心。尼爾森用家中的電話線勒死了肯尼斯，之後便在屍體旁聽了會兒音樂。尼爾森想把肯尼斯的屍體清洗一下，於是就扒光了屍體，然後扛到浴室中。清洗完畢後，尼爾森又把屍體扛到了床上，不停地撫摸屍體，直到睡去。醒來後，尼爾森就把屍體塞進了碗櫃，扔掉肯尼斯的衣服後，尼爾森就去上班了。

等尼爾森回來後，屍體已經變得僵硬了。尼爾森把屍體從碗櫃中抱出，又把屍體扛到浴室清洗，然後替屍體穿上了衣服，並把屍體安放在一把有靠背的椅子上，為屍體拍照片。當尼爾森把屍體放到床上後，就開始和屍體聊天。之後，尼爾森便把屍體的大腿交叉起來，用大腿來刺激自己獲得高潮。最後屍體又被他安放在了地板下，陪著尼爾森度過了一段時光。

對於尼爾森來說，屍體是非常漂亮的，能和屍體共處是一種美好的享受。尼爾森還十分喜歡替屍體穿上不同的衣服，然後靜靜地欣賞。這在常人看來是詭異的，但尼爾森卻覺得非常有趣。

5個月後，尼爾森認識了一個無家可歸者 —— 16歲的馬丁尼‧杜菲（Martyn Duffey）。尼爾森把杜菲騙到家中後就灌他酒，當杜菲準備睡覺時，尼爾森突然爬到床上，想要勒死他。等杜菲昏迷後，尼爾森便把他扛到廚房，然後把杜菲的頭按到水槽中，直到杜菲死亡。因為杜菲才16歲，所以尼爾森對這具年輕的屍體十分滿意，就和屍體一起洗澡，然後不停地親吻屍體，最後坐在屍體的肚子上手淫。杜菲的屍體陪伴了尼爾森兩個星期，然後被放到了地板下。

接下來的被害人是名27歲的男妓，靠賣身生活。威廉‧薩瑟蘭（William Sutherland）在酒吧看到尼爾森後，就想從尼爾森那裡賺筆錢，便一直跟著尼爾森。最初尼爾森並沒有看上薩瑟蘭，也不想帶薩瑟蘭回家。對於薩瑟蘭的死亡過程，尼爾森的大腦斷片了，他記不起來是怎麼殺死薩瑟蘭的，反正第二天早上醒來後，就在家中看見了薩瑟蘭的屍體。

下一個被害人同樣是自己送上門的，瑪爾科姆‧巴羅（Malcolm Barlow）是個23歲的精神有問題的孤兒，還是個病態說謊者。一天，巴羅

不停地在尼爾森的家門外走來走去，還抱怨說自己有癲癇病，身體很虛弱。尼爾森發現後不僅把巴羅請到家中，還打電話給醫院。救護車把巴羅帶走了，但很快巴羅就出院了，然後繼續在尼爾森的家門口徘徊，還會等尼爾森下班。

尼爾森發現巴羅又出現後，就邀請巴羅去家中做客，不停地讓巴羅喝酒，直到巴羅喝醉，然後尼爾森就把巴羅給掐死了。這是一次不怎麼舒服的殺人體驗，因為尼爾森很討厭巴羅這個精神病人。隨後，尼爾森便把巴羅的屍體塞到了廚房水槽下的櫃子裡。

此時，尼爾森的住所中可以說到處都是屍體的氣味，有些屍體被放在地板下，有些屍體則在尼爾森的床上，供尼爾森手淫。屍體腐爛會帶來令人難以忍受的惡臭，還會引來許多蒼蠅，尼爾森為此買了不少噴霧劑，用來掩蓋屍體的臭味。儘管如此，尼爾森依舊覺得和屍體相處的感覺很美好，他覺得自己可以完全掌控屍體，屍體不會離開他，他讓屍體擺出什麼姿勢，屍體就會擺出什麼姿勢。尼爾森的鄰居也漸漸聞到了屍體的味道，但鄰居沒有想到這是屍體的氣味，就向尼爾森抱怨，尼爾森說這是房子腐朽的味道。

有一次，尼爾森突然有了自殺的念頭，就在他準備殺死自己時，寵物狗突然跑了進來，看到愛犬的一刻，尼爾森突然覺得自殺是個非常愚蠢的行為，並對著鏡子給了自己一耳光。這是個非常怪異的現象，就好像電影《沉默的羔羊》中的那個水牛比爾，可以殘忍地殺人並剝下死者的皮，但當聽到愛犬有危險後，卻會變得十分急躁和不安。據說，警察在拯救一名自殺者時，就告訴自殺者，如果他死了，他的愛犬就會變成流浪狗。這個自殺者一聽愛犬會變成沒人要的流浪狗，便主動放棄自殺。尼爾森雖然殺死了許多人，但卻從未想過對愛犬下手，或許他覺得

愛犬永遠不會棄他而去。

既然不準備自殺，那麼接下來就得處理房間裡的屍體，他還專門把愛犬趕到了花園中。為了不弄髒自己的衣服，尼爾森脫了個精光。接下來，尼爾森肢解了所有的屍體，這個工作對尼爾森來說可謂是手到擒來，因為他之前就當過屠夫。除了肢解，尼爾森有時還會把被害人的頭顱放到大鍋中煮。尼爾森把屍體肢解完畢後，就裝進了塑膠袋中。

尼爾森給自己留下了兩具完整的屍體和一具被肢解的屍體，把這些通通放到了地板下面。剩下的一部分屍體則被尼爾森放到了花園中，那裡有一個小棚子和緊鄰著矮樹叢的洞。還有一部分屍體被尼爾森裝進了手提箱裡，有時會拿出來進行焚燒。

尼爾森的這種點火行為引起了人們的注意，但沒有人想主動了解尼爾森到底在燒些什麼。有一些好奇心比較重的小孩子曾長時間地看著尼爾森焚屍，但他們也不知道尼爾森到底在燒什麼，而且尼爾森還叫他們和火保持一定的距離，避免被燒傷。焚燒所遺留下的骨頭都被尼爾森碾成了骨灰，然後撒到了地裡。

等把屍體都處理完畢後，尼爾森搬家了，新家給尼爾森處理屍體帶來了不小的麻煩，但依舊擋不住尼爾森殺人的衝動。1981 年 11 月 23 日，這天是尼爾森的生日，他在酒吧認識了一個 19 歲的同性戀保羅·諾比斯（Paul Nobbs），尼爾森把保羅帶回家喝酒。凌晨時，保羅因為劇烈頭痛醒來一次，然後又睡下。第二天醒來，保羅在脖子上發現了紅色印記，尼爾森建議他去看醫生。醫生告訴保羅他脖子上的紅色印記是有人想掐死他留下的，保羅聽到後雖然後怕，但並未報警，之後的被害人就沒有這麼幸運了。

尼爾森在酒吧認識了一個名叫約翰·霍萊特（John Howlett）的男

子,約翰在尼爾森的家中喝醉了,就想直接睡覺,尼爾森想讓他離開,可是約翰不聽,尼爾森就起了殺心。他用皮帶勒住約翰的脖子,約翰雖然昏厥了,但心臟依舊在跳動,尼爾森就把約翰按到浴池裡。確定約翰死亡後,尼爾森把約翰剁成了碎塊,一些扔到廁所裡沖掉,另一些則留下來做成菜,招待朋友。至於約翰的骨頭,則被尼爾森扔到了垃圾箱裡,稍大些的骨頭被扔到了河裡。

第二個死在尼爾森新家的人是格雷漢姆・艾倫(Graham Allen),當時尼爾森並沒有計畫殺死艾倫,但當看到艾倫的嘴角掛著一塊煎蛋捲之後,尼爾森突然覺得艾倫已經昏迷了。對於艾倫的死,尼爾森一直不承認,認為是煎蛋捲殺了艾倫。最後,艾倫的屍體被尼爾森扛到了浴室中,並在那裡待了三天,之後才被尼爾森肢解和處理。

最後一個被害人是個癮君子,他的名字叫史蒂芬・辛克雷爾(Stephen Sinclair)。尼爾森把辛克雷爾帶到了家中,然後把辛克雷爾放到椅子上,還播放了一會兒音樂,漸漸地辛克雷爾睡著了。尼爾森看到辛克雷爾睡著後,就把他綁在了椅子上,然後不停地對辛克雷爾灌酒,最後勒死了辛克雷爾。與其他的被害人不同,辛克雷爾並未進行劇烈的掙扎,後來尼爾森在辛克雷爾的手腕上發現了曾經自殺遺留下來的刀割傷口。

除了這些被害人之外,一些人也僥倖逃脫了。在 1981 年的新年夜,當尼爾森準備對一個叫小澤利光的人下手時,突然接到了鄰居的邀請,期間尼爾森喝了許多酒。後來,鄰居就看到一個全身溼透的人從樓上跑下來。事後,小澤利光把這段經歷告訴了警察,並說尼爾森想殺死他,但警察卻覺得既然尼爾森和小澤利光都喝醉了,就沒什麼好追究的。

另一名倖存者應該感謝尼爾森的愛犬,他是個反串演員,總是穿著

女人的衣服進行表演，他的名字叫卡爾·斯托特（Carl Stottor），只有21歲。尼爾森把卡爾帶回家喝酒，喝醉後兩人就在床上睡覺。尼爾森醒來後便想掐死卡爾，窒息的卡爾醒來了，並請尼爾森幫他呼吸，但尼爾森卻把他帶到了浴室，並把卡爾扔到了水中。期間，卡爾不停地求饒，但尼爾森都沒有放手。在卡爾停止了掙扎後，尼爾森就把卡爾扛到了沙發上。這時，尼爾森的愛犬突然跑過來，不停地舔著卡爾的臉。當尼爾森發現卡爾還活著時，就托著卡爾，等卡爾漸漸恢復了意識。卡爾清醒之後，尼爾森告訴他，當時他的喉嚨被東西卡住了。卡爾相信了尼爾森的說法，並且答應了尼爾森經常來他家玩耍，但之後卡爾再也沒有來過，而且也沒有報警。

雖然尼爾森很享受和屍體一起生活，但也不得不想辦法處理屍體。一些肉塊和器官被扔到了馬桶中，但卻造成了下水道的堵塞，尼爾森就用強酸來清洗下水道，但沒什麼效果。房客們只好請專業人員來檢查下水道。從此之後，尼爾森再也不敢往廁所裡扔屍體，而是把剩下的屍體都裝進塑膠袋裡，然後鎖在了壁櫥裡。

一個名叫麥可·卡坦（Michael Cattran）的人來到尼爾森的住處檢查下水管道問題。麥可聞到了一些特殊的氣味，有點像屍體的氣味，但麥可並未往人的屍體上想，覺得可能是老鼠等一些小動物的屍體。但隨著麥可發現了越來越多的屍塊後，便覺得不對勁，就決定報警。可是麥可的公司卻覺得報警未免有點太輕率，決定在第二天白天時仔細觀察後再做決定。

在麥可剛發現那些屍塊時，就叫來了房客們，包括尼爾森在內。尼爾森回到家中後便開始想辦法，他想到了把這些屍塊都換成雞肉，他也想到了自殺。除此之外，房間內還有一些被害人的屍體沒有被處理，想到這些，煩悶不已的尼爾森便開始不停地喝酒。

其實房客們早就開始懷疑起尼爾森來，覺得下水道的那些屍塊肯定和怪異的尼爾森有關。第二天，在麥可發現了一大塊屍體後，立刻撥打了報警電話。此時，尼爾森正在上班，並且告訴同事們，如果明天他沒有來上班，要麼死了，要麼就是被警察抓走了。尼爾森的同事們以為這只不過是尼爾森的玩笑話，並未放在心上。

下班回家後，尼爾森在樓道裡碰見了警察。隨後，尼爾森就主動跟警察走了，在警察局裡老實交代了自己所犯下的罪行。尼爾森的交代讓警察十分吃驚，因為警察沒有想到那些懸而未決的失蹤案居然都和尼爾森有關。尼爾森還告訴警察，自己家中的壁櫥和浴室的抽屜裡都有屍塊。在許多人看來，尼爾森就是個超級變態殺人狂，但尼爾森卻解釋說，自己這麼做只是想交朋友。最終尼爾森被送進了監獄。

【犯罪心理分析】

在尼爾森的殺人動機中，有一個顯著的特徵，即無法排遣的孤獨，他殺人是為了不讓被害人離開自己，這點與丹墨十分相似，由於尼爾森殺害的都是男性，所以他便被冠上了「英國的丹墨」稱號。只不過丹墨會吃人肉，而尼爾森則會把屍體留在身旁陪伴自己。

尼爾森出生在蘇格蘭一個普通的家庭，因為父親奧拉（Olav Magnus Moksheim）酗酒，所以常常不回家。後來奧拉就連生活費也不再提供，母親伊莉莎白（Elizabeth Duthie Whyte）選擇了離婚，然後帶著尼爾森離開了。在尼爾森的記憶中，他最喜歡和外祖父安德魯・懷特（Andrew Whyte）待在一起，但在他 6 歲時外祖父就去世了，而且他在毫無準備的情況下被母親帶去參加外祖父的葬禮，在那裡看到了外祖父的屍體，這

是段讓尼爾森終身難忘的體驗。這是尼爾森第一次接觸屍體時的感受，是一種正常的感受，因為屍體會讓人聯想到死亡。但後來，尼爾森對屍體的感受卻出現了扭曲，居然覺得屍體很美好。

　　雖然尼爾森在殺害被害人的時候都用了勒住脖子的方式，但置人於死地的卻是水中窒息，這或許與尼爾森幼年時的一段經歷有關。尼爾森8歲時，在海中玩耍差點被淹死，幸好被一個男孩救起。但當尼爾森醒來後，卻發現自己肚子上有些白色黏稠的物質，後來尼爾森才明白那個救命恩人趁著自己昏迷的時候面對自己進行了手淫。

　　後來尼爾森的母親又結婚了，並且還有了四個孩子，無暇照顧尼爾森，這樣尼爾森變得更加孤獨起來。與許多連環殺手不同，尼爾森不會用傷害小動物和其他小朋友的方式來排遣孤獨。整體而言，尼爾森並不是個攻擊性很強的男孩，在許多人的心中，他就是個普通的男孩。漸漸地，尼爾森表現出了同性戀的傾向，無法和異性進行深入的接觸，但卻可以輕易吸引男孩的注意。尼爾森也開始對男孩有了興趣，一天晚上甚至想趁著兄弟熟睡之際偷看兄弟的裸體，但並未得逞。

　　尼爾森的變態行為是從入伍後開始的，在軍隊中他是名廚師，學會了屠宰的技巧。因為尼爾森有屬於自己的單間，所以總會照鏡子扮演失去知覺的樣子，然後想像自己是另外一個人，這樣進行手淫時，往往會有更強的性興奮。尼爾森與軍中其他戰友的關係很疏遠，為了排遣孤獨，尼爾森會不停地喝酒。

　　1972年，尼爾森參加警察培訓期間，曾在太平間看過一具屍體。這時的尼爾森已經不再對屍體感到恐怖，而是開始對屍體著迷。雖然尼爾森沒有成為正式的警察，但卻獲得了一份負責面試的工作，這份工作尼爾森做了很久，直到自己因殺人被捕。

在殺人之前，尼爾森也曾試著和一些男性交往，但這種交往很短暫和表面，無法滿足尼爾森，因為尼爾森渴望能建立一種持久的關係。為此，尼爾森開始陷入照鏡子的性幻想中，把自己想像成一具屍體，然後再把自己想像成另外一個人，可以和屍體產生親密的關係。後來，尼爾森甚至還會化妝，把自己化成一個死人的樣子。

之後，尼爾森便和一個叫大衛・加拉奇（David Gallichan）的男性同居，還買了一隻寵物狗。後來，尼爾森越來越無法忍受大衛，就讓大衛搬了出去，但那隻寵物狗卻一直陪著尼爾森。儘管有愛犬的陪伴，但尼爾森卻變得更加孤獨，為了緩解孤獨，尼爾森會投入地進行工作，閒下來就會到酒吧買醉。在家中觀看電視節目也是尼爾森排遣孤獨的方式。

漸漸地，尼爾森便被這種幻想和孤獨所圍繞，他遲早會走上殺人的道路。但在他正式殺人之前得有一些激發因素，讓他把自己的幻想付諸行動。於是尼爾森在一次和同伴醉酒後，起了殺心，因為他想到了對方醒來就會離開，這讓他很不愉快。

第二十二章

混亂年代的懸案 —— 金斯伯里連環殺人案

　　警察透過對河流的搜索發現了更多與被害人有關的證據，例如被害人的右腿以及一頂灰色的沾有血跡的氈帽、一件包裹在廢舊報紙裡的領口沾有血跡的藍色工作衫。隨後被肢解的屍體都被打撈上來，除了幾塊碎屍外，還有一顆頭顱，可以確認被害人也是被斬首身亡的，死亡時間應該在兩天前。

1930 年代，經濟大蕭條襲擊了美國，這場經濟危機來得十分突然，貧窮在美國突然變得十分常見，許多企業和家庭要麼已經破產，要麼就是處在破產的邊緣，失業率迅速上升，許多人因為失去了工作而沒有了經濟來源，成了一無所有的人。面對經濟的蕭條，美國政府也做了許多努力，但國家的宏觀調控根本無法控制經濟直線下滑。

美國俄亥俄州的克里夫蘭市成了一個經濟奇蹟，市政府在這裡實施了大規模的公共建設，這為許多人製造了就業機會，也刺激了經濟的繁榮，總之這裡的繁榮吸引了很多失業的人，許多沒有工作的人都搭乘火車來到克里夫蘭市，希望能找到一份工作來養活自己。這樣，克里夫蘭市一下子湧進了大量貧困的人口，這些人中的大部分人依舊沒有找到工作，但卻在這座城市裡定居下來，一個貧民窟出現了 —— 金斯伯里（Kingsbury Run）。

金斯伯里貧民窟是座廢墟，這裡除了一些狹小的鐵皮房子可以供人們居住外，還有大量垃圾，這些垃圾中有工業垃圾，讓一條河流變得髒臭不堪，也有生活垃圾，例如腐爛的水果和空罐頭盒等，這些垃圾隨意地丟棄在地上，沒人管理。這裡成了犯罪的搖籃，走私、販毒、賣淫和黑社會等各種犯罪行為在這裡十分常見。當然這裡也有一個警察辦公室，但警察的主要責任就是負責保護鐵路的安全，防止流浪漢扒車。如果沒有警察在這裡鎮守，說不定鐵軌都會被流浪漢扒下來。

就在金斯伯里貧民窟，出現了一系列的連環殺人案，被害人都被凶手肢解得支離破碎，手段殘忍得令人髮指，這個連環殺手也因此被人們稱為「金斯伯里的瘋狂屠夫」。

1935 年 12 月 23 日，在金斯伯里普拉哈大道和東 49 街出現了兩具男性屍體，全身赤裸地躺在草叢中，而且頭部都被砍掉，生殖器也被人

砍掉，後來經確認，在被害人生前，他們的生殖器就已經被人砍掉。被害人的血液也被人為地放掉，這些屍體顯得很乾淨，顯然是被人清洗過，這裡雖然是發現屍體的地方，但可以肯定的是，這不是案發現場。最終，法醫透過鑑定認為兩人都是被斬首殺害的，因為屍體的頸部肌肉出現了嚴重收縮的現象，而且殺害被害人的凶器是一把大砍刀。很快，警察就找到了兩名被害人的頭顱，這兩顆頭顱分別被凶手埋在了距離屍體不遠的地下。

不久，兩具屍體中的一名被害人的身分就確定了，他是 28 歲的愛德華·安德拉西（Edward Anthony Andrassy）。愛德華出生於一個沒落的匈牙利貴族家庭，曾在一家精神病院工作，與一名護士結婚並有一個女兒，但這段婚姻並未持續很久。隨著經濟危機的到來，愛德華失去了工作，成了一個流浪漢，每天除了酗酒、吸毒之外，還經常打架鬥毆、私藏武器、販賣淫穢書刊，有人甚至說愛德華是個同性戀。雖然後來愛德華的頭顱被找到了，但他的生殖器卻消失了。另一名被害人的身分沒有被核實，他和愛德華一樣，生殖器都沒有被找到，而且他的屍體還做過防腐處理，之後被焚燒過。

1936 年 1 月 26 日，金斯伯里東 21 街一棟建築物邊上出現了一個裝著被肢解的碎屍的籃子和麻袋，裡面有兩條小腿、兩條大腿、右臂以及被橫砍成兩半截的上身，還有一套被包裹在報紙中的白色棉製內衣褲。後經確認，被害人是一名女性，名叫佛蘿倫斯·吉娜薇·波利略（Florence Genevieve Polillo），是個 42 歲有著愛爾蘭血統的女人。波利略在染上酗酒的毛病前，有著美滿的婚姻和良好的人際關係，但自從她開始酗酒後，她的生活就變得不正常起來，沒有正當的職業，也沒有穩定的人際關係，主要靠賣淫為生。最終警察確認了波利略的死亡時間，大約是

在四天前，而丟棄屍體的時間則大約是當天凌晨兩點到兩點半之間。和之前的謀殺案一樣，波利略同樣死於斬首，凶器依舊是大型砍刀，而且屍體也被清洗過，沒有血液外流的情況。

1936 年 6 月 5 日，有人在金斯伯里地區邊緣小路旁的矮樹叢中發現了一顆人頭。在警察趕到後，立刻展開了偵查和搜索的工作，後來在鐵路警察辦公室前面的樹叢中找到了被害人的屍體。被害人同樣死於斬首，凶器同樣是一把大型砍刀。雖然警察無法確定被害人的身分，但可以確定的是被害人並不住在金斯伯里地區，因為他身上的衣服很新。警察還在被害人的屍體上發現了 6 處刺青。根據被害人身體強壯的特點來看，被害人生前應該是名水手。這名被害人除了頭部被砍下之外，並未發現其他損傷。

1936 年 7 月 22 日，又有一具被砍下頭顱的屍體出現了。這次是在城市的西南方發現的，這裡同樣是個貧民窟。隨後，警方便在距離屍體不遠處發現了被害人的頭顱，被衣服包裹著。這一次，凶手沒有清洗屍體，因為地面上有乾掉的血跡，這裡應該還是案發的第一現場。由於當時正值炎熱的夏季，屍體很快就腐爛了，根本無法確認被害人的身分，但可以確定的是，這名被害人的死亡時間早於剛剛發現的那名被害人，只是發現的時間較晚。

1936 年 9 月 10 日，有人報告在金斯伯里東 37 街旁的河水中發現了幾塊碎屍。警察透過對河流的搜索發現了更多與被害人有關的證據，例如被害人的右腿以及一頂灰色的沾有血跡的氈帽、一件包裹在廢舊報紙裡的領口沾有血跡的藍色工作衫。隨後被肢解的屍體都被打撈上來，除了幾塊碎屍外，還有一顆頭顱，可以確認被害人也是被斬首身亡的，死亡時間應該在兩天前。這是金斯伯里連環殺人案的第六名被害人，凶手越來越頻繁地

作案，讓人們開始關注這起連環殺人案，凶手顯然也不準備停手。

1937 年 2 月 23 日，有人在金斯伯里東 15 街附近的河灘發現了一塊殘缺不全的屍體，這塊屍體沒有頭部，只有上半身，而且雙臂也被凶手切掉了，但這顯然是個女性被害人。雖然警方無法確認被害人的身分，但可以確定被害人就生活在金斯伯里貧民窟。驗屍報告顯示，被害人的死亡時間應該不超過三天，而且患有中度肺氣腫和有過身孕。雖然被害人和以往的死者一樣，都被切掉了頭顱，但法醫卻根據被害人血液凝結在心臟的特徵，推斷出被害人是在死亡後才被切下了頭顱，而且受到了虐待，流了不少血，很可能就是失血過多而導致的死亡。兩個多月後，在金斯伯里東 30 街附近的河中發現了被害人的兩條腿。

1937 年 6 月 6 日，金斯伯里地區的羅林－卡內基橋的第五個橋拱下面出現了一個麻布袋，上面覆蓋著去年 6 月的舊報紙，而麻袋裡面卻裝著一些已經腐爛的碎屍。經鑑定，死者已經死了一年了。當警察把這些破碎的屍塊進行了一番拼湊後發現，死者是名女性，而且十分瘦弱，身高應該不會超過 152 公分。死者的第三、四、五節脊椎骨的部位有被砍過的痕跡，但無法確定死者是生前遭遇了斬首，還是死後被切下了頭顱。此外，凶手還對屍體進行了生石灰處理。後來，一名私人牙醫透過對死者牙齒的檢查，推斷死者可能是失蹤數月的黑人妓女蘿絲·華萊士（Rose Wallace）。雖然警察無法確定死者到底是不是蘿絲·華萊士，但可以確定的是，死者是個有色人種。

1937 年 7 月 6 日，庫亞候加河中的一些碎屍漂到了金斯伯里地區，這些碎屍由上半身和兩條腿組成，死者是個男性。一個星期後，死者的其他部位在河流的下游地區被找到，但頭顱卻一直下落不明。雖然被害人的上半身保存完整，但其腹部的器官以及心臟都被人為地取走了，死

者的致命傷在頸部，顯然是斬首身亡的。由於警方沒有在屍體上發現什麼能證明死者身分的東西，再加上死者的頭顱沒有被找到，所以死者的身分無法確定，但警察卻發現死者的指甲保養得不錯。

1938 年 4 月 8 日，庫亞候加河的河面上漂起了一條女性大腿。一個月後，死者的其他部位被發現，死者的上半身被切成了兩半，小腿和腳還有雙手都被肢解，只有頭顱保持完整，這些都被裝進了兩個麻袋中。最終透過法醫的鑑定可以得知，死者是被凶手斬首死亡，腹部的疤痕顯示死者生前應該做過剖腹產手術或墮胎手術，此外法醫還發現了死者身上有闌尾切除手術所遺留下的疤痕。死者的身分最終沒有被確認。

1938 年 4 月底，金斯伯里東 9 街盡頭的垃圾堆裡出現了被肢解的女性屍體，屍體被包裹在舊衣服和報紙中。隨後，警方便在附近搜索到了更多的碎屍，還從一個廢棄的大桶裡發現了一顆男性頭顱，這說明他們同時發現了兩名被害人，而且是一男一女。

最終確認女性被害人是高加索白種人，屍體是被大砍刀肢解的，具體死亡原因無法確定，可以肯定的是這名女性的死亡時間大約在 3 月，而丟棄屍體的時間則在半個月前。男性被害人也是白種人，屍體同樣被大砍刀肢解，死亡原因和死亡時間都無法確定。

金斯伯里連環殺人案讓當地警方投入了大量的人力進行調查，還成立了專案調查組，並且動員了半個城市的居民協助調查。最終警方確定了數千名犯罪嫌疑人，還請來眾多專家幫忙進行排查，但金斯伯里連環殺人案依舊在不停地上演。混亂的金斯伯里區對於凶手來說就是最好的掩護，再加上當時正值經濟危機，整個社會都處於混亂和動盪之中，這種混亂無形中保護了凶手，而金斯伯里連環殺人案也成了美國犯罪史上的一樁懸案。

【犯罪心理分析】

◇

　　作為一樁懸案，金斯伯里連環殺人案的凶手成了當地警局的一塊心病，凶手甚至在 1939 年寫了一封信給警察局局長，這封信被許多犯罪心理專家研究過，證實這封信就是金斯伯里連環殺人案的凶手寫的。這是金斯伯里連環殺手唯一一次和警察聯絡，這封信後來被刊登在克里夫蘭市的報紙上。

　　信件中，凶手提到警察可以放心地休息了，因為他已經離開了克里夫蘭市，到溫暖的加利福尼亞過冬。凶手還提到了被害人，說自己肢解人體的技術還不夠好，如果他的肢解技術能夠得到進一步的提升，一定會在醫學界引起轟動。

　　凶手在信中表達了對那些被害人的不屑一顧，認為那些被肢解的被害人就像一堆被剁碎的豬肉一樣，不會在人們的心中留下什麼印象，也不會有人去懷念他們。這說明凶手對自己所犯下的罪行毫無悔改之意，也沒有什麼同情心，被害人的生命對他來說沒有什麼價值。此外，凶手還提到了巴斯德[01]（Louis Pasteur）和梭羅[02]（Henry David Thoreau），把自己和這些先驅相提並論。

　　最後，凶手提到了自己的殺人動機，他殺人以及處理屍體，都是按照上帝的意願，讓那些被害人不再遭受痛苦。凶手還挑釁地對警察說，還有一個被害人的屍體沒有被找到，也將永遠不會被找到，因為凶手不想讓人們發現。凶手還說，或許在許多人的眼中他就是個冷血的、瘋狂的屠夫，但事實會證明他的理論，而且他已經有了一個追隨者。

---

[01]　1822 ～ 1895，歷史上公認的對人類最有貢獻的疾病預防科學家。
[02]　1817 ～ 1862，美國著名超驗主義實踐作家，自然隨筆的創始者，代表作品是《在康科德與梅里馬克河上的一週》和《瓦爾登湖》。

第二十三章

降半旗哀悼的槍擊慘案 —— 蒂姆·克雷奇默

反社會型人格障礙的患者在社會適應上會遇到不小的問題，也就是說，該患者無法建立起親密的關係，無法融入周圍人的世界中。臨床精神病學家阿德勒認為克雷奇默和許多校園槍擊案凶手一樣都有著病態的人格，並且深受這種病態人格的折磨，無法建立起正常的社交關係，在周圍人的排擠中倍感壓力，當這種壓力超過他們的承受極限後，就很容易走上違法犯罪的道路。

2009 年 3 月 11 日上午 9 點 30 分，在德國，一個身著黑色野戰裝備服的槍手突然闖入了司徒加特市附近小鎮溫嫩登的阿爾貝維爾實科中學（Albertville Realschule），槍手迅速地進入教室，準備上課的學生們還沒回過神來，就被槍手手中的武器給掃射了，然後槍手迅速地離開，前往下一個教室。這場槍擊案一共導致了 12 個人死亡，其中 9 個為學生，都是一些十五六歲的少年，還有 3 名女教師也不幸遇難。

槍擊案給這所中學帶來了前所未有的混亂，受到驚嚇的學生們紛紛跳窗逃命，隨後警察也趕到現場。當地的一名警察說，平生第一次見到這樣的場面。學生們的家長在得知學校發生了槍擊案後也都趕到學校，由於警察不讓進入，於是只能焦急地待在學校附近，等待孩子的消息，並且祈禱自己的孩子能平安無事。

警察趕到案發現場後，並沒有發現形跡可疑的人，凶手很可能在警察趕到之前就已經逃走了。隨後警察便開始疏散學校內的師生，為了保護案發現場，還對學校進行了封鎖。隨後，法醫趕到了學校，並開始檢查被害人的屍體。其他受傷的師生都被轉移到了附近的一家診所中，沒有受傷的學生則跟著父母回家了。

後來，警方發現被害人大多數是女性，9 名遇害學生中，只有 1 名男生，剩下的均為女生，3 名遇害教師則全部為女性。除此之外，受傷的 7 個人也都是女生。一位男性目擊者還向警方交代，槍手在開槍時避過了他，而是向周圍的人掃射。這說明槍手的目標是女性，男性死者算是誤傷。這些被害人大都是一槍斃命，都被擊中了頭部，由此可見槍手的槍法是不錯的。警察還在案發現場發現了大量的未經使用的子彈，這顯然是槍手留下的，如果不是警察及時趕到，槍手應該還想槍殺更多的人。槍手之所以能得手，在這麼短的時間內槍殺這麼多人，除了他高超的槍

法外，還有一點十分重要，那就是被害人們猝不及防，他們無論如何也想不到槍擊案居然會發生在自己身上。就連警察也十分驚訝，警察發現有些被害人的手中仍緊緊地握著鋼筆。

學校周圍的車輛也成了盤查對象，警察希望能找到凶手。為了避免無辜者被凶手脅迫，警察要求路過的司機不要搭載陌生人。除此之外，附近的幼稚園、小學和圖書館等一些公共設施也被迫關閉，安靜的小鎮一下子變得緊張起來。

為了儘管抓捕凶手，警方還出動了直升機和警犬。搜捕期間，槍手和警察相遇了，雙方還發生了十分激烈的槍戰，其中兩名警察被凶手擊中，身受重傷，不過槍手的腿部也被擊中了，但槍手還是在不停地逃亡，沒有主動投降的意思。在槍手逃亡的路上，遇到了一些路人，其中 3 名路人就被凶手開槍打死。最終，槍手死在了一家超市附近。槍手到底是被警察擊斃還是自殺，則成了一個謎，但當地警方認為槍手是死於自殺。

這起槍擊案在德國引起了不小的震動，德國政府發言人威廉公開表示，德國前總理梅克爾聽到這起槍擊案的消息後十分震驚，威廉還代表梅克爾和德國聯邦政府對遇難者家屬表示慰問。與此同時，英國的《每日電訊報》、《泰晤士報》和美國《時代》雜誌網站都對這起槍擊案進行了報導。隨後，歐盟委員會主席巴羅佐當天也發表聲明，對這起槍擊案表示震驚和悲痛。

在槍擊案發生的當天下午，梅克爾在柏林總理府專門針對溫嫩登校園槍擊案發表了簡短聲明：「今天的德國沉浸在悲痛之中，上午一起槍擊案在瞬間奪走了一些學生和老師的生命。聯邦政府會對巴符邦提供所需要的援助。」之後，德國內政部長宣布，2009 年 3 月 12 日德國將會降半旗，為溫嫩登鎮的校園槍擊慘案哀悼。

【犯罪心理分析】

製造這起槍擊慘案的凶手是個 17 歲的高中生，名字叫蒂姆・克雷奇默（Tim Kretschmer）。在同學們的眼中，克雷奇默不僅性格內向和容易害羞，還十分孤僻，沒有什麼朋友。克雷奇默還是同學們欺負和排擠的對象，漸漸地他對世界充滿了憎恨。在周圍女孩的眼中，克雷奇默是個十分怪異的人，對「死亡金屬」音樂和槍支有著狂熱的迷戀。克雷奇默的業餘時間都交給了槍支，一有時間就會在家後的樹林裡練習射擊。在槍擊案發生的前一天晚上，內向害羞的克雷奇默終於鼓足勇氣向一個女孩告白，但卻遭到了女孩的拒絕。這讓克雷奇默感到了絕望，其精神狀態變得狂暴起來，於是就選擇了大開殺戒。

克雷奇默之所以喜歡槍支並且擅長射擊，或許是受到了父親的影響。克雷奇默的父親喬治經營著一家包裝公司，手下有 20 多名職員，為克雷奇默提供了豐富的物質生活。喬治不僅是勞滕巴切射擊俱樂部的成員，而且還有持槍許可證。在朋友們的眼中，喬治最大的愛好就是收藏武器槍支，喬治還非常了解武器，尤其精通氣手槍。據說，喬治還有一個專門用來收藏武器的櫥櫃，這個櫥櫃很大，被鑲嵌在牆體中。克雷奇默在槍擊案中所使用的武器是一支威力很強的貝瑞塔自動手槍，這是喬治的武器藏品之一，被克雷奇默偷走了。

警方和調查人員在檢查了克雷奇默的電腦後發現了一些促使克雷奇默走向極端的線索，克雷奇默曾在電腦中寫下了這樣一段話：「我不知道自己喜歡什麼和討厭什麼，或許我什麼也不喜歡、什麼也不討厭。至於工作，我擔心自己依然是個學生。」

和許多連環殺手一樣，克雷奇默是個反社會型人格障礙症患者。首先，克雷奇默有著高度的攻擊性，性格孤僻的他十分沉迷於網路暴力遊戲。而且據克雷奇默的同學反映，他們經常和克雷奇默玩一款叫「絕對武力」的第一人稱射擊遊戲，在遊戲中執行殺人任務，克雷奇默對於這種遊戲十分擅長。

　　其次，反社會型人格障礙症患者在社會適應上會遇到不小的問題，也就是說，該患者無法建立起親密的關係，無法融入周圍人的世界中。臨床精神病學家阿德勒認為克雷奇默和許多校園槍擊案凶手一樣都有著病態的人格，並且深受這種病態人格的折磨，無法建立起正常的社交關係，在周圍人的排擠中倍感壓力，當這種壓力超過他們的承受極限後，就很容易走上違法犯罪的道路。

第二十四章

黑寡婦 —— 貝莉·根納斯

有一種女性連環殺手被稱為黑寡婦，是一種十分常見的類型。這種稱呼基於一種具有劇烈毒性的蜘蛛，這種蜘蛛在交配後，雌性蜘蛛往往會吃掉雄性蜘蛛，這麼做是為撫育下一代累積營養。不過如果黑寡婦在吃飽的情況下和雄性蜘蛛進行交配，就不會吃掉丈夫。

貝莉‧根納斯（Belle Gunness）是挪威人，典型的北歐人種，長得又高又壯，身材十分豐滿。貝莉本名布倫希爾德（Brynhild），在 22 歲移民到美國芝加哥居住，高大且豐滿的女性在當地受到了許多男性的追捧，她也替自己取了一個新的名字，即貝莉，美女的意思。

貝莉 25 歲時和一個保全結婚了，兩個人後來一起開了一家糖果鋪，生意雖然不太好，但也不至於虧本。豈料不到一年的時間，貝莉夫婦的糖果鋪突然著火了，所有的東西都在這場火災中變成了灰燼。但所幸的是，貝莉夫婦買了保險。得知貝莉夫婦的糖果鋪失火後，保險公司的調查員趕到現場進行調查，貝莉對調查員說是一盞煤油燈爆炸引起的火災，最終貝莉夫婦獲得了一筆賠償金。

貝莉夫婦在結婚後生下了一個女兒，取名為卡洛琳，貝莉夫婦也替卡洛琳買了保險。在獲得火災保險金後不久，貝莉夫婦又獲得了一筆賠償金，因為他們的女兒卡洛琳死了，死於急性結腸炎。當時卡洛琳先是出現了噁心、發燒和腹瀉的症狀，隨後便因為小腹疼痛所引起的痙攣而死。短期內，貝莉夫婦一下子獲得了兩筆豐厚的保險賠償金。雖然保險調查員也曾懷疑過，但看到貝莉夫婦因為卡洛琳的死十分傷心時，便沒有深入調查。

貝莉夫婦利用賠償金在芝加哥的郊外買了一棟房子，不久之後他們的房子著火了，保險公司又賠了一筆錢。之後，貝莉夫婦的兒子也得了急性結腸炎，死於全身痙攣，保險公司又出了一大筆錢。

接下來，貝莉夫婦又買了一棟更大的房子。沒過多長時間，貝莉的丈夫死了。經法醫鑑定，貝莉的丈夫死於番木鱉鹼中毒。對於法醫給出的鑑定結果，貝莉夫婦的家庭醫生表示不服，認為貝莉的丈夫本身就因為心臟肥大症隨時有生命危險。貝莉也表示，她一直按照醫囑給丈夫服

用一種藥粉。最終，貝莉又從保險公司那裡獲得了一筆巨額賠款。

接下來的幾年時間裡，貝莉一直被火災和喪夫的噩運所籠罩著，她買的房子總會毀於一場火災，她的丈夫或丈夫帶來的孩子總會莫名其妙地死亡。被噩運籠罩著的貝莉也因此變得越來越富裕，保險公司的人十分熟悉貝莉這個寡婦。後來，貝莉帶著一大筆錢離開了芝加哥，到印第安那州拉波特縣居住，並在那裡買了一座大農場。

貝莉來到自己的新農場後不久，就請木匠為她建了一個豬圈，而且要求豬圈的圍欄得有 180 公分高，上面還得用鐵絲網罩住。這種要求讓木匠感到十分奇怪，因為豬圈的圍欄根本用不著那麼高，沒有一頭豬能跳過這麼高的圍欄。

辦理完一切瑣事後，貝莉就開始在《斯堪地納維亞人報》上刊登徵婚啟事，在徵婚啟事上，貝莉充分展現出了自己的優勢，她是個有錢的寡婦，還有一座大農場，最重要的是她風韻猶存，身材豐滿。貝莉在徵婚啟事中表示想找到一個忠誠的男子來當自己的丈夫或情人，一定要和她一起對家庭負責任。這樣的徵婚啟事自然能吸引一些男士，但他們不知道的是這其實是封死亡邀請函。

貝莉透過徵婚啟事，認識了一個名叫安德魯（Andrew Helgelien）的男子。起初，兩人只是在通信中聊些戀人之間的瑣事。最後，貝莉開始談論錢的問題，並且得知安德魯有不少的積蓄，就邀請安德魯到她的農場來，還讓安德魯把能變賣的東西全都換成金錢，拿著值錢的東西來她的農場。貝莉還交代安德魯，不要和別人說他到她這裡來了。當安德魯提到去銀行匯錢時，貝莉則阻止道：「親愛的，千萬不要相信那些銀行的騙子。你只需要把所有的錢都換成面額最大的那種就可以了，如果你害怕弄丟的話，可以把它們牢牢地縫在你的內褲裡面。還有這些不要告訴

任何人，這是我們兩個人之間的小祕密。」但是安德魯卻消失了。

除了安德魯之外，印第安那州的喬治·巴里也消失不見了，當時他聲稱自己要去見一位「根納斯夫人」，並且還帶了 1,500 美元。西維吉尼亞州的亞伯拉罕·菲力浦斯在和貝莉通信後，便帶著 500 美元和一枚鑽戒去找貝莉，此後音訊全無。印第安那州的赫爾曼·科尼茲則帶著 5,000 美元的現金去見貝莉，之後也消失了。

當然也不是所有與貝莉通信並去找貝莉的男子都消失了，有些男子因為隨身攜帶的財物較少而倖免於難。密蘇里州的喬治·安德森看到了貝莉的徵婚啟事後，就想和這個富婆結婚，於是就主動寫信給貝莉。過了一段時間後，安德森就想去貝莉的農場看看。不過安德森是個精明的人，並沒有按照貝莉的意思賣掉自己的家產，只帶著 300 美元就去了。

當安德森看到貝莉後，十分滿意，當晚就住在了貝莉的家中。但在夜晚時卻發生了一件奇怪的事情，突然醒來的安德森看到貝莉就站在他的窗前，臉上的表情陰森、恐怖。安德森突然下意識地大聲喊叫起來，貝莉也被這聲喊叫給嚇住了，尖叫著跑了出去。因為這個意外事件，讓安德森之前對貝莉的好印象完全打消了，安德森突然覺得貝莉是個陰森古怪的女人，於是就趕緊離開了貝莉的農場。

不久之後，貝莉居住地的鎮長就收到了很多從明尼蘇達、威斯康辛、西維吉尼亞、堪薩斯等州的信件，這些都是尋找兒子、兄弟或父親下落的信件。後來鎮長收到的類似信件越來越多，這些信件中所提到的男子都失蹤了，而且失蹤前都和家裡人說要到拉波特找一個富婆。但這些男子的失蹤都未引起當地警方的注意，直到一場火災的發生。

1908 年 4 月 28 日，美國印第安那州拉波特縣一座農場發生了火災，這是一個名叫貝莉的女人的農場。當警察趕到後，只剩下了一片被大火

燒過的廢墟，在這片廢墟中，警察發現了三具女屍，據說是貝莉和兩個女兒的屍體，只是貝莉的屍體上少了頭顱，所以警方也無法確定這具女屍到底是不是貝莉。但警方可以確定的是，這絕不是一起簡單的縱火案，而是一起精心謀劃的凶殺案。

在警方對貝莉的農場進行了勘察之後，發現了一個可疑的大垃圾堆，就在豬圈旁邊。根據對貝莉傭人的盤問，警察得知貝莉總是往這裡扔些舊靴子、豬骨頭、咖啡罐什麼的，漸漸地就形成了一個大垃圾堆，傭人還告訴警察，在一個月前貝莉命人把這裡給堵起來了。

警方覺得這個垃圾堆很可疑，便開始進行挖掘，剛開始他們也沒發現什麼可疑的東西，都是些泥土和常見的垃圾等。但隨著挖掘得越來越深，警察聞到了一股難聞的惡臭，並且發現了許多男人用品，例如男性手錶、男性外套上的鈕扣和男性錢包等。後來，警察便發現了一根人的肋骨，之後發現了更多人的屍體，這些屍體都被肢解了，而且都是男性。這些男性都是來和貝莉相親的，但貝莉卻殺死了他們，把他們隨身攜帶的錢全部拿走，然後把他們的屍體肢解並埋在豬圈旁邊。這是一起連環殺人案，而凶手顯然就是貝莉，而且貝莉之前所得到的保險金很可能也是她殺害丈夫和子女得來的。

【犯罪心理分析】

女性連環殺手的殺人動機和男性連環殺手有著本質的區別，男性連環殺手的殺人動機往往基於性和暴力，但這兩點卻很少出現在女性連環殺手身上。大部分女性連環殺手都是為了圖財，也就是說經濟因素是女性連環殺手殺人的主要目的。

　　有一種女性連環殺手被稱為黑寡婦，是一種十分常見的類型。這種稱呼基於一種具有劇烈毒性的蜘蛛，這種蜘蛛在交配後，雌性蜘蛛往往會吃掉雄性蜘蛛，這麼做是為撫育下一代累積營養。不過如果黑寡婦在吃飽的情況下和雄性蜘蛛進行交配，就不會吃掉丈夫。

　　「黑寡婦」所殺害的人通常都與自己有著密切的關係，例如丈夫、孩子和情人等。在殺人手段上通常會選擇毒殺。殺人動機就是圖財，為了得到被害人的財產或保險金。

第二十五章

女學生殺手 —— 艾德蒙·肯培

　　普通殺人犯所犯下的殺人罪行，通常都是基於報復的心理，被害人都是凶手的熟人。這些普通殺人犯不會對殺人上癮，但連環殺手卻相反。連環殺手殺人的動機通常都不是因為他和被害人之間有仇有怨，而僅僅是為了冷血的殺戮。連環殺手最喜歡殺害陌生人，這樣最容易擺脫警察的調查，讓自己避免被捕，然後才能繼續殺人。

1948 年 12 月 18 日，艾德蒙・肯培（Edmund Emil Kemper III）出生於美國加州，從一出生起肯培就生活在父母的爭吵聲中，直到他 9 歲時，這種爭吵才停息，因為肯培的父母離婚了。父母離婚後，肯培和兩個姐姐與母親一同生活，但母親卻很討厭肯培，因為肯培長得非常像父親，肯培每天都會受到母親不公平的待遇。

與其他男孩不同，肯培從 10 歲起就開始發育，身型比一般人要龐大很多，所以他總是會受到同齡人的排擠。面對兒子的發育，肯培的母親開始變得神經質起來，擔心肯培會強姦自己的女兒，於是就把肯培趕到地下室居住。每天晚上，肯培的母親都會當著他的面摟著女兒離開。這時，肯培對母親的怨恨開始變得更加強烈。肯培覺得自己就是家中一個可有可無的存在，是被母親孤立起來的。肯培母親的這種教育方式在犯罪心理專家看來是變態的，或者說肯培的母親本身就處於精神錯亂的邊緣，她總是在精神錯亂時，對兒子進行打罵。肯培母親的這種精神錯亂症狀遺傳給了肯培，讓肯培變成了一個殺人狂。

自從肯培被關到地下室居住後，他就開始以幻想殺戮來洩憤，總是想像一些血淋淋的場面。最終他把這種幻想變成了現實，家中的兩隻波斯貓成了肯培的實驗品，肯培不僅殺死了兩隻貓，還把兩隻貓給肢解了。

除了折磨和弄死小動物外，肯培還十分喜歡和兩個妹妹玩死亡遊戲，經常割掉妹妹們玩偶的腦袋。後來，肯培的這種怪異行為被母親發現了。肯培的母親很生氣，就把肯培送到了他的父親那裡，但肯培的父親已經再婚，不想要肯培這個累贅，最終肯培被送到了祖父母那裡。肯培的祖父母在加州塞拉鎮擁有一座農場，但卻地處偏遠。肯培很不適應這裡的生活，開始變得更加厭煩、焦躁、孤獨和古怪。肯培的祖父為了

逗孫子開心，就在閒暇時間教肯培如何使用槍械。但肯培的祖父無論如何也想不到，肯培居然會用學來的射擊技術對付自己的祖父母。

肯培的祖母很不喜歡這個孫子，不僅會責罵肯培，還會故意諷刺肯培，肯培與祖母之間的關係十分緊張。在 1964 年 8 月 27 日，這時肯培才 15 歲，他終於決定教訓一下祖母。早上起床後，肯培帶著槍和自己的狗出門了，對祖母說自己要出去打獵。但很快肯培就回來了，隔著窗戶看到祖母正在收拾東西，然後肯培就拿著槍對準了祖母的後腦開了一槍，隨後肯培又繞到廚房，拿了把刀不停地捅向祖母。確認祖母死後，肯培就安靜地坐在那裡等祖父回來。肯培的祖父開車去外面辦事，回來後完全不知道發生了什麼事，就被人從後面給了一槍，射殺他的就是肯培，這支槍是他送給肯培的生日禮物。

面對兩具屍體，肯培沒有慌亂，而是冷靜地打電話給母親，然後告訴了母親剛才發生的事情，並按照母親的吩咐安靜地坐在原地，等待母親和警察的到來。等警察趕到後，肯培居然對他們說：「我只是想看看殺死我祖母會是什麼樣子。」其實，不停責罵他的祖母讓肯培想到了母親，所以他一氣之下就選擇了殺死祖母。而祖父則是一個附屬的犧牲品，肯培在殺死祖母後決定一不做二不休，所以順便開槍打死了祖父。

最終，年僅 15 歲的肯培被送到了精神病院，因為精神病醫師診斷出他有解離性人格和心理變態。在之後的幾年內，肯培在精神病院表現得很不錯，精神病院的醫生也都相信肯培已經痊癒了，不會攻擊他人，更不會給人們帶來威脅。肯培在精神病院內就是一個模範病人，可以充當醫護人員的助手，這給他接觸一些心理學知識提供了便利。肯培的智商很高，高達 136，相當於天才的智商，所以能夠輕易地看懂精神病院內所有的病例資料和測驗結果，了解了精神病醫生判斷人心理狀態是否正

常的標準，最後肯培記下了 28 種精神測驗的答案。這幫助肯培通過了精神測驗。但心理醫生卻不認為肯培已經恢復了正常，覺得肯培應該繼續待在精神病院接受治療。最終，法院接受了精神病院的建議，讓肯培回到正常人的生活中，就這樣，肯培又回到了母親身邊，此時的肯培已經是個 21 歲的成年人了，體型遠遠高於普通人，看起來就好像一個巨人。

　　心理醫生的推斷是正確的，在精神病院的這幾年內，肯培學會了欺騙，開始表現得像正常人一樣，實際上他的內心依舊是嗜血的。為了贏得他人的信任，肯培開始注重起儀表和口才。在此期間，肯培還認識了幾個連環強姦犯，肯培很喜歡聽這些強姦犯講故事，因為他們的故事中充滿暴力和性，這正好可以滿足肯培的幻想。但肯培卻看不起這些人，因為他覺得這些人實在太笨了，在作案時留下了太多的證據。肯培還認為如果換作是他，他一定不會攻擊自己認識的女性，因為這樣很容易被警察調查，他會選擇陌生的女性進行攻擊。

　　普通殺人犯所犯下的殺人罪行，通常都是基於報復的心理，被害人都是凶手的熟人。這些普通殺人犯不會對殺人上癮，但連環殺手卻相反。連環殺手殺人的動機通常都不是因為他和被害人之間有仇有怨，而僅僅是為了冷血的殺戮。連環殺手最喜歡殺害陌生人，這樣最容易擺脫警察的調查，讓自己避免被捕，然後才能繼續殺人。

　　獲得自由的肯培並未馬上作案，而是選擇當警察，他喜歡警察這個職業，而且警察這個職業也可以為他的殺手身分打掩護。但肯培的身型實在太高大了（206 公分），最終因為身高而被拒絕。不過肯培也不是毫無收穫，他和一些執法人員相處得非常融洽，在這些人的眼中，肯培是個不錯的朋友，但很遺憾肯培無法成為警察。後來，肯培獲得了一份高速公路巡警的工作，許多執法人員還準備為肯培慶祝。

但是肯培在母親的心中卻是個十分惡劣的人，而在肯培的心中，母親則是一條瘋狗，總是不停地責罵自己，例如嫌棄肯培牙刷得不乾淨等。此時，肯培的母親剛剛結束了第三段婚姻，並且在加州大學聖克魯茲分校獲得了一份祕書的工作。為了擺脫母親的羞辱，肯培也曾想搬出去，但因為經濟原因不得不與母親居住在一起。

　　肯培為了避免被母親責罵，閒暇時總喜歡去一家酒吧，這裡有許多警察，他總能和這些警察侃侃而談，並且輕易地獲得警察們的喜愛和尊重，因為警察們總是被肯培所擁有的豐富的槍械和彈藥知識所俘虜。

　　後來，肯培花錢買了一輛車，並對這輛車進行了一番改造，看起來就好像一輛警車一樣。實際上，這是一輛專門為殺人準備的汽車，乘客座旁邊的門被肯培改造得根本無法從裡面打開，一旦有人上了車，那麼車門就會封死。在肯培汽車的後車廂裡還有塑膠袋、繩子、槍以及一床毛毯，這些都是他為殺人和處理屍體準備的工具。制定好詳密的殺人計畫後，肯培就開著車出現在高速公路上，看似漫無目的地到處遊蕩，實際上肯培是在尋找獵物，那些願意搭他車的單身女性就是他的目標。

　　為了不引起警察的懷疑，在最初的一年內，肯培並未對搭載的乘客下手，只是單純地搭載，時不時地和她們聊天。大約一年後，肯培覺得時機成熟了，殺人行動就正式開始了。

　　1972 年 5 月 7 日，兩名女學生瑪莉（Mary Ann Pesce）和安妮塔（Anita Luchessa）上了肯培的車，肯培載著她們，把車開到了一個偏僻的地方，然後就撕下了偽善的面具。肯培把安妮塔塞到了後車廂裡，因為他準備先對瑪莉下手。肯培把瑪莉給銬了起來，然後用塑膠袋蒙住她的頭，想把瑪莉給悶死，但肯培卻發現瑪莉在塑膠袋上咬了一個洞。肯培發現後，就拿刀捅死了瑪莉，最後還割開了瑪莉的喉嚨。之後，肯培把

後車廂打開了，那裡還有一個大活人。肯培用手中沾滿鮮血的刀子用力地刺向安妮塔，儘管對方拚命地掙扎和求饒，最終還是被肯培刺死了。連殺兩人的肯培立刻感覺到了心滿意足，便開著車兜風了一會兒。最終，肯培決定把這兩具女屍帶回家。

回到家後，肯培把這兩具女屍扛回了自己的房間。肯培扒開了屍體的衣服，然後把兩具女屍的頭顱都割了下來，一一進行肢解，甚至把被害人的內臟器官掏出來玩耍，還用這些血淋淋的東西做愛，並把這些拍成照片留作紀念。但很快，肯培的興奮勁就過去了。厭倦的肯培開始考慮如何處理屍體，就把這些屍塊裝進了塑膠袋中，但那兩顆頭顱卻被肯培留了下來。那兩袋碎屍被肯培埋到了附近的山裡。肯培回到家後看到那兩顆頭顱，覺得這或許會給自己帶來麻煩，就把頭顱扔到了一條非常偏遠的山溝裡。

很快，這兩個女學生的家屬就向警方報案了。對於這兩個女學生的失蹤案，警方並未重視，只覺得女學生可能和自己的男朋友在一起，不久之後就會主動現身，這在當時也是一種很常見的現象。直到這兩個女學生的屍體被發現後，警察才重視起來。8 月，有人在山裡發現了一些碎屍，後經證明這是那兩名失蹤女學生的屍體。

9 月，肯培又在高速公路上發現了一個獵物，這是個 15 歲的韓裔舞蹈學生古愛子（Aiko Koo）。當這個女孩上車後，肯培就對她說自己想要去自殺，只要她能安安靜靜的，肯培就會保證她的生命安全。肯培把愛子帶到了一個偏僻的山區，然後把愛子的嘴給封起來，並用手捏住愛子的鼻子，想讓愛子窒息而死。愛子在經歷了一番掙扎之後便失去了意識，但她還有生命跡象。當肯培發現愛子醒來後，就再次動手殺死了她。確定愛子死亡後，肯培實施了姦屍，並把愛子的屍體帶回了家。回

到家中，肯培就迫不及待地將屍體肢解開，然後把碎屍放進了塑膠袋，並丟棄在不同的地方，但肯培卻留下了愛子的頭顱。

第二天，一個心理醫生來到了肯培家中，主要是為了考察肯培的精神狀況。肯培偽裝得十分成功，讓心理醫生誤認為他是個正常人，最終心理醫生在肯培的精神鑑定中寫道：「肯培已經不再是自己和他人的威脅了。」事實卻是，那個遇害女孩的頭顱正放在肯培汽車的後車廂裡。接受完心理醫生的考察後，肯培就開車出去，把那顆頭顱給埋掉了。不久之後，這名被害人的部分屍體被警方找到，但警方並未意識到這些謀殺案實際上是一起連環殺人案。

1973 年 1 月，肯培為自己買了把手槍，然後便開著車去高速公路上尋找獵物，一個叫辛蒂（Cindy Schall）的女孩上了肯培的車。辛蒂一上車，肯培就強迫辛蒂躺到後車廂裡去，然後拿槍打死了辛蒂。肯培把辛蒂的屍體帶回了家並放在自己的房間裡，之後肯培就睡覺了，因為他得等到天亮，等母親上班以後才能做自己想做的事情。母親離開家後，肯培立刻變得精神起來，不僅興奮地和辛蒂的屍體性交，而且還在浴缸裡把辛蒂的屍體給肢解了，隨後辛蒂的屍體被肯培裝到塑膠袋裡，然後扔到了一個海峽裡面。但肯培卻留下了辛蒂的頭顱，並把這顆頭顱埋在了家中的花園裡面，正對著自己母親房間的窗戶，肯培之所以這麼安排，是因為母親曾告訴肯培，她喜歡別人能夠一直仰視她，這樣辛蒂就會 24小時不停地仰視他的母親了。

辛蒂的死讓警察開始懷疑上了肯培，但因為找不到線索，只能放棄逮捕肯培。肯培卻並未決定收手，在 1973 年 2 月，肯培的車上又搭載了兩名女孩蘿莎琳德（Rosalind Thorpe）和艾莉森（Allison Liu）。肯培開了一會兒後，突然對蘿莎琳德說，車窗外有個東西，趁著蘿莎琳德轉頭看

的空檔，肯培拿槍射擊了女孩的頭部，然後又迅速地朝著艾莉森射擊。但艾莉森並未馬上死去，肯培只好把車停在路邊，又朝著艾莉森開了幾槍。肯培載著兩具女屍回到了家中，那時母親正好在家，肯培和母親只要一見面就會發生劇烈的爭吵。和母親吵架後的肯培氣憤不已，就開車到了一條偏僻的小街上，並在那裡卸下了兩具女屍的頭顱。第二天，肯培把無頭女屍帶到了自己的房間裡，然後瘋狂地和屍體做愛。完事後，肯培就開始處理屍體。這兩具女屍直到一個星期以後才被警方發現。

從 1972 年最初遇害的兩名女學生，直到 1973 年遇害的兩名女孩，短短的不到一年的時間裡，肯培的手上就葬送了 6 條人命。由於被害人都是搭車的單身女學生，所以肯培也有了一個「女學生殺手」（Co-ed Killer）的外號。

那麼，肯培是如何讓這些被害人信任自己並主動上車的呢？肯培每次發現目標後，都會主動問對方要到哪裡去，然後會看下自己的手錶，彷彿在思考自己是否有充足的時間讓對方搭車。這樣對方往往很容易放鬆警惕。

之後，肯培就沒有繼續尋找自己的獵物了，因為他有了新的目標，即殺死自己的母親。在 1973 年的 4 月，肯培決定開始動手。肯培選擇了一個週六的凌晨，這天還是復活節。當時肯培的母親正在熟睡中，肯培拿著一把拔釘錘悄悄地潛入了母親的臥室內，然後用力地用錘子擊打母親的頭部，最後，甚至還用刀子割掉了母親的喉嚨，並且把母親的喉嚨扔到了垃圾道裡。後來肯培主動交代了這麼做的原因：「這是她罪有應得，這麼多年了，她不停地責罵我，她的喉嚨就應該待在垃圾桶裡。」但由於垃圾道被塞住了，所以當肯培關門時，喉嚨被彈了回來，並打在他的臉上，後來肯培也向警方提到了這個細節，並自嘲道：「就是她死了，

也不會放棄侮辱我。沒辦法，我做不到讓她閉嘴。」

隨後，肯培用刀子卸下了母親的頭顱，並且用手捧著母親的頭顱進行口交。完事後，肯培就把母親的頭顱掛在了牆上，專門用作練飛鏢的鏢靶。到了晚上時，肯培不知道是不盡興還是怕人發現，就打電話給母親的好友，邀請她來吃飯，並告訴她自己準備了一個驚喜。當母親好友進入肯培家中後，肯培就打暈了她，並用一條圍巾勒死了她。隨後，肯培卸下了屍體的腦袋，實施了姦屍，然後和屍體一起睡覺。

睡醒後，肯培寫了一張紙條，這是留給警察的，隨後肯培便開著被害人的車離開了家，但害怕被人懷疑，就在中途換了一輛車。到了科羅拉多州後，肯培突然停了下來，並用路邊的電話打電話給自己在警察局工作的熟人，主動交代了自己的罪行。但對方卻不相信肯培，認為肯培在開玩笑，因為在當地許多警察的心中，他們不相信肯培會做這樣殘忍的事情。儘管大家都知道肯培在 15 歲的時候開槍射殺了自己的祖父母，但大家更願意相信那是個意外事件，這麼多年過去了，肯培已經被改造成了好人。隨後，肯培又打了幾通電話，並且交代了一些案件細節，最終警察決定逮捕肯培。

當警察趕到肯培所交代的地方後，他們發現肯培不僅沒有逃走，反而還安靜地等著他們。被捕的肯培十分配合警察的工作，不僅主動交代和承認了所有的罪行，還帶著警察到拋屍地點尋找屍體。後來，肯培通過了司法精神鑑定，也就是說，他是個正常人，精神沒有問題。在法庭上，肯培企圖自殺，曾用原子筆戳穿自己的腕動脈，但他並沒有死成。最終，肯培被判犯有一級謀殺罪，需要對 8 起謀殺案負責。當法官問肯培對他實施什麼樣的處罰最合適時，肯培的答案是「折磨致死」。不過法官並未滿足肯培的願望，而是判處他終身監禁，不得假釋，隨後肯培便被送到了加利福尼亞州的一座監獄中。

【犯罪心理分析】

◇

肯培在殺人時，會根據不同的心情來選擇不同的作案工具，例如匕首、手槍、塑膠袋和繩子等都是他的作案工具。在確定被害人死亡後，肯培不會丟棄屍體，也不會馬上掩埋屍體，而是選擇把屍體拉回家中，因為肯培患有戀屍癖，他最大的愛好就是姦屍。

所謂戀屍癖患者，簡單點說就是有一種人可以從屍體上獲得性滿足。在研究者看來，戀屍癖患者性交對象有著強烈的支配欲望，這種支配欲望在戀屍癖患者的性滿足中占據著相當重要的地位。有些戀屍癖患者會找些假扮屍體的活人進行性活動，戀屍癖患者的要求也很簡單，就是要求對方一動也不動，如果對方動了，戀屍癖患者就會覺得自己沒有占據支配的地位，會認為自己的命令受到了違抗，戀屍癖患者的性交慾望和能力也會因此喪失。所以戀屍癖患者最喜歡的交配對象是屍體，因為屍體可以完全受他的支配，不會出現違抗他的情況。

通常情況下，戀屍癖患者在社會中的地位較為低下，或者是個屢受挫折的失敗者，在活人的世界中，他們無法進行支配，所以只能面對屍體。在死人的世界裡，戀屍癖患者會覺得自己就是個強大的主宰者，因為屍體不會嘲笑他，更不會違背他的意願。不過也不是所有屢受挫折的人都會成為戀屍癖患者，戀屍癖患者通常都有明顯的精神病或嗅覺障礙。

在醫學上，戀屍癖患者也有很多不同的類型，例如殺人型、幻想型、迷戀型等等。其中迷戀型戀屍癖患者會對屍體的各個部位，皮膚、生殖器、骨骼、內臟等都十分有興趣，會將屍體的某個部位做成自己喜愛的物品，然後隨身使用，例如愛德華‧西奧多‧蓋恩就是典型的迷戀型

戀屍癖患者。幻想型戀屍癖就是將性幻想對象放在了屍體上，對於普通人來說，性幻想是種正常的現象，但所幻想的對象都是活人，但幻想型戀屍癖患者的幻想對象恰恰是死人。殺人型戀屍癖患者為了滿足自己姦屍的慾望，通常都會殺人。顯然，肯培就屬於殺人型戀屍癖患者。在肯培被捕後接受審判的時候，主動交代了自己的殺人動機：「在她們活著的時候，對我十分冷漠，不會主動和我分享任何事情。但當她們死了，我就可以確定她們完全屬於我了，除了殺死她們之外，我想不到其他能留下她們的辦法。」

肯培之所以總是找女性下手，還有一個十分重要的原因，那就是肯培的母親。肯培每次殺這些女性的時候，都能想到自己的母親，最後肯培確實殺死了母親。後來肯培也交代，自己殺人也是完全按照母親的意願行事，因為母親曾告訴他，那些女學生永遠也不會看上他。肯培相信了母親，所以就殺死了她們。

肯培的智商是屬於天才範疇的，後來他被關進監獄後，成了監獄內的模範犯人，經常研究心理學著作，希望能分析自己的心理和行為。但是高智商並未給肯培帶來優勢，他總因為身材過於高大而受到周圍人的排斥和歧視。在家庭教育中，強勢的母親也會對他冷嘲熱諷。隨著年齡的增長，肯培開始試圖擺脫強勢母親的控制，希望能獲得支配地位和尊重。其實在殺死母親之前，肯培就經常幻想著用錘子砸死母親，並且還拿著錘子偷偷潛入母親的臥室中，但一直都沒鼓起勇氣動手。後來，肯培終於把這種幻想變成了現實。

在肯培所犯下的所有謀殺案中，肯培都是在被害人死後才進行了肢解，也就是說他殺人的目的並不是為了享受折磨人的感覺，而僅僅是透過這種殺人和肢解屍體的方式來獲得支配地位和擁有對方，在肯培看來

能夠隨意支配被害人的屍體，才算得上真正擁有了她們。

在肯培從精神病院出來後，他曾經想成為一名警察。這也是許多連環殺手的夢想，因為這樣不僅可以滿足自己的支配欲望，而且還可以了解謀殺案的調查進度，可以幫助自己應對警方的調查。許多連環殺手還喜歡把自己的車改造成警車的樣子，或直接駕駛報廢的警車。

被捕後的肯培自然引起了許多人的好奇，FBI 行為科學部的約翰‧道格拉斯也對肯培很有興趣，並和肯培見面、交談。在道格拉斯的眼中，肯培是個非常冷靜的人，只有在提到母親時才會帶有感情色彩，尤其是提到母親對他的虐待時。雖然道格拉斯覺得肯培不會對被害人愧疚，非常冷血，但道格拉斯卻不得不承認肯培是個很受人歡迎的人，他也很喜歡這個開朗又幽默的人。道格拉斯甚至還說，不論別人說什麼，在我看來和肯培交談是種很不錯的、愉快的體驗。

第二十六章

迷人外表下的邪惡 —— 焦哈爾·察爾納耶夫

《滾石》雜誌顛覆了許多人對恐怖分子和精神變態者的固有印象，在許多人心中恐怖分子或殺手都是可怕而且瘋狂的，我們需要遠遠地躲開。但事實上，有不少殺手都是外表迷人的，會輕易地贏得他人的信任和喜愛，但人們不知道的是，在這樣迷人的外表下是邪惡而瘋狂的內心。

2013 年 4 月 19 日，美國警方在沃特敦抓捕了波士頓爆炸案和麻省理工學院槍擊案嫌犯之一焦哈爾．察爾納耶夫（Dzhokhar Tsarnaev），此時察爾納耶夫才 20 歲。察爾納耶夫在 1993 年 7 月 22 日出生於吉爾吉斯，他的童年是在北高加索地區度過的，那是一片十分動盪的地區。在察爾納耶夫 8 歲時跟著父母以難民的身分前往美國的波士頓居住，並且在 2012 年 9 月 11 日獲得了美國國籍。

在同學們的眼中，察爾納耶夫是個性格內向而且溫和的男孩，十分受歡迎。察爾納耶夫在學校的表現也很不錯，在高中時曾擔任過摔跤隊隊長，並且在高中畢業時因為品學兼優獲得了 2,500 美元獎學金。後來，察爾納耶夫便進入麻州大學達特茅斯分校接受教育，並在 2013 年 4 月 15 日和哥哥塔梅爾蘭（Tamerlan）一起製造了震驚世界的波士頓爆炸案。在察爾納耶夫被捕之後，他的朋友們都很震驚，不相信察爾納耶夫居然會犯下這麼大的案子。

2013 年 7 月 10 日，察爾納耶夫出庭接受審判，接受審判前察爾納耶夫還和自己的家人進行了吻別。美國聯邦陪審團指控察爾納耶夫使用大規模殺傷性武器致人死亡、對公共場所實施爆炸致人死亡等罪名，這些罪名都十分嚴重，會被判處死刑。另外一些罪名則會被判處終身監禁。但是對於這些罪名，察爾納耶夫都否認了。

2013 年 4 月 15 日，波士頓正在舉辦馬拉松比賽，許多人都聚集在賽場，但現場突然發生了爆炸，造成了 3 人遇難，此外還造成了 260 多人受傷。經過美國聯邦調查局的一番調查後，察爾納耶夫兄弟被認為是這起爆炸案的最大嫌疑犯。此外，麻省理工學院校警寇里爾的死也與察爾納耶夫兄弟脫離不了關係。

在爆炸案發生的當天，察爾納耶夫和哥哥塔梅爾蘭一起在波士頓的

市中心安放了爆炸物，而且還安放了兩個地點。當爆炸發生後，察爾納耶夫和哥哥便被警方追捕，在逃命的過程中，察爾納耶夫本來想開車撞向警察，但卻誤撞了哥哥，直接導致了塔梅爾蘭當場死亡。

在這場爆炸案發生後，波士頓市市長梅尼諾公開表示：「應該把爆炸案的犯人永遠關進大牢，然後扔掉大牢的鑰匙。」也就是說，市長梅尼諾比較支持終身監禁這種懲罰，而不是死刑。

2015 年 4 月 22 日，關於察爾納耶夫的第二階段的庭審開始了。在開庭期間，美國媒體曝光了一段和察爾納耶夫有關的影片，影片中察爾納耶夫豎起了中指，這是一種鄙視和具有侮辱意味的手勢。檢方也抓住了這點，認為察爾納耶夫的此種舉動表示他對自己所犯下的嚴重罪行毫無悔過之心。在公眾看來，察爾納耶夫則是個冷酷的犯罪分子，應該被判處死刑或被終身監禁、不得假釋。

在接受審判的時候，察爾納耶夫表現得非常冷漠，甚至顯得有點呆滯，面無表情的察爾納耶夫一直盯著被告席，只是偶爾抬頭看前面，很少出現情緒化的行為，直到看到情緒激動的阿姨後才開始用衛生紙反覆擦拭自己的眼睛，後來直接用手擦拭眼睛，甚至躺在了椅背上。察爾納耶夫的阿姨帕蒂馬特·蘇萊曼諾娃已經 64 歲了，專程從外地趕到波士頓參加察爾納耶夫的審判。當蘇萊曼諾娃看到察爾納耶夫後，就開始激動得哭泣，甚至無法控制自己，法官也不得不要求蘇萊曼諾娃控制好自己的情緒。

2015 年 5 月 15 日，關於察爾納耶夫的審判又開始了，這次的美國聯邦陪審團是由 7 名女性陪審員和 5 名男性陪審員組成的。此時，察爾納耶夫也不再否認對自己的指控，而是為自己辯護，說自己是受到了哥哥塔梅爾蘭的影響。不論怎樣，關於察爾納耶夫的懲罰是輕不了的，要

麼死刑，要麼終身監禁。美國聯邦檢察官則宣布尋求判處察爾納耶夫死刑。最終察爾納耶夫被判處死刑。

不過察爾納耶夫並未馬上被執行死刑，因為察爾納耶夫的律師建議察爾納耶夫提起上訴，這樣即使上訴沒有成功，察爾納耶夫也能多活 19年，因為美國的上訴流程十分複雜，在死刑犯提起上訴期間，是不能被執行死刑的。

對於察爾納耶夫這個恐怖分子來說，能活到中年後再死，算得上是一種幸運，也算是鑽了美國法律的漏洞。但一些美國網友卻認為這是一種雙重懲罰，畢竟察爾納耶夫之後的日子都得在監獄裡度過，而且作為一個危險的犯罪分子，他還會享有最高安全等級的單人牢房。但總有一天，察爾納耶夫會被送上刑場，接受注射死刑。

2015 年 6 月 24 日，在美國聯邦檢察官正式宣布波士頓馬拉松爆炸案凶手焦哈爾·察爾納耶夫被判處死刑時，察爾納耶夫卻突然表現出了悔過的姿態：「實在對不起。你們讓我知道了自己所做的事情是令人難以忍受的，如今我很後悔奪走了那些無辜者的生命，我也很抱歉給被害人的家屬帶來了傷痛。我會為你們和被害人祈禱，希望你們能健康和盡快從痛苦中走出來。」察爾納耶夫表現得很真誠，不僅不敢抬頭和被害人家屬對視，而且懺悔的聲音也在顫抖。

【犯罪心理分析】

────◇────

因為波士頓爆炸案，察爾納耶夫一時間成了名人，甚至登上了美國《滾石》雜誌的封面。《滾石》雜誌封面選擇了一張察爾納耶夫略顯憂鬱的照片，本以為可以增加雜誌的銷量，但卻遭到了民眾的批評。不少人

都認為《滾石》雜誌的這種做法有欠妥當，讓察爾納耶夫這個臭名昭著的恐怖分子變成了名流人物，是對遇難者家屬的不尊重。為此，不少商店都拒絕出售《滾石》的這期雜誌。

不過，《華盛頓郵報》的編輯艾瑞克·威爾伯卻提出了不同的看法，這張照片可以告訴我們，其實恐怖分子就在我們周圍，是個看起來溫柔帥氣的人，而不是那種窮凶極惡的長相。

在現實生活中，察爾納耶夫確實有兩副不同的面孔。在周圍人的眼中，察爾納耶夫不僅品學兼優，而且溫和帥氣。但實際上察爾納耶夫的內在世界卻是野蠻而邪惡的。整體而言，察爾納耶夫就是個怪物，而且就生活在我們周圍，不被我們所警覺。

在《滾石》的這期雜誌裡，還有一篇和察爾納耶夫相關的報導，這篇報導是一個名叫珍妮·瑞特曼的編輯撰寫的。瑞特曼為了撰寫這篇報導，還特地花了兩個月的時間對察爾納耶夫進行了一番調查。因為瑞特曼想寫出察爾納耶夫是如何從一個溫和的男孩變成一個恐怖分子的。

在這篇報導中，瑞特曼提到了一個激進的宗教團體，察爾納耶夫就是這個團體的成員，這個團體給察爾納耶夫造成了深刻的影響。甚至可以說，察爾納耶夫如果不接觸這個激進宗教團體，那麼他就不會成為恐怖分子。

雖然外界有許多批評聲，但依舊沒有讓《滾石》雜誌的編輯放棄對察爾納耶夫進行報導，儘管《滾石》雜誌的主要領域是音樂和文化。不過《滾石》的編輯們也沒有否認這個封面和報導會帶來某些負面的影響，因為封面上的察爾納耶夫很帥氣，這樣的相貌會吸引一大群年輕女粉絲，這些粉絲會沉溺於察爾納耶夫的外貌，甚至會憐憫理應受罰的察爾納耶夫。

　　總之，《滾石》雜誌顛覆了許多人對恐怖分子和精神變態者的固有印象，在許多人心中恐怖分子或殺手都是可怕而且瘋狂的，我們需要遠遠地躲開。但事實上，有不少殺手都是外表迷人的，會輕易地贏得他人的信任和喜愛，但人們不知道的是，在這樣迷人的外表下是邪惡而瘋狂的內心。

第二十七章

種族主義殺手 —— 約瑟夫·保羅·富蘭克林

使命型連環殺手極具組織性,在挑選目標時都會很慎重,通常不會誤傷目標以外的人。在選擇了目標後,使命型殺手就會跟蹤,就好像富蘭克林也會跟蹤目標,然後選擇狙擊地點,而且富蘭克林所攜帶的步槍都有瞄準器,這樣可以幫助富蘭克林迅速地完成射殺任務。

約瑟夫・保羅・富蘭克林（Joseph Paul Franklin）的原名叫詹姆斯・克萊頓・沃恩（James Clayton Vaughn Jr.），出生於阿拉巴馬州一個貧困的家庭，在家中排行老二。在富蘭克林看來，自己之所以走上了殘忍的連環殺手的道路與童年時期遭受的虐待有著密切的關聯。

在富蘭克林的童年生活中，經常被父親體罰，也得不到母親的關愛，因為富蘭克林的媽媽總是把他們鎖起來，不讓他們和其他孩子一起玩。而且由於家庭貧困，孩子眾多，富蘭克林一家經常餓肚子。在富蘭克林看來，正是父母的這種虐待，讓他產生了仇恨和報復的心理，比其他同齡的孩子晚成熟了 10 年。

據富蘭克林的妹妹交代，富蘭克林小時候總沉浸在童話書或故事書裡，並認為只有這樣才能感覺到世界的不同，在富蘭克林的心裡有兩個不同的世界，一個是殘酷的現實世界，另一個則是精采的童話或故事世界。隨著年齡的增長，富蘭克林變得越來越偏執，心底有著一種根深蒂固的仇恨，並且渴望能進行報復。

有一次，富蘭克林偶爾看到了白人至上團體的海報和宣傳手冊，他立刻提起了興趣，並加入了這個白人至上的團體，還在這個團體中找到了歸屬感，好像回家一樣。

白人至上團體實際上是一種新納粹主義，奉行種族主義，在這些團體成員看來，除了白種人之外，剩下的種族都是劣等民族，應該被剔除，給優秀人種留下空間。在白人至上團體中，富蘭克林可謂是如魚得水，成了一名「鬥志昂揚」的種族主義者，極具侵略性。後來富蘭克林還加入了一些更加極端的組織，例如三 K 黨。

富蘭克林 26 歲時決定為自己改名，他不想叫詹姆斯・克萊頓・沃恩這個名字了。因為納粹宣傳部長的名字叫保羅・約瑟夫・戈培爾（Paul Joseph Goebbels)，所以富蘭克林為了向納粹致敬，就把名字改成了約瑟夫·保羅，而姓氏則選擇了美國的建國者班傑明·富蘭克林。也就是說，約瑟夫·保羅·富蘭克林這個名字是保羅·約瑟夫·戈培爾和班傑明·富蘭克林的合而為一。此外，富蘭克林還十分崇拜查爾斯·曼森，並想在手臂上文上與曼森有關的內容，但因為遭到了刺青師的拒絕而只好作罷。

有一次，富蘭克林偶爾看到了希特勒的自傳《我的奮鬥》，大受鼓舞，便決定把仇恨轉化為行動。在富蘭克林被捕之後，他提到了《我的奮鬥》這本書對他的影響：「看《我的奮鬥》時，我的腦袋中突然出現了一種奇怪的想法，這種想法在我讀其他書籍的時候從未出現過。」富蘭克林開始策劃一起爆炸案。

最先被引爆的地方是美國田納西州東南部城市查特努加市的猶太人教堂。這起爆炸案在當時引起了不小的轟動，甚至也引來了美國聯邦調查局的介入。不久之後，羅克維爾市也發生了爆炸，但並未造成人員傷亡。隨後在印第安納波利斯（美國印第安那州首府）和韋恩堡（印第安那州東北部城市）造成了多人傷亡，而這些爆炸案，富蘭克林都參與了策劃。

在富蘭克林被捕之後，承認了自己曾參與這些爆炸案，並告訴警方自己的作案動機：「我們在選擇爆炸地點時總是以猶太教堂作為襲擊的目標，因為這樣可以實現我們清除猶太人的目的。」除了爆炸案之外，富蘭克林開始進行遠距離的狙殺。

在決定狙殺某個無辜者之前，富蘭克林都會選擇好目標，然後跟蹤目標，等到了晚上，如果目標是孤身一人的話，富蘭克林就會選擇下手，用狙擊步槍進行遠距離的射殺。因為富蘭克林的槍法有限，不能做到一槍斃命，所以為了確保目標人物被打死，經常會連開好幾槍，覺得

目標人物已經死亡後，富蘭克林就會馬上離開案發現場。

1977 年，富蘭克林在威斯康辛州遇到了一對情侶 —— 阿方斯·曼寧（Alphonse Manning Jr.）和托妮·斯徹溫（Toni Schwenn），他們是對跨種族的戀人，膚色不同。這引起了富蘭克林的不滿，於是他決定出手除掉他們。

1978 年，富蘭克林看到了一本成人雜誌《好色客》，上面刊登的一張大尺度色情照引起了富蘭克林的不滿，因為上面的主角是一名黑人男子和一名白人女子。在富蘭克林看來，婚姻就應該是白人跟白人，黑人跟黑人，印第安人跟印第安人，亞裔跟亞裔，跨種族的婚姻和戀愛是令人噁心的。於是富蘭克林便決定殺死《好色客》的老闆拉瑞·佛林特（Larry Flynt）。

富蘭克林為了尋找下手的機會，跟蹤了佛林特很長時間。1978 年3 月 6 日，這天佛林特要和律師一起到喬治亞州的勞倫斯維爾法庭打官司，當時富蘭克林也跟著佛林特來到這裡，並尋找下手的機會。

等佛林特從法庭中出來後，就被躲藏在街邊的富蘭克林襲擊了，因為富蘭克林的目標是佛林特，所以佛林特的律師只是手臂受了點輕傷。但佛林特卻身受重傷，因為子彈從佛林特的胃部穿過，傷到了佛林特的脊椎，這種傷害是永久性的，造成了佛林特的下半身癱瘓，雖然佛林特撿回了一條命，但餘生都得在輪椅上度過了。

因為脊椎受創，在最初的一段時間內，佛林特每天都要忍受強烈的疼痛感，有時候甚至得服用止痛藥，漸漸地，佛林特開始對止痛藥上癮。最終佛林特決定接受手術，切除了受影響的神經。從此之後，佛林特才不用每天都受到劇痛的折磨。但因為之前佛林特服用了大量的止痛藥，導致了中風，留下了說話困難的毛病。

　　不久之後，又有一名女大學生死在了富蘭克林的槍下。富蘭克林殺死這名女大學生的理由也和之前一樣，因為這位女大學生說自己曾和一個牙買加人約會，這種跨種族的戀愛輕易地激怒了富蘭克林，所以他就下手了。

　　在辛辛那提，富蘭克林又跟蹤上了一對夫婦，這對夫婦的膚色不同，他們的婚姻是跨種族的。但在等待的過程中，有兩個孩子走了過來，是 3 歲的伊凡（Dante Evans Brown）和他 14 歲的表哥萊恩（Darrell Lane），這兩個孩子的膚色在富蘭克林看起來很費解，於是就朝著他們開槍了，並且連開了好幾槍，在確保兩個孩子死亡後，富蘭克林才離開了案發現場。不久之後，富蘭克林就後悔了，這是他第一次出現內疚的心理，覺得自己不該向兩個孩子下手。

　　1980 年富蘭克林被捕了，在監獄中，富蘭克林老實交代了自己的罪行，並且承認自己殺害了 20 多人，但這只是個大概數據，因為富蘭克林也記不清到底有多少人死於他的槍下。但是被富蘭克林殺死的人大都是有色人種，因為富蘭克林的殺人動機就是「開展種族戰爭」。自始至終，富蘭克林都沒有對自己的所作所為感到內疚，在他看來所有的猶太人都該死，有色人種就應該給白色人種騰出生存的空間。

　　在庭審中，富蘭克林被控告需要對密蘇里州東部城市聖路易斯的凶殺案負責，此外還有另外 7 起謀殺案與富蘭克林有關，最終富蘭克林被判處死刑，並押往密蘇里州邦泰爾市的監獄。但這個死刑的執行卻在 30 多年以後，最終富蘭克林被注射藥物執行死刑。

　　在正式接受死刑之前，多家媒體都採訪了富蘭克林，並詢問他的感受。當時富蘭克林戴著手銬並隔著玻璃接受記者的採訪，平靜地回答了許多記者的問題，並且對記者說，儘管他的死期就要來了，但他一點也不覺得害怕，因為他在監獄中讀了許多書，已經治好了變態的心理，他

已經成了一個正常人，不再是個危險的種族主義者。

富蘭克林表示他已經明確知道了自己死刑執行的日期和時間，對此富蘭克林表示這是神的旨意，儘管自己不想死，但依舊會虔誠地接受神的旨意。富蘭克林表示自己已經進行了懺悔，而且神也接受了，在死後自己會進入天堂，他的生命不會因為死亡而終止。

在記者提到那些被害人時，平靜的富蘭克林的情緒開始出現波動，與之前的面無表情形成了強烈的反差。富蘭克林承認了自己的罪行，並且表示自己在殺人時，會把自己看成是越南戰場上的一名白人士兵，美國是他的「戰場」，而自己則是一名受過良好訓練的「狙擊手」，那些有色人種，例如猶太人和黑人以及跨種族的婚姻和戀愛則是他的「敵人」。

在接受死刑的時候，富蘭克林表現得十分平靜，沒有拒絕最後的晚餐，也沒有在接受死刑前發表任何書面聲明。在前往死刑執行室的過程中，富蘭克林也表現得很平靜，一聲不吭地跟著執法人員，在接受注射前沒有留下任何遺言。

邦泰爾市監獄為富蘭克林準備了一種鎮定藥物，這種藥物會以注射的方式進入富蘭克林的血液。在注射藥物後不久，富蘭克林就出現了呼吸困難的情況，開始大口地喘氣，但很快就停止了，沒有了生命跡象。

【犯罪心理分析】

◇

富蘭克林屬於使命型連環殺手，在富蘭克林看來，那些有色人種都該死，在選擇被害人時，他受到了所謂信仰的影響，富蘭克林甚至認為自己身處一場戰爭中，而這場戰爭則關乎白種人的存亡。富蘭克林想利用殺人來挑起一場種族戰爭。這也是使命型殺手的特點之一，只以特定

族群為目標，除了富蘭克林這樣的種族主義殺手外，妓女、同性戀、流浪漢等也都會成為使命型殺手的目標。

使命型連環殺手極具組織性，在挑選目標時都會很慎重，通常不會誤傷目標以外的人。在選擇了目標後，使命型殺手就會跟蹤，就好像富蘭克林也會跟蹤目標，然後選擇狙擊地點，而且富蘭克林所攜帶的步槍都有瞄準器，這樣可以幫助富蘭克林迅速地完成射殺任務。

富蘭克林在殺人後，通常都會迅速地離開現場，不會性侵被害人，也不會肢解屍體，這也是使命型連環殺手的特點之一。他們這麼做就是因為仇恨被害人，並且不想和被害人有過多的肢體接觸。

此外，使命型連環殺手還是屬於某個團體組織的成員。富蘭克林就加入了白人至上的激進團體，他也曾提到過自己想藉著殺人為其他的團體成員樹立榜樣，並認為只要自己動手，其他的團體成員也會馬上跟著動手。

第二十八章

兒童的噩夢 —— 亞伯特·費雪

　　幻想型殺手在小時候表現得還算正常，但隨著年齡的增長，他的內心會變得越來越變態，通常會在剛剛成年時就已經表現出來。幻想型殺手的殺人動機也和其他連環殺手不同，他的殺人動機不來自於外界，而來自於內心的聲音，他們會覺得有個聲音在告訴自己應該怎麼做，並且意識不到這種聲音實際上就是自己的幻想，現實中根本就不存在。

1928 年，一個 58 歲的老人亞伯特·費雪（Hamilton Howard "Albert" Fish）自稱是法蘭克·霍華（Frank Howard），找到了巴德一家。原來，巴德為了替孩子找工作，並在報紙上刊登了相關的啟事。費雪看到後，主動找到巴德一家，說可以為孩子提供一份不錯的工作。漸漸地，費雪贏得了巴德一家人的信任，並被邀請共進午餐。在吃完飯後，費雪假裝要離開，然後突然回身對巴德夫婦說，自己將要去參加一個小姪女的生日派對，小姪女的年齡與巴德夫婦的女兒葛瑞絲（Grace Budd）相仿，就問葛瑞絲想不想去，葛瑞絲一聽有派對，表示自己很想去，而巴德夫婦也同意了，但葛瑞絲卻再也沒有回來。

6 年後，巴德夫婦收到了一封信，這封信就是費雪寫的。費雪在這封信中敘述了殺害葛瑞絲的過程：

「我有一個朋友名叫約翰，他曾做過水手，到過香港。那時候，中國正在鬧饑荒，許多窮苦的人都很飢餓，有些人會易子而食，把 10 歲以下的孩子賣掉或吃掉，所以在那時小孩子是不能輕易上街的，會有被偷走吃掉的危險。約翰在那裡品嘗到了人肉的滋味，他對我說，那種滋味是難見的人間美味。回到美國後，他綁架了兩個男孩，然後把他們烤著吃了。約翰不停地向我炫耀人肉的美味，所以我也想嘗嘗。然後我就帶走了你們的葛瑞絲。吃午餐的時候，我就決定吃掉葛瑞絲，所以就以派對為藉口帶走了葛瑞絲。我把葛瑞絲帶到了一個空房子中，然後讓她自己在外面玩，我在屋子裡脫光了衣服，因為我怕衣服上濺到血。然後我就躲在衣櫃中等著她上來。當葛瑞絲進來後，我突然出現。葛瑞絲看到我脫光了衣服就開始不停地哭，跑下去喊著要找媽媽。最後我抓住了她，扒光了她的衣服，然後掐死了她。我把葛瑞絲帶回家中吃了，吃了許多天才吃完。但我沒有強姦葛瑞絲。」

巴德夫婦把這封信交給了當地警方，警察根據信封上頭的標記進行了搜查，並且鎖定了一個名叫費雪的老人，逮捕了他。經過一番調查後，警察震驚了，別看費雪表面上是個慈祥的老頭，實際上他是個專門對兒童下手的變態殺手，除了猥褻兒童，還謀殺了不少兒童。其實費雪從很小的時候，就已經表現出了變態妄想的傾向，曾被送到了精神病院，但那裡的治療並未產生效果，隨著年齡的增長，費雪的心理變態越來越嚴重。

　　費雪出生在華盛頓，他出生的時候父親已經 75 歲了，父親比母親大 43 歲。費雪是家中最小的孩子，他有兩個哥哥和一個姐姐。費雪的一個哥哥死於腦積水，另一個哥哥則待在精神病院裡。除此之外，費雪的姐姐也患有精神疾病，他的媽媽有時也會在嗅覺和視覺上出現幻覺。而費雪的叔叔則有宗教狂熱症。總之費雪的家族有精神病史，有不少近親都被各式各樣的精神疾病所折磨。

　　在費雪出生之前，他的父親是個船長，之後便改行做起了化肥生產。高齡的父親自然無法照顧費雪，所以照顧孩子的重擔便落在了母親的身上。費雪的母親在大兒子去世之後，就決定出去找工作，但這時費雪還非常年幼，便被送到了華盛頓的聖約翰孤兒院。

　　在孤兒院裡，費雪和所有的男孩一樣都遭受了虐待，會一起脫光衣服被老師們抽打。漸漸地，費雪不僅適應了這種虐待，反而開始享受，並覺得這樣會讓他感到興奮，但費雪卻因此被其他孩子嘲笑。

　　10 歲時，費雪離開了孤兒院，和母親一起生活，因為母親在政府機關找了一份工作，可以照顧費雪了。12 歲時，費雪跟著朋友一起去公共澡堂洗澡。從此費雪就愛上了公共澡堂，因為在那裡可以看到許多裸體男孩。此外，費雪還很喜歡寫黃色信件給婚慶公告和私人廣告上提到的名字，並因此得了一個「大色鬼」的外號。

第二十八章
兒童的噩夢 —— 亞伯特·費雪

　　20 歲時，費雪一個人來到紐約，並成了男妓。此時的費雪開始對男童下手，除了猥褻男童外，還會雞姦男童。儘管費雪後來和一個小他 9 歲的女孩結了婚，並有了孩子，但還是沒有改掉猥褻男孩的習慣，被費雪猥褻的男孩年齡一般都很小，不會超過 6 歲。

　　有一次，費雪和一個男性朋友去蠟像館，並被一根被切成兩截的陰莖所吸引，由此發展成了閹割癖，每天都會病態地幻想著如何切割男性的陰莖。很快，費雪就把這種幻想變成了現實。

　　費雪交了個男朋友，有智能障礙。費雪決定在這個智能不足的男人身上試試閹割，便把男子包裹起來，就在費雪準備下手進行閹割的時候，那個男人突然尖叫起來。費雪嚇住了，扔給了這個男人 10 美元後匆匆離開了。

　　沒有了男朋友，費雪開始不停地光顧妓院，在那裡他要求妓女鞭打他，這樣可以讓費雪體驗到受虐的快感。不久之後，費雪就被捕了，並且被關押在紐約州的監獄裡，因為費雪盜用了公款。

　　1917 年，費雪的老婆離開了費雪和 6 個孩子。這一次，費雪感覺自己被拋棄了，不久之後便出現了幻聽。有一次，費雪聽到了聖徒約翰的指令，把自己裹在毛毯裡。費雪開始不停地自虐和自殘，他會把釘子釘入自己的腹股溝，過段時間就會把釘子拔出來。後來費雪在自殘的時候越來越用力，把釘子釘得太深了，自己根本拔不出來，只好找醫生幫忙，X 光片顯示費雪的骨盆處至少有 29 根釘子。除了釘子之外，錘子也是費雪經常使用的自虐工具，據說費雪曾用錘子反覆地擊打過自己。

　　雖然費雪殺害過不少兒童，但卻從未對自己的 6 個子女下手，在子女和妻子的心中，費雪都是個負責任的父親。雖然費雪有精神疾病，但在被捕之後卻能清晰地交代自己的罪行。最終醫生給出了診斷，費雪是

個有偏執狂傾向的精神疾病患者，除了有幻覺和幻聽之外，還對懲罰、罪孽、宗教和凌虐等理念有著扭曲的認知。當警察問費雪為什麼要自虐時，費雪說：「雖然在你們的眼中，我就是個變態殺人魔，是兒童的噩夢，但我卻覺得自己做的都是對的。如果我做錯了，上帝就會派天使來懲罰我，我就會自虐，這是我應得的。」

最終，費雪被判處死刑，並被送上了電椅。據說在執行死刑時，費雪並沒有恐懼，眼神中反而透露著期待，表情也是令人毛骨悚然的愉悅。在執法人員把費雪送上電椅並勒緊綁帶時，費雪甚至迫不及待地幫助執法人員綁住自己。

【犯罪心理分析】

在所有的連環殺手類型中，有一種類型是幻想型殺手。幻想型殺手通常都患有精神病，有的幻想型殺手甚至患有嚴重的思覺失調症和精神錯亂。雖然費雪的童年曾在孤兒院度過一段時間，在那裡遭受了一定的虐待，但這顯然不是費雪殺人的主要原因。他殺人的主要原因是他的精神狀態不正常。費雪的家族成員中有不少人都有精神疾病或者是先天智力低下。費雪和其他的哥哥姐姐比起來，還算是個正常的人，能正常地工作和結婚，甚至還有 6 個孩子。

幻想型殺手在小時候表現得還算正常，但隨著年齡的增長，他的內心會變得越來越變態，通常會在剛剛成年時就已經表現出來。幻想型殺手的殺人動機也和其他連環殺手不同，他的殺人動機不來自於外界，而來自於內心的聲音，他們會覺得有個聲音在告訴自己應該怎麼做，並且意識不到這種聲音實際上就是自己的幻想，現實中根本就不存在。

　　通常情況下，幻想型殺手都會表現得非常混亂，殺人之前不會有周密的計畫，也不會主動選擇被害人，誰碰到他們算是倒楣。但費雪顯然就好多了，他的精神狀態沒有那麼混亂，會主動地配合尋找一些被害人，盡量減少警察的調查工作。

第二十九章

杜塞道夫的吸血鬼 —— 彼得·庫爾滕

和許多連環殺手一樣，童年時期的庫爾滕也是受害者。他的父親是個十分暴力的人，總是虐待 8 個孩子，還會當著孩子的面強姦他們的母親，庫爾滕後來這樣評價父母的夫妻生活：「如果他們沒有結婚，那根本就是強姦。」後來，庫爾滕的父親甚至還和女兒發生了亂倫關係。儘管庫爾滕十分不恥父親的行為，但他後來也變成了像父親那樣的人，甚至強姦了 13 歲的姐姐。

　　1913 年 5 月 25 日，德國的科隆市發生了一起殘忍的殺人案，凶手便是彼得‧庫爾滕（Peter Kürten）。在殺人之前，庫爾滕曾因為盜竊和縱火罪被關進監獄，這些罪行算是刑法中較輕的罪行，但庫爾滕卻因此被關了 24 年，為此庫爾滕十分仇恨社會，認為自己遭受了不公平的待遇。

　　在庫爾滕年輕時，他十分討厭監獄中沒有自由的生活。但漸漸地，庫爾滕就適應了監獄的生活，並且還喜歡上了監獄，認為自己可以在牢房裡獲得大把的閒暇時間，他可以利用這些時間做白日夢，讓自己每天都沉浸在虐待人的幻想中。

　　後來，庫爾滕為了讓獄警處罰自己單獨關禁閉，還故意挑釁獄警。單獨禁閉是一種很嚴重的懲罰，因為許多人都無法忍受那種孤獨和寂寞。但庫爾滕卻不會，因為他可以不受打擾地沉浸在幻想之中，儘管這種幻想的場面十分血腥，但庫爾滕卻樂此不疲。

　　在從監獄中出來後，庫爾滕就幹起了偷竊的勾當，專門針對一些酒吧和小飯館下手。這天晚上，庫爾滕看好了一家小飯館，然後上了二樓，庫爾滕輕易地打開了房門，但並未發現什麼財物。就在庫爾滕準備離開的時候，突然看見床上躺著一個十來歲的小女孩，小女孩正在熟睡之中。庫爾滕就鬼使神差地走近了小女孩，並伸出手掐住了小女孩的脖子，感到窒息的小女孩很快清醒過來，並不停地掙扎，但她根本不可能是庫爾滕的對手，在掙扎了一會兒後就失去了知覺。

　　意識到小女孩失去知覺後，庫爾滕就拿出了一把小刀，並用它割斷了小女孩的喉嚨，血一下子噴湧而出，濺得到處都是。大約兩三分鐘後，血液的噴湧才漸漸停止。之後，庫爾滕就離開了，回到了杜塞道夫的家中。很快，小女孩的屍體被發現了，除了喉嚨上的傷口外，人們還發現小女孩的舌頭也被咬爛了。

隨後，警方便對這起案件進行了調查，但因為證據非常有限，最後雖然鎖定了一個嫌疑人，但並未懷疑到庫爾滕的身上。不過這起案件在當地引起了不小的轟動，人們紛紛譴責凶手的殘忍。庫爾滕則隱藏在圍觀民眾裡，津津有味地聽別人說自己所犯下的恐怖罪行。

　　在此期間，庫爾滕被捕了，他是因為搶劫罪被捕的，一直到1921年才恢復了自由。出獄後，庫爾滕認識了一個名叫沙夫（Auguste Scharf）的妓女，並和沙夫結了婚。雖然沙夫是個妓女，但庫爾滕卻對妻子非常忠誠，十分欽佩妻子的堅強。後來庫爾滕便在一家工廠找到了一份穩定的工作，開始在工會圈子內大受歡迎。

　　4年之後，庫爾滕再次回到了杜塞道夫，他有了殺人的衝動。對此，庫爾滕歸因於命運，他還說他的到來會令杜塞道夫的夕陽如血，這對庫爾滕來說是一種十分興奮的體驗。

　　1929年2月9日，有人在樹籬下發現了一個8歲女孩的屍體，女孩的屍體已經變得慘不忍睹了，身中13刀，屍體還有被焚燒過的痕跡。這名女孩應該被凶手性侵過，因為警方在女孩的內褲中發現了精液。在庫爾滕被捕後，他敘述了這次殺人的過程：「我捅了她許多刀，然後往她身上淋汽油，看著火苗從她身上躥起來的那一刻，我興奮極了。」

　　不久前，還有一位女性受到了攻擊，被一個男人刺中了24刀，凶手當場就逃走了。除了殺人之外，庫爾滕還十分喜歡重返案發現場，因為這樣會讓他找到新的刺激感。

　　就在當地警方以為凶手只襲擊女性的時候，一具男屍被發現了，死者是個45歲的技工，身上和頭上被刺了20餘刀。在屍體被發現的第二天，庫爾滕偽裝成路人返回案發現場，還主動和警察聊天。

　　最終，警察鎖定了一名嫌疑犯人，這是個患有智能障礙的男人，他

居然主動承認了所有的罪行，最後被送到了精神病院。就在當地警方覺得這一系列案件已經結束的時候，庫爾滕又動手了，新發的謀殺案讓警方意識到，真凶依舊逍遙法外。

和許多連環殺手一樣，庫爾滕也開始對殺人上癮，而且殺人的手段越來越殘忍，還會喝死者的血。庫爾滕的出現給杜塞道夫帶來了巨大的恐慌，有人甚至把庫爾滕和英國的開膛手傑克相提並論。實際上，庫爾滕比開膛手傑克更殘忍。開膛手傑克只會對妓女下手，而庫爾滕則是來者不拒，男人、婦女、孩子和動物都會成為庫爾滕的目標，他濫殺任何能見到的生物。而且庫爾滕已經失去了控制，變得瘋狂。

因為被害人越來越多，而且凶手的作案手段也不一致，警方開始懷疑凶手很有可能不止一個人。直到庫爾滕被捕之後，警方才從他的交代中得知了這些凶殺案的凶手只有一個，那就是庫爾滕。

1930 年 5 月 14 日，家庭女傭瑪莉亞・布德列克（Maria Budlick）在火車站的月臺上遇到了一位男子，這位男子主動提出要帶瑪莉亞去女士招待所，瑪莉亞便跟著男子走了。後來男子要求瑪莉亞隨他穿過公園走捷徑，瑪莉亞聽說過杜塞道夫吸血鬼，於是就拒絕了。就在男子準備對瑪莉亞下手的時候，庫爾滕出現了，他拯救了瑪莉亞。

庫爾滕就邀請瑪莉亞去自己家，此時的瑪莉亞很累也很餓，再加上庫爾滕幫助過她，所以她就放下警惕去庫爾滕家裡過夜。但當瑪莉亞到了庫爾滕家中後，突然改變了主意，因為她覺得庫爾滕準備對她圖謀不軌，於是就提出要離開。庫爾滕居然爽快地答應了，並且承諾會幫瑪莉亞找一家廉價旅館。在途中，庫爾滕和瑪莉亞需要穿過一片樹林，此時庫爾滕也不再裝紳士了，藉著樹林的掩護，強姦了瑪莉亞。

完事後，庫爾滕沒有殺死瑪莉亞，而是選擇把瑪莉亞送到電車上。

但庫爾滕沒有陪瑪莉亞上車，因為車上有警察。瑪莉亞之所以能從庫爾滕的魔掌下逃命，一方面是因為她在被強姦的時候沒有反抗，庫爾滕就覺得沒必要殺死她。另一方面是因為庫爾滕覺得瑪莉亞就是頭腦簡單的女人，不會記住自己家的位置。

但讓庫爾滕吃驚的是，瑪莉亞不僅記住了庫爾滕的居住地址，還讓庫爾滕因強姦罪被捕。因為庫爾滕是個有前科的人，所以這次他會坐 15 年的牢。但此時，庫爾滕卻想主動交代殺人的罪行，並且希望妻子能控告自己，這樣可以讓妻子獲得高額的獎金。

當庫爾滕把所有的罪行向妻子老實交代之後，就開始說服妻子去控告自己，並且對妻子說她這麼做是為正義事業做貢獻，並不是背叛丈夫的行為。沙夫在聽了庫爾滕的話後十分傷心，說自己的生活從此將會變得毫無意義，並讓庫爾滕自殺，還說自己也會自殺。但最終，沙夫被庫爾滕說服了，同意了庫爾滕的建議，但庫爾滕得保證不會自殺。在送走報警的妻子後，庫爾滕回到了家中，然後倒頭大睡。

1930 年 5 月 24 日，全副武裝的警察在教堂外面發現了庫爾滕。庫爾滕看到警察後，顯得十分平靜，在走近警察之後，庫爾滕甚至還安慰警察，讓警察不要害怕。

和許多連環殺手一樣，童年時期的庫爾滕也是受害者。他的父親是個十分暴力的人，總是虐待 8 個孩子，還會當著孩子的面強姦他們的母親，庫爾滕後來這樣評價父母的夫妻生活：「如果他們沒有結婚，那根本就是強姦。」後來，庫爾滕的父親甚至還和女兒發生了亂倫關係。儘管庫爾滕十分不恥父親的行為，但他後來也變成了像父親那樣的人，甚至強姦了 13 歲的姐姐。

在庫爾滕 9 歲時，認識了一位捕狗人，這個人也是個虐待狂，他所

虐待的對象是狗，總會當著庫爾滕的面變著花樣虐待狗。那時年幼的庫爾滕不僅不覺得這種行為有什麼不對，還對虐待更有興趣了。就這樣，兩個虐待狂成了好朋友。

一個星期後，庫爾滕和兩個同校的男孩在萊茵河上玩耍。庫爾滕對其中一個男孩下手，想要淹死他，另一個男孩看到後就想去救，結果也被庫爾滕淹死了。除了殺死同伴外，庫爾滕還喜歡和羊交配，在交配的過程中，庫爾滕會不停地用刀刺向羊，因為這樣所帶來的快感會更加強烈，此時庫爾滕已經把性和暴力連繫在一起了。

最終，庫爾滕被判處死刑，他將會被砍頭。在執行死刑前，1932 年7 月 2 日，庫爾滕接受了心理學家卡爾・伯格博士的採訪。伯格本以為自己會看到一個精神錯亂的瘋子，因為伯格在精神病院所看到的變態狂就是這樣的。但是伯格卻看到了一位紳士，一個身著燕尾服，還帶著禮貌笑容的紳士。伯格甚至有一瞬間的恍惚，他不太相信面前這個紳士就是傳說中的杜塞道夫吸血鬼。

接下來，庫爾滕便和伯格進行了深入的交談。庫爾滕的條理很清晰，和瘋子相反。此外，庫爾滕的驚人記憶力也讓伯格非常吃驚，因為庫爾滕不僅能記起自己所犯下的 79 起案件，甚至連案件細節也能一一陳述。

在被砍頭之前，執法人員問庫爾滕有什麼遺言，庫爾滕說：「你能告訴我，在我頭顱被砍掉的那一瞬間我能聽到血液從脖子中噴湧而出的聲音嗎？如果能的話，就太好了，死前也能感受到興奮和快樂。」

【犯罪心理分析】

◇

在與伯格博士的交談中，庫爾滕提到自己殺人是為了宣洩內心的壓力。此外，庫爾滕還表示自己很喜歡幻想和回憶殺人細節，這在別人看來雖然毛骨悚然，但對庫爾滕來說卻是異常興奮的。伯格博士認為，庫爾滕殺人實際上是為了獲得性滿足，透過殺人來獲得快感。每當庫爾滕在性方面得不到滿足時，就會想要殺人。

最終伯格博士給出了一個結論，即庫爾滕並不是精神錯亂者，不然也不會犯下那麼多謀殺案而沒有被抓到，但庫爾滕絕不可能是個正常人，他就是個精神變態者。

如果不是庫爾滕自己主動投案，那麼或許他可以永遠逍遙法外。在伯格博士看來，庫爾滕是個極度以自我為中心的人，不會輕易地和別人交流思想，也不會愛任何人，只會不停地毀滅。但庫爾滕卻很愛自己的妻子，最後還讓妻子得到了一筆獎金。當然或許庫爾滕還有另外一種動機，即厭倦了殺人。當連環殺手無法再從殺人中獲得自我滿足時，就會主動放棄謀殺。這時，連環殺手要麼選擇銷聲匿跡，要麼選擇自殺，當然向警察自首也經常被選擇，顯然庫爾滕選擇了後者。

當伯格博士問到，庫爾滕是否會為殺人行為感到內疚時，庫爾滕回答說：「不會。儘管所有的人都在指責我，並說我是杜塞道夫的吸血鬼（The Vampire of Düsseldorf），但我不覺得自己做錯了什麼。我的所作所為都是對不公平的報復，我也遭受了許多不公平的待遇，這些不公平讓我喪失了人類的情感，我已經沒有了心，何來同情心？」

犯罪心理分析 —— 極致性「惡」，隱藏在和善外表下的殺心：

刑具虐待、肢解屍體、食用愛人……讓時代被陰影籠罩，史上最惡名昭彰的 29 位連環殺手！

編　　　著：李娟娟，京師心智
責任編輯：高惠娟
發 行 人：黃振庭
出 版 者：樂律文化事業有限公司
發 行 者：崧博出版事業有限公司
E - m a i l：sonbookservice@gmail.com

粉 絲 頁：https://www.facebook.com/sonbookss/

網　　　址：https://sonbook.net/
地　　　址：台北市中正區重慶南路一段61 號 8 樓
8F., No.61, Sec. 1, Chongqing S. Rd., Zhongzheng Dist., Taipei City 100, Taiwan

電　　　話：(02)2370-3310
傳　　　真：(02)2388-1990
律師顧問：廣華律師事務所 張珮琦律師
定　　　價：350 元
發行日期：2024 年 08 月第一版
◎本書以 POD 印製
Design Assets from Freepik.com

國家圖書館出版品預行編目資料

犯罪心理分析 —— 極致性「惡」，隱藏在和善外表下的殺心：刑具虐待、肢解屍體、食用愛人……讓時代被陰影籠罩，史上最惡名昭彰的 29 位連環殺手！ / 李娟娟，京師心智 編著 . -- 第一版 . -- 臺北市：樂律文化事業有限公司 , 2024.08
面；　公分
POD 版
ISBN 978-626-98873-3-0(平裝)
1.CST: 犯罪心理學 2.CST: 犯罪行為 3.CST: 罪犯 4.CST: 傳記
548.52　113010707

電子書購買

爽讀 APP

臉書